BEITRÄGE ZUR HISTORISCHEN THEOLOGIE
HERAUSGEGEBEN VON GERHARD EBELING

55

Die apokalyptische Theologie Thomas Müntzers und der Taboriten

von

REINHARD SCHWARZ

1 9 7 7

J. C. B. MOHR (PAUL SIEBECK) TÜBINGEN

CIP-Kurztitelaufnahme der Deutschen Bibliothek

Schwarz, Reinhard
Die apokalyptische Theologie Thomas Müntzers und der Taboriten. –
Tübingen: Mohr, 1977.
(Beiträge zur historischen Theologie; 55)
ISBN 3-16-139851-3

Gedruckt mit Unterstützung der Deutschen Forschungsgemeinschaft

Printed in Germany
Satz und Druck: Gulde-Druck, Tübingen
Einband: Heinrich Koch, Großbuchbinderei, Tübingen
ISSN 0340-6741

Gerhard Ebeling

zum 6. Juli 1977

Gerhard Ebeling

zum 6. Juli 1977

VORWORT

Der Einleitung in die Untersuchung seien ein Hinweis für den Leser und einige Worte des Dankes vorausgeschickt.

Wer sich über die neuere Müntzer-Literatur orientieren will, wird im Luther-Jahrbuch 1978 die Fortsetzung eines von Siegfried Bräuer geschriebenen Forschungsberichtes (für die Jahre 1965–1975) finden, in dessen erstem Teil im Luther-Jahrbuch 1977 (S. 127–141) die Ausgaben von Müntzer-Texten besprochen worden sind. Zum großen Teil verzeichnet auch Walter Elliger in seinem Buch „Thomas Müntzer. Leben und Werk" (Göttingen 1975) die bis zu diesem Zeitpunkt erschienene Sekundärliteratur.

Dankbar war ich bei der letzten Bearbeitung des Stoffes dafür, daß ich ihn vorher im Oberseminar des Wintersemesters 1975/76 den Seminarteilnehmern, insbesondere meinen Münchner Kollegen am Institut für Kirchengeschichte zur Diskussion hatte vorlegen können. Frau Gertrud Hermes danke ich für die Reinschrift des Manuskriptes, Herrn stud. theol. Wolfgang Raiser für die Herstellung des Bibelstellenregisters, Herrn Assistent Dr. Ulrich Köpf und nicht zuletzt auch meinem Vater für die wichtige Hilfe beim Korrekturenlesen. Die Deutsche Forschungsgemeinschaft hat dankenswerterweise eine Druckbeihilfe gewährt. Gerhard Ebeling habe ich für weitaus mehr zu danken als dafür, daß er diesen „Beitrag zur historischen Theologie" in seine Reihe aufgenommen hat. Er hat den Blick geschärft für das Problem der geschichtlichen Vermittlung christlicher Theologie. Darum gilt ihm die Widmung zu seinem 65. Geburtstag.

München, Mai 1977 Reinhard Schwarz

INHALT

EINLEITUNG

Daß Müntzers Theologie und seine reformatorische Aktivität von apokalyptischen oder genauer von chiliastischen Vorstellungen bestimmt sind, wird zwar in der Müntzer-Literatur wiederholt ausgesprochen und historisch auf taboritische Einflüsse zurückgeführt, ist aber bisher noch nicht genauer analysiert worden, so daß das chiliastische Element, weil es bisher unzulänglich nachgewiesen ist, auch einfach übergangen oder verwischt, wenn nicht sogar bestritten werden konnte. Auf dem Wege direkter historischer Ableitung läßt sich in dieser Sache gewiß wenig Evidenz erzielen, da wir zu wenig darüber wissen, welche Gestalt und Gemeinschaftsform von kirchlicher oder außerkirchlicher Frömmigkeit als Träger apokalyptischer Überlieferung 1520/21 in Zwickau oder danach in Böhmen und in Prag auf Müntzer Einfluß gewann. Die Existenz von Waldensern in der Gegend von Zwickau ist zwar belegt[1]; ob sie aber zusätzlich zu den genuinen Waldenser-Traditionen auch chiliastische Erwartungen gehabt haben, bleibt im Dunkeln. Auch was wir über den Zwickauer Tuchmacher Nikolaus Storch einerseits und über eine böhmische Sekte der sogenannten Nikolaiten anderseits erfahren[2], ist zu dürftig, um überhaupt Beziehungen Storchs zu den Nikolaiten mit einiger Sicherheit annehmen zu können. Für den Tatbestand einer Überlieferung taboritisch chiliastischer Apokalyptik fehlen hier erst recht die Anhaltspunkte. Anders ist der Befund nun aber, wenn man die Müntzer-Texte selber nach Elementen apokalyptischer Theologie abhorcht und dabei besonders auf Bibel-Verweise achtet[3]. Dann werden die apokalyptischen Äußerungen Müntzers immer unüberhörbarer. Und wenn man

[1] *Heinrich Böhmer*, Die Waldenser von Zwickau und Umgegend, in: NASG 36, 1915, S. 1–38.

[2] Über Nikolaus Storch informiert am gründlichsten *Paul Wappler*, Thomas Müntzer in Zwickau und die „Zwickauer Propheten", 1. Aufl. Zwickau 1908, 2. Aufl. (SVRG Nr. 182, Jg. 71) Gütersloh 1966. Er berichtet S. 30 auf Grund von *František Palacky* (Geschichte von Böhmen, Bd. IV, 1, Prag 1857, S. 463) über die Nikolaiten alles Wesentliche, was bisher bekannt ist.

[3] Der unzulängliche Nachweis der Bibelzitate in der Ausgabe der Schriften und Briefe Thomas Müntzers, hg. Günther Franz, (QFRG 33) Gütersloh 1968 – im folgenden abgekürzt: SuB – lenkte meine Aufmerksamkeit auf Müntzers Schriftgebrauch; vgl. die Rezension der Ausgabe in ThZ 26, 1970, S. 147 f. Inzwischen wurde Müntzers Schriftgebrauch in wichtigen Punkten analysiert in der bei Prof. Martin Elze in Hamburg angefertigten Dissertation von *Rolf*

dann noch die chiliastischen Partien der taboritischen Texte studiert, zeigen sich frappante Gemeinsamkeiten zwischen Müntzer und den Taboriten. Bei der Untersuchung von Müntzers Schriftgebrauch bin ich auf seine apokalyptischen Vorstellungen aufmerksam geworden und entdeckte dann erst die Verwandtschaft mit den Taboriten-Texten. Diese Schrittfolge zeichnet sich nun auch methodisch in den folgenden Kapiteln ab.

Müntzer hat sich selber ausdrücklich zur chiliastischen Hoffnung bekannt und hat sich darin von Luther abgegrenzt! Das geschah bei seiner Lektüre der 1521 von dem Schlettstadter Humanisten Beatus Rhenanus herausgegebenen Werke Tertullians[4]. Den Darlegungen des Kirchenvaters über die leibliche Auferstehung entnahm er an einer Stelle die dort gar nicht direkt ausgesprochene Ansicht, daß das Auftreten des Antichrist verknüpft sei mit dem Tag des Endgerichts. Das hielt er in einer Randbemerkung fest und fügte hinzu, daß Tertullian hier mit dem „Mönch Martinus Luther" übereinstimme, während er selbst gegenteiliger Meinung sei[5]. Da sich Müntzer bei seiner eigenen Zukunftsvorstellung eines Gegensatzes zu Luther bewußt war, ist es um so dringlicher, durch die Frage nach seinem Chiliasmus theologisch präzise Auskunft über sein Verständnis von der Zukunft der Kirchen- und Heilsgeschichte zu erhalten.

Wenn den Zukunftserwartungen Müntzers durch den Vergleich mit der taboritischen Apokalyptik schärferes Profil gegeben werden soll, so ist zunächst eine Bemerkung über die von mir herangezogenen Quellen nötig. Ich stütze mich nur auf bereits publizierte Texte, und zwar primär auf lateinische und nur sekundär auf tschechische. Howard Kaminsky hat in seiner History of the Hussite Revolution[6] einen Überblick

---

Dismer, Geschichte, Glaube, Revolution. Zur Schriftauslegung Thomas Müntzers, Hamburg 1974 (Masch.).

[4] Tertulliani Opera, Basel (Johannes Froben) 1521. Die Dedikationsepistel (Bl. a2r–25r) an Stanislaus Turzo, Bischof von Olmütz, ist auf den 1. Juli 1521 datiert (abgedruckt in: Briefwechsel des Beatus Rhenanus, hg. A. Horawitz und K. Hartfelder, Leipzig 1886, Nr. 207, S. 282–288). Müntzers Tertullian-Lektüre fällt also erst in die Zeit nach seinem Prager Aufenthalt.

[5] Zu Tertullian De resurrectione carnis c. 41 n. 6 (Basel 1521, S. 64) am äußeren Rande: Adiungit adventum Antichristi cum die iudicii Sicut Monachus Martinus Luther; ego autem contrarior. In der Edition der Opera Tertulliani im Corpus Christianorum stünde die Randbemerkung Bd. 2, S. 976 neben Z. 25–30. Müntzer hat die in seinem Druck mit „carne et propter" beginnende Zeile bis zum Wort „compendio" unterstrichen (CChr 2, S. 976, Z. 25 f.). *Rolf Dismer,* aaO., S. 70, den die Notiz wegen der herabsetzend gemeinten Titulation Luthers als Mönch interessiert, hat den paläographischen Eindruck, daß die Schlußwendung der Notiz von Müntzer „später" und „mit anderer Feder und Tinte" hinzugefügt wurde.

[6] *Howard Kaminsky,* A History of the Hussite Revolution, Berkeley Cal. 1967, S. 344 mit A. 88.

gegeben über die Quellen des taboritischen Chiliasmus in der Einteilung nach (1) originärer chiliastischer Literatur der Taboriten, (2) Beschreibungen von deren chiliastischer Lehre und Praxis in nicht-taboritischen Quellen und (3) Listen chiliastischer Artikel, die von den theologischen Kontrahenten innerhalb des Hussitentums zusammengestellt wurden. Auf die Fragen nach Verfasserschaft, Datierung und literarischer Überlieferung der einzelnen Quellen sowie deren Beziehungen untereinander kann ich hier nicht kritisch analysierend eingehen. Vieles ist noch ungeklärt und wird nach Lage der Dinge wohl auch ungeklärt bleiben. Denn die wichtigsten Texte sind uns anonym überliefert. Wo Datierungen gegeben sind, fallen sie in das Jahr 1420; aber auch die undatierten Texte müssen in der nächsten Nähe dieses Jahres angesetzt werden. Die bereits publizierten Texte sind nur zum Teil philologisch zureichend ediert, in theologischer Hinsicht ist so gut wie keiner der Texte erschlossen[7]. Die Taboriten haben ihren Chiliasmus in fast allen Einzelzügen biblisch begründet. In der biblischen Begründung wie im Vorstellungsgehalt entscheidender chiliastischer Erwartungen kann man eine erstaunliche Verwandtschaft zwischen Müntzer und den Taboriten entdecken. Darum muß in der Analyse der Müntzer- und der Taboriten-Texte die gemeinsame Substanz biblischer Argumentation aufgedeckt werden.

Während H. Kaminsky die verschiedenen chiliastischen Quellen ganz schematisch nach deren Nummern innerhalb seiner drei Kategorien zitiert, möchte ich die von mir herangezogenen Quellen nach formalen Eigentümlichkeiten bezeichnen. Von den originär chiliastischen Traktaten ist einer lateinisch in der Hussitenchronik des Laurentius von Březová überliefert (Traktat I)[8]; ein weiterer lateinischer Traktat wurde nach einer Wiener Handschrift von F. M. Bartoš ediert (Traktat II)[9]. Als dritte Quelle dieser Art ist ein tschechischer, ebenfalls von Bartoš publizierter Aufruf zu nennen (Aufruf)[10]. Die Artikelreihen bezeichne ich nach der Zahl der Artikel, so daß eine 72er-, eine 76er- und eine 91er-Reihe zu unterscheiden ist[11]. Hinzu kommt eine Reihe von 20 lateini-

---

[7] Die Ansprüche, die an Texte dieser Art gestellt werden müssen, werden am ehesten bei den 8 Texten befriedigt, die *Howard Kaminsky* aaO., im Appendix III (S. 517–550) ediert hat.

[8] *Vavřince (Laurentius) z Březové*, Kronika Husitská, hg. Jaroslav Goll in: Fontes rerum Bohemicarum 5, Prag 1893, S. 417–424.

[9] *František Michálek Bartoš*, Do čtyr pražských artykulů, Prag 1925, S. 102–111. *Bartoš* hat sein Werk außerdem veröffentlicht in: Sbornik príspěvký k dějinám hlavního města Prahy 5, Prag 1932, S. 481–591; hier der Traktat S. 582–591; nach dieser Ausgabe wird er von mir zitiert (Sbornik 5).

[10] *F. M. Bartoš* in dem A. 9 genannten Werk, Separatausgabe S. 96 f. bzw. Sbornik 5, S. 576 f.

[11] Die 72er-Reihe ist lateinisch und tschechisch überliefert bei Laurentius von Březová (s. A. 8), ed. Goll S. 454–458 (früher veröffentlicht bei K. Höfler: Geschichtsschreiber der Husitischen Bewegung in Böhmen, Tl. 1, in: Fon-

schen Artikeln, die Laurentius von Březová als Lehrpunkte des Martin Huska überliefert (20er-Reihe)[12], sowie eine kleine Reihe von 7 Artikeln mit einer vermutlich von Johannes von Příbram stammenden Widerlegung, nach einer Handschrift des Prager Domkapitels von H. Kaminsky publiziert (7er-Reihe)[13]. Schließlich haben ein anonymer Autor in einer tschechischen „Chronik der Taboritenpriester"[14] und Johannes von Příbram in seinem tschechischen „Leben der Taboritenpriester"[15] verschiedene chiliastische Lehrpunkte der Taboriten erwähnt. Außerdem nennt Jakobellus von Mies in seinem tschechischen Kommentar zur Johannes-Apokalypse (zu Apc. 13, 3–6) einige chiliastische Lehrpunkte[16]. Die erzählenden Berichte von Zeitgenossen über chiliastische Anschauungen und Aktionen der Taboriten verwerte ich nur am Rande, weil sie über die Traktate und Artikelreihen hinaus kaum theologisch Relevantes enthalten. Die Artikelreihen, bei denen ich aus sprachlichen Gründen den lateinischen den Vorrang einräumen mußte vor den tschechischen, bieten die chiliastischen Anschauungen in Formulierungen, die in größter Nähe bleiben zu den begründenden Bibelstellen, mit denen ebenso die originären taboritischen Traktate operieren.

Da sich eine Verwandtschaft in den chiliastischen Anschauungen bei Müntzer und den Taboriten konstatieren läßt, stellt sich noch einmal verstärkt die Frage nach dem Überlieferungszusammenhang. Wie ist der historische Abstand von 100 Jahren zu überbrücken? Die datierbaren Quellen für den taboritischen Chiliasmus stammen aus dem Jahre 1420, als eine innerhussitische Auseinandersetzung mit dem taboritischen Chiliasmus geführt wurde[17]. Wollte man die Überlieferung der chiliastischen Ideen aufhellen, was hier nicht geschehen kann, so müßte man

---

tes Rerum Austriacarum 1. Abt. Bd. 2, Wien 1856, S. 434–441). – Die 76er-Reihe ist überliefert mit Widerlegungen des Jan (Johannes) von Příbram und wurde nach einer Wiener Handschrift ohne diese Widerlegungen publiziert von *Ignaz Döllinger,* Beiträge zur Sektengeschichte des Mittelalters, Bd. 2, München 1890, S. 691–700; vgl. *F. M. Bartoš,* Literární činnost ... M. Jana Příbrama, Prag 1928, S. 64 f. – Die nur tschechisch überlieferte 91er-Reihe (mit einem Anhang von 3 Abendmahlsartikeln) wurde veröffentlicht im Archiv Česky, hg. František Palacky, Bd. 3, 1844, S. 218–225 und bei *Josef Macek,* Ktož jsú boží bojovníci, Prag 1951, S. 57–66.

[12] *Laurentius von Březová,* aaO. (s. A. 8), S. 413–416.

[13] *Howard Kaminsky,* aaO. (s. A. 6), Appendix III, Text 2, S. 522–525; dazu Kaminsky S. 518.

[14] Kronika o kněžiech táborských bei *Josef Macek,* aaO. (s. A. 11), S. 66 bis 69. – Für Übersetzungshilfe bei den tschechischen Quellentexten habe ich Herrn Werner Jakobsmeier zu danken.

[15] Jan Příbram: Život kněži táborských, bei: *Josef Macek,* aaO. (s. A. 11), S. 262–309.

[16] *Jakoubek ze Stříbra,* Výklad na zjevenie sv. Jana, hg. František Šimek, Bd. 1, Prag 1932, S. 525–528.

[17] Vgl. *Howard Kaminsky,* aaO., S. 441 f. (A. 80 f.), 421 (A. 95).

zunächst die Tradition der Texte berücksichtigen. Die taboritischen Artikel z. B. sind zusammen mit ihrer Widerlegung durch Magister Johannes von Příbram in verschiedenen Handschriften des 15. Jahrhunderts überliefert worden[18], so daß noch im Medium der Polemik eine Bekanntschaft mit den bestrittenen Anschauungen entstehen konnte. Je fragwürdiger jemandem die Polemik wurde, desto aufnahmebereiter wurde er für das Bestrittene. Auch in Berichten nicht-taboritischer Autoren wie der Hussitenchronik des Laurentius von Březová ist einiges an Kenntnis taboritischer Ideen vermittelt worden. Wir dürfen ferner damit rechnen, daß chiliastische Vorstellungen der Taboriten in einzelnen Bevölkerungskreisen tradiert worden sind, selbst nachdem das eigentliche Taboritentum untergegangen war. In welchen Gemeinschaften variierende Formen taboritisch inspirierter Frömmigkeit gepflegt wurden, ist für uns kaum feststellbar, weil diese Gemeinschaften sich weithin im Verborgenen hielten und ihre Frömmigkeit vor allem von mündlicher Tradition oder vom bloßen Gebrauch der Bibel speisten. So wurden schon von den Zeitgenossen unter dem Namen Pickarden die verschiedensten sektiererischen Gruppen bekämpft.

Die kirchliche Ketzerbekämpfung richtete ihr Augenmerk in erster Linie auf heterodoxe Ansichten über die kirchliche Amtsgewalt und über die kirchlichen Sakramente. Heterodoxe apokalyptische Anschauungen wurden jedoch in zwei Erfurter Disputationen – beides Disputationen de quolibet – der zweiten Hälfte des 15. Jahrhunderts bekämpft. Die erste fand 1466 unter dem Augustinereremiten Johannes von Dorsten († 1481) statt und befaßte sich direkt mit den Ansichten häretischer Konventikel über einen zukünftigen Heilszustand der Welt[19]. Es war die Häresie der Wirsberger[20], die sich damals von Böhmen aus offensichtlich auch in den thüringischen Raum hinein, nicht nur in den fränkischen und oberpfälzischen ausbreitete. Die Erwartung eines neuen Heilszustandes, durch den die neutestamentliche Heilsvermittlung außer Kraft gesetzt werden soll, wird in der Disputation mit der Jahrhunderte älteren Geistkirchenerwartung des Joachim von Fiore in Verbindung ge-

---

[18] Vgl. *F. M. Bartoš,* Literární činnost ... M. Jana Příbrama ..., Prag 1928, S. 64 f.

[19] Gekürzt herausgegeben zusammen mit einem Aufsatz von *Ruth Kestenberg-Gladstein,* The „Third Reich". A fifteenth-century polemic against Joachism and its background, in: JWCI 18, London 1955, S. (245–295) 266 bis 282.

[20] Der namentliche Bezug zu den Wirsbergern ist in der handschriftlichen Überlieferung der Disputation nur am Rande angedeutet (*Kestenberg-Gladstein,* aaO. S. 267 bei A. 1), wird außerdem durch eine Bemerkung der zweiten Erfurter Disputation von 1486 nahegelegt (s. *Kestenberg-Gladstein,* aaO., S. 267 A. 1), konnte aber von *Ruth Kestenberg-Gladstein* (aaO., S. 254 ff.) für die in der Disputation angegriffenen Lehren (S. 274–278) verifiziert werden.

bracht[21]. Gewiß verrät Johannes von Dorsten in seiner Disputation eine erstaunlich gute Bekanntschaft mit joachitischen Traditionen[22], nur ist damit noch nicht die Richtigkeit seiner Behauptung, die Wirsberger seien in ihrer Häresie von Joachim abhängig, erwiesen[23]. Und eine gleich gute Kenntnis joachitischer Überlieferungen, wie sie der Erfurter Theologe besaß, darf man nicht ohne weiteres bei seinen Zeitgenossen voraussetzen. Wenn Ruth Kestenberg-Gladstein nicht nur bei den Wirsbergern, sondern in Übereinstimmung mit andern Forschern auch bei den Taboriten joachitische Elemente zu entdecken meint[24], so bleibt dabei doch immer noch einiges problematisch, so daß man nicht, sobald man bei Müntzer Verwandtschaft mit der taboritischen Apokalyptik feststellen kann, sogleich schlüssig Müntzer in die Geschichte joachitischer Ideen einordnen könnte. Es ist methodisch geraten, zunächst den Chiliasmus Müntzers und der Taboriten als eigene geschichtliche Größen je nach ihren eigenen in sich zusammenhängenden Quellentexten zu betrachten. Was nach dem Vergleich mit den taboritischen Vorstellungen immer noch an Unerklärtem in Müntzers Apokalyptik bleibt, wäre dann daraufhin zu prüfen, ob es aus joachitischen Traditionen ableitbar ist. Dabei wäre sorgfältig zu beachten, welche beträchtlichen Modifikationen die joachitischen Überlieferungen im Hoch- und Spätmittelalter erfahren haben und in welcher Gestalt diese Überlieferungen tatsächlich auf Müntzer Einfluß gewonnen haben können. Nach der positiven wie nach der negativen Seite müßte behutsam sondiert werden, was in der Bemerkung Müntzers steckt: „Bey mir ist das gezeugnis abatis Joachim groß. Ich hab in [= ihn] alleine uber Jeremiam gelesen. Aber meine leer ist hoch droben, ich nym sie von im [= ihm] nicht an, sundern vom ausreden Gotis, wie ich dan zurzeit mit aller schrift der biblien beweisen will“[25].

Bei der späteren Erfurter Disputation von 1486[26] ist die Veranlassung

---

[21] Die Hauptfrage der Disputation lautet daher: Utrum tertius mundi status, quem Joachim Abbas imaginatur et haereticorum conventiculum minatur, catholice venturus astruatur postquam annus Domini millesimus quadringentesimus septuagesimus primus compleatur.

[22] Bei *Ruth Kestenberg-Gladstein* aaO., S. 268–274.

[23] *Ruth Kestenberg-Gladstein* (S. 256 f.) ist sehr vorsichtig im Nachweis joachitischer Gedanken bei den Wirsbergern.

[24] AaO. S. 254–256.

[25] Br. 46, 2. 12. 1523 an Hans Zeiß, SuB 398, 15–18. Müntzer meint das pseudo-joachitische „Scriptum super Hieremiam“, zum ersten Male gedruckt Venedig 1516.

[26] Es existieren zwei undatierte Drucke, ein in Erfurt und ein in Memmingen bei Albert Kunne von Duderstadt hergestellter (Hain 1154. 1155; Short Title Catalogue British Museum, 1962, S. 285). Sie beginnen ohne eigentlichen Buchtitel auf Bl. a1v mit den Worten: Sequens questio determinata est in quodlibeto studii Erfordensis Anno 1486 post Bartholomaei ad petitionem multorum tam religiosorum quam secularium contra triplicem errorem.

durch akute apokalyptische Beunruhigung der Volksfrömmigkeit nicht so offenkundig. Einerseits wird ein doppelter literarischer Anlaß genannt, und zwar zum einen die in dem damals bereits mehrfach gedruckten Traktat des Giovanni Nanni (oder Johannes Annius Viterbiensis; 1452–1502) „De futuris Christianorum triumphis in Saracenos"[27] geäußerte Ansicht, Mohammed sei der „verus et personalis Antichristus" gewesen[28]; zum andern sollte die in einer pseudoaugustinischen Schrift enthaltene spiritualistische Auffassung von der ewigen Seligkeit und Verdammnis widerlegt werden, derzufolge das regnum caelorum lediglich in der visio Dei, die damnatio reproborum lediglich in der privatio visionis Dei bestehe, was in der Konsequenz die Leugnung einer räumlichen Bestimmbarkeit von Himmel und Hölle und die Leugnung eines räumlichen ascensus Christi ad caelos und descensus ad inferna bedeutete[29]. Anderseits richtet sich die Disputation gegen gewisse Leute, die das Weltende zu berechnen sich anmaßen (qui praesumunt calculare et determinare diem novissimum)[30]. Es bleibt unklar, ob damit in einem weiten Sinne auch gegen Berechnungen des Anbruchs eines chiliastischen Endzustandes polemisiert wird, also gegen Berechnungen sowohl bei Giovanni Nanni als auch bei den Wirsbergern. Diese Sekte wird zwar in der zweiten Erfurter Disputation erwähnt, jedoch nicht im Hinblick auf eine Berechnung des Weltendes oder des Anbruchs eines chiliastischen Zeitalters[31]. Obgleich diese Disputation wenig Aufschluß gibt über häretische Bewegungen im 15. Jahrhundert im böhmisch-mitteldeutschen Raum, ist sie doch in einigen Details der apokalyptischen Thematik interessant.

Es wird gut sein, einen ziemlich weiten Horizont vorauszusetzen, innerhalb dessen die apokalyptischen Vorstellungen, wie wir sie bei den Taboriten antreffen, bis in die Frühzeit der Reformation versteckt fortgelebt haben. Der Horizont ist durch die Hoffnung auf eine von Grund auf erneuerte Kirche Christi vorgezeichnet. Die Reformationssehnsucht

---

[27] Über die Drucke dieses Werkes s. u. Kap. III A. 9.

[28] Q. Erford. 1486, Erfurt Bl. a1v = Memmingen Bl. a1v.

[29] Q. Erford. 1486, Erfurt Bl. a1v = Memmingen Bl. a1v: contra librum cuiusdam solitarii, quem intitulant de cognitione verae vitae, et ascribunt beato Augustino, sed falsissime. Als Werk Augustins (vgl. MPL 40, 1005–1032) war der Traktat damals separat gedruckt worden von Peter Schoeffer, Mainz, o. J. [ca. 1475]. *Ruth Kestenberg-Gladstein,* aaO., S. 295 A. 204 hat diese beiden in der Disputation nicht näher bezeichneten Traktate identifiziert.

[30] Erfurt Bl. a1v = Memmingen Bl. a1v.

[31] Erfurt Bl. d2v = Memmingen Bl. d2v: ad litteram nullum Antichristum existimandum, qui error ex Bohemia serpsit etiam usque ad partes istas [erg.: per] quendam Levinum Wirsberger postea in Ratispona [= Regensburg] per imperatorem condemnatum ad perpetuos carceres anno 1467. Vgl. *Ruth Kestenberg-Gladstein,* aaO., S. 267, A. 1.

ist der Grundtenor der apokalyptischen Erwartungen bei den Taboriten wie bei Müntzer; sie ist auch der Grundtenor in den joachitischen Traditionen, die in ihrer spätmittelalterlichen Ausformung und Vermittlung im Hinblick auf die Taboriten wie auf Müntzer genauer bestimmt werden müßten. Die chiliastisch geprägte Reformationserwartung enthält bei den Taboriten und bei Müntzer ein spezifisches Zeitbewußtsein, das Bewußtsein, jetzt sei die Stunde der auf eine endgültige irdische Vollendung hindrängenden Reformation gekommen. Dabei werden die auslösenden Momente und die ersten Schritte der Verwirklichung durchaus verschieden begriffen. Die gemeinsame chiliastische Reformationshoffnung wird auf beiden Seiten von biblischen Zeugnissen gespeist, ohne sich zu Spekulationen auszuweiten. Diese unspekulative, stark den biblischen Zeugnissen verhaftete Hoffnung auf eine Kirchenreformation von Grund auf konnte noch nach dem Untergang des Taboritentums über die Mitte des 15. Jahrhunderts hinaus in unterschiedlichsten christlichen Kreisen lebendig bleiben, unter Umständen auch nur fortglimmen, um an einzelnen Punkten aufzuflackern und schließlich unter dem Windstoß der frühen Reformationsjahre bei Müntzer wieder aufzulodern. Der biblische Stoff für solche Erwartungen war leicht immer wieder anzueignen. Ein Zeichen für das Fortleben oder Fortglimmen dieser universalen Reformationserwartung bietet eine Äußerung des Bruders Lukas von Prag, seit 1500 Senior oder „Bischof" der Böhmischen Brüder (†1528), die uns der Dominikaner Jakob Lilienstayn überliefert hat. In der Ausführung eines Inquisitionsauftrages im böhmisch-mährischen Gebiet gleich zu Beginn des 16. Jahrhunderts hat er die Begegnung mit den Böhmischen Brüdern selbst gesucht und davon ein paar persönliche Eindrücke festgehalten. Er erwähnt, er habe Lukas von Prag gefragt: Quare ritum et statuta ecclesiae Romanae non teneret, cum Christianus esset et in sanctam ecclesiam catholicam credere debeat. Sein Gegenüber habe ihm erwidert: Dico vobis et in brevi veniet, quo ego vivam, quod omnes praelati Romani cum papa et episcopis et omnibus qui ritum Romanae ecclesiae tenent, destruentur et delentur sive sint illi communicantes sub una sive sub utraque specie. Et nos manebimus [Druck: manebibus] et reformabimus ecclesiam Christi. Quia sicut apostoli fuerunt primi humiles, devoti, non praelati superbi, avari, luxuriosi, sic redibit status ecclesiae per Christum ad nos, qui tenemus vitam apostolorum Christi[32].

---

[32] [Jakob Lilienstayn] Tractatus contra Waldenses fratres erroneos, quos vulgus vocat Pickardos, fratres sine regula, sine lege, et sine obedientia. Collectus anno domini millesimo quingentesimo quinto. Quorum multi sunt in Moravia plus quam in Bohemia. o. O. u. J.; vgl. Panzer, Annales typographici 9, S. 108 Nr. 12; Short Title Catalogue British Museum, 1962, S. 501: [Joh. Weissenburger, Nürnberg 1505?]. Das Zitat Bl. B5v. Über diesen Traktat und seinen Verfasser vgl. *Werner Jakobsmeier,* Der „Tractatus contra Waldenses fratres" des Jakob Lilienstayn — Eine Streitschrift gegen die Unität der Böh-

Orientierte sich diese Reformationserwartung an der ursprünglichen apostolischen Lebens- und Gottesdienstform, so konnte sie sich offenbar doch noch vertiefen, je mehr das eigene Kirchenverständnis in der Gemeinschaft mit Christus verankert wurde. Wenigstens angedeutet ist das in der „Apologia Sacrae scripturae", der von Bruder Lukas von Prag verfaßten Darlegung des Glaubens der Böhmischen Brüder, gedruckt 1511 in Nürnberg bei Hieronymus Höltzel[33]. Christus wird hier das fundamentum ecclesiae genannt, mit dem die Wahrheit, auch die veritas essentialis sacramentorum, gegeben ist[34]. Der Kirche ist die Wahrheit gegeben in einer geistlichen Verbundenheit mit Christus. Auf Christus gegründet, ist die Kirche auf den Stein gegründet, der in der Geschichtsvision Daniels (Dan. 2, 34 f., vgl. V. 45) ohne Hände herabgerissen wird und die Gestalt des letzten Weltreiches zermalmt, dann aber selber zu einem riesigen, die ganze Welt einnehmenden Berg wird. Und das bedeutet, daß Christus die ecclesia universa mit Gnade, Wahrheit und aller Genüge erfüllt habe[35]. Wir stutzen, da doch Müntzer die Geschichtsvision von Dan. 2 in seiner Fürstenpredigt programmatisch für sein Reformationsverständnis ausgewertet hat. Eine Geschichtsschau wird von Lukas von Prag nicht vorgetragen und seine universale Reformationserwartung wird uns nur von einem Zeitgenossen berichtet. Trotzdem können wir in der Äußerung bei Jakob Lilienstayn und in der ekklesiologischen Verwendung von Dan. 2, 34 f. eine Reformationserwartung und ein Verständnis von Kirche in ihrem Gegründetsein auf den welterfüllenden Christus-„Stein" ausgesprochen finden, die gerade in dieser Verbindung einen Horizont abgeben, innerhalb dessen chiliastische, von den Taboriten artikulierte Hoffnungen mehr oder weniger verborgen weitergetragen werden konnten.

---

mischen Brüder als Beispiel mittelalterlicher Ketzerpolemik, Diss. München 1975 (Masch.).

[33] Panzer, Annales typographici 7, S. 449 Nr. 72.

[34] Bl. F4v/G1r: Veritas autem essentialis inprimis est, quemadmodum et fundamentum ecclesiae, Christus Dominus.

[35] Bl. G1r: Praeterea in personali unione Christi cum humanitate veritas dabatur. Similiter in spirituali copula Christi cum ecclesia, quae in lapide sine manibus absciso fundata, ac statua idolatriae contrita in excelsum crevit montem, et universam implevit terram (am Rande: Dan. 2 [V. 34 f., vgl. V. 45]). Quoniam „a solis ortu usque ad occasum laudabile" est „nomen Domini" (am Rande: Ps. 112 (113) [V. 3]). Universam enim ecclesiam suam gratia et veritate atque omni sufficientia implevit.

I. DIE UNVERMITTELTE GEISTBELEHRUNG

Unverzichtbar gehört für Müntzer zum Zustand der wahren apostolischen Christenheit, daß jedermann unmittelbar von Gott belehrt werden wird. Alle werden Schüler Gottes sein, weil jene Verheißung aus Jesaja 54, 13 – universos filios tuos doctos a Domino – sich erfüllen wird, die nach Joh. 6, 45 von Jesus bekräftigt worden ist: Est scriptum in prophetis: ‚Et erunt omnes docibiles Dei.' Damit wird sich der künftige Zustand der Christenheit fundamental vom bisherigen und gegenwärtigen unterscheiden.

Die Belehrung durch Gott wird universal und exklusiv sein: alle werden von Gott Lehre empfangen, und zwar ausschließlich von Gott. Die Gotteslehre verträgt sich nicht mit irgendeiner Menschenlehre. Sie teilt sich unvermittelt mit und wird nicht durch menschliche Rede oder gar auf schriftlichem Wege vermittelt. Hier erreicht Müntzers Polemik gegen die „Schriftgelehrten" ihre volle theologische Zuspitzung. Nicht einmal die heilige Schrift vermittelt den Glauben; sie gibt nur „Zeugnis" davon, wie der Mensch zum Glauben kommt, wie er von Gott allein gelehrt werden kann und muß. „Der sun Gottes hat gesagt [Joh. 5, 39]: ‚die schrifft gibt gezeugnuß'. Da sagen die schrifftgelerten: sie gibt den glauben. O neyn, allerliebsten, sehet euch vil weyter umb, ir habt anderst den allertörlichsten glauben, der auff erden ist, wie die affen"[1]. Müntzers Kernsatz in dieser Sache lautet: „alle außerwelten sollen von Got gelert werden, Joannis 6 [V. 45], Isaie 54 [V. 13], Jeremie 31 [Vers 33 f.], Job 35 [V. 11], Psal. 17, 24, 33, 70, 93, und vil ander schrifft dreybt alle drauff, von Got alleyn gelert werden"[2]. Worauf es ankommt,

[1] Entblößung, SuB 276, 34–277, 5 (Gezeugnis ohne bemerkenswerte Abweichung).

[2] Entblößung, SuB 277, 18–24 (im Gezeugnis sind einige Schriftstellen anders – verkehrt – angegeben; es fehlt die letzte Wendung). Bei den genannten Psalmen sind die gemeinten Verse nicht eindeutig bestimmbar; bei Ps. 17 (18) ist außer V. 29 (tu illuminas lucernam meam, Domine) auch V. 36 (disciplina tua ipsa me docebit) denkbar; bei Ps. 24 (25) kommen statt V. 14 (SuB z. St.) V. 4b. 5a (semitas tuas edoce me, dirige me in veritate tua et doce me; vgl. SuB 33, 9 f.) und V. 9 (docebit mites vias suas; vgl. SuB 33, 20 f.) in Frage; bei Ps. 33 (34) ist auf V. 6 (Accedite ad eum et illuminamini) und V. 12 (timorem Domini docebo vos) statt auf V. 12–23 (SuB z. St.) hinzuweisen; bei Ps. 70 (71) paßt V. 17 (docuisti me a iuventute mea; vgl. SuB 418 A. 16) am besten und bei Ps. 93 (94) außer V. 10 (qui docet hominem scientiam) noch

ist die ohne Vermittlung zuteil gewordene Gotteserkenntnis. Um sie zu gewinnen, muß der Mensch „Gottes Werk" erleiden in der Entblößung von Scheinglaube und welthaftem Vernunftdenken. Menschliches Wissen, bloße Kenntnis der Bibel eingeschlossen, muß dem Auserwählten zur „bitteren Galle" werden[3].

Durch seinen Geist will Gott den Menschen unterweisen. Er will mit seinem Geist im Menschen Wohnung nehmen, damit der Mensch zu dem heiligen Tempel werde, zu dem er von Ewigkeit her bestimmt ist. Denn dazu ist er geschaffen, „daß er den heiligen Geist zum Schulmeister des Glaubens habe"[4]. Der heilige Geist ist nach biblischer Redeweise der Finger oder Griffel, mit dem Gott in die Herzen, nicht etwa auf Papier oder Tafeln schreibt. Als lebendige Stimme Gottes wird im Herzen die Lehre des Geistes vernommen. Ihr gegenüber sind selbst die schriftlich überlieferten Offenbarungen Gottes toter Buchstabe[5].

Müntzers Lehre von der Geisteserfahrung kann hier nicht allseitig entfaltet werden. Die mit ihr gestellten theologiegeschichtlichen Probleme sind noch nicht hinreichend erörtert. Obgleich die von H.-J. Goertz in der Fortführung von Andeutungen Holls vorgetragene Auffassung, die

---

V. 12 (Beatus homo quem tu erudieris, Domine, et de lege tua docueris eum). Die Stelle Iob 35, 11 (docet nos super iumenta terrae et super volucres caeli erudit nos) wird von Müntzer sonst nicht zitiert.

[3] Von dem getichten Glauben § 14, SuB 224, 30–36: Do muß der mensch sehen, wie er das werck Gottis erdulde, das es [lies: er?] von tag zu tag zunheme yn der erkentniß Gotis. Do wirt der mensche allein von Got gar mit eynander (am Rande: Jsaie 54 [V. 13]; Joan. 6 [V. 45]) und von keiner creaturn gelarth, was alle creaturn wissen, ist yme eine bittere galle, nachdem das es ist eine vorkarte weyße, fur welcher Got alle seine außerwelten behuthe und erretthe, nachdem das sie darein gefallen sein. – Protestation § 12, SuB 234, 2–5: Ab du auch schon die biblien gefressen hets, hilfft dich nit, du must den scharffen pflugschar leiden. Hastu doch keinen glauben, Got gebe dir dann ynen [= ihn] selbern und lere dich den selbern (am Rande: Joan. 6 [V. 45]; Esaie 54 [V. 13]; Jere. 31 [V. 33 f.]).

[4] Entblößung, SuB 292, 33–293, 8: Ein yeder mensch sol in sich selber schlahen und eben mercken bey seyner bewegung, wie er selber ein heyliger tempel sey, 1. Cor. 3 [V. 16 f.] und 6 [V. 19], Gott zustendig von ewigkeyt; das er nyergen anderst zu geschaffen ist, denn das er den heyligen geyst zum schulmeyster des glaubens habe und all seiner wirckung warneme, Johan. 14 [V. 26] und 16 [V. 13], Rom. 8 [V. 14]; und das derselbig tempel über die massen von den ungelerten pfaffen verwüstet sey. – Joh. 14, 26 und 16, 13 verzeichnet Müntzer auch am Rande zu Br. 41B, SuB 23, 13 (s. u. A. 5), Joh. 16, 13 außerdem Br. 40, SuB 391, 12.

[5] Br. 41B, 18. 7. 1523 an die Stolberger, SuB 23, 12–19: [die unversuchten Menschen, die Menschen des erdichteten Glaubens] mögen auch nicht glewben, das gott mit fleissiger, emsiger güte den menschen selbern lerne unde ym alles saget, was ym von nötten ist (am Rande: Joan. 6 [V. 45]; Joan. 14 [V. 26]; eiusdem 16 [V. 13]). Derhalben gebrichts der gantzen werlt am heuptstück der seligkeit, welches ist der glaube, das wir nicht uns sovil guts

Mystik sei das Grundgerüst der ganzen Theologie Müntzers[6], in ihrem Ansatz und ihrer Durchführung nicht befriedigt, kann man die Überlieferungszusammenhänge der Mystik für Müntzer doch nicht leugnen. Wie man auch bei gründlicherer historischer Durchleuchtung das Element des „Mystischen" in Müntzers Theologie identifizieren mag, so muß man zugleich unterstreichen, daß es nicht nur für das subjektive Bewußtsein Müntzers um etwas Neues geht gegenüber herkömmlicher Geisteserfahrung in Gestalt der Mystik, daß vielmehr auch nach dem theologiegeschichtlichen Befund Müntzers Geisteserfahrung über die Mystik hinausgeht, weil sie mit ihrer Einheit von Universalität und Exklusivität einen neuen Zustand der Christenheit heraufführen wird. Der Zustand der allgemeinen und ausschließlichen Belehrung durch Gott läßt sich am ehesten begreifen als eine chiliastische Verwirklichung der Gottesherrschaft, obgleich Müntzer den traditionellen Chiliasmus gerade durch seine spezifische Geistlehre umprägt. Die Geisterfahrung, in die er sich und die Erwählten seiner Zeit hineingestellt sieht, bezeichnet für ihn den Anbruch einer chiliastischen Vollendung der Christenheit. Es ist nicht eine neue Etappe innerhalb einer linearen, die bisherige Geschichte der Kirche kontinuierlich fortsetzenden Heilsgeschichte. Ein Umschlag wird in der Heilsgeschichte eintreten. Vorbereitet wurde dieser Umschlag schon im Geisterlebnis der Propheten, und seine Verwirklichung wurde eingeleitet durch den Mensch gewordenen Christus. An der vollendeten Heilswirklichkeit, die mit Christus aufzubrechen begann, hatten die Apostel und Apostelschüler schon teil. Doch seit dem Tod der Apostelschüler hat es in der Heils- oder Kirchengeschichte gewissermaßen ein Zwischenspiel gegeben; jetzt, in der von Müntzer erlebten Gegenwart, will sich der Umschlag zu einer vollendeten irdischen Heilswirklichkeit ereignen. Darin, daß er eine Vollendung durch einen Umbruch hindurch und nicht eine linear graduelle Fortentwicklung der Heilsgeschichte erwartet, und daß in der chiliastisch erneuerten Christenheit alle Christen eine unvermittelte Geisteserfahrung haben, unterscheidet sich Müntzer von Joachim von Fiore. Eine Trennungslinie gegenüber der joachitischen Tradition im ganzen läßt sich hingegen nicht ziehen, da sich ihr verschiedentlich chiliastische Elemente beigemischt hatten.

Es gehört zu den Zeichen der Zeit unmittelbar vor jenem Umbruch in der Heilsgeschichte, daß sich in der Christenheit eine gesteigerte Ver-

---

zu Gott vorsehen, das er unser schulmeister sein will, Mat. 23 [V. 8–10], Jacobi 3 [V. 1]; ach des grossen, hochverstockten unglaubens, der sich mit dem toten buchstabe behelffen wil, unde leugnet den finger, der in dz hertze schreibet. 2. Cor. 3. [V. 3]. – Bei Jac. 3 sind die SuB 23 A. 9 angegebenen Verse 15 ff. weniger wahrscheinlich.

[6] *Hans-Jürgen Goertz*, Innere und äußere Ordnung in der Theologie Thomas Müntzers, Leiden 1967; *ders.*, Der Mystiker mit dem Hammer. Die theologische Begründung der Revolution bei Thomas Müntzer, in: KuD 20, 1974, S. 23–53.

stocktheit ausbreitet, während gleichzeitig im Kreise der Auserwählten die reine Geisteserfahrung sich regt. Von diesem Widerspruch sieht Müntzer die Situation seiner Zeit geprägt. Seine apokalyptische Erwartung veranlaßt ihn zu dieser Deutung seiner Gegenwart, und umgekehrt bestätigen ihm die Zeichen der Zeit seine apokalyptische Erwartung. In ihrer Verstockung verschließen sich viele Christen, verführt durch falsche kirchliche Lehre, der unvermittelten Gotteserkenntnis. Als hingegen in der neutestamentlichen Zeit dem Priester Zacharias, dem Vater Johannes des Täufers, im Tempel eine Engeloffenbarung, also eine Art von Geisterlebnis, widerfuhr, waren die Zeitgenossen, wie Müntzer Lc. 1, 10 und 22 entnimmt, dafür aufgeschlossen; damals war „das volck nicht also gantz und gar hoch verstocket, wie yetzt die christenheyt durch die bößwichtischen schrifftgelerten geworden ist. Sie will keynerley weyß glauben, das ir Gott also nahe sey, Deut. 4 [V. 7], Jeremie 23 [V. 23], und seynen willen ir müge eröffnen"[7]. Man läßt sich einreden, der christliche Glaube könne sich mit der Schrift begnügen und bedürfe keiner direkten Offenbarung, Gott rede nicht mehr so unmittelbar zum Menschen wie zur Zeit der Propheten und Apostel[8]. Das ist der Scheinglaube seiner Zeit, dessentwegen Müntzer im Prager Manifest die altgläubige Geistlichkeit attackiert. Denn den Geistlichen fehlt nicht nur die unvermittelte Geisteserfahrung, sie leugnen sogar deren Möglichkeit und Notwendigkeit für die Kirche, die nicht mehr zur Generation der Apostel gehört[9].

[7] Entblößung, SuB 297, 20–27. Dtn. 4, 7: Nec est alia natio tam grandis quae habeat deos appropinquantes sibi, sicut deus noster adest cunctis obsecrationibus nostris (vgl. den Rekurs auf den Kontext SuB 448, 16 f. und 526, 7). Auf Jer. 23, 23 (Putasne Deus e vicino ego sum, dicit Dominus, et non Deus de longe?) verweist Müntzer auch Ordnung und Berechnung, SuB 210, 34 ff. (am Rande), Protestation, § 16 SuB 237, 7 ff. (am Rande neben Rom. 10, 8 und Dtn. 30, 14) und Br. 31, SuB 380, 17. — Visionäre Geisterlebnisse („Gesichte") müssen dort eintreten, wo „der mensch das klare wort Gottis in der selen nicht vernummen hat" trotz Abkehr vom Buchstabenglauben; Fürstenpredigt, SuB 254, 13 ff. (vgl. 252, 10 ff.). Deshalb hat Müntzer ein positives Interesse an Träumen und Visionen (vgl. SuB 538, 1 ff. und 428 f.); sie sind, wenn auch in einer gewissen Unterordnung, der unvermittelten Geistbelehrung eng verwandt.

[8] Entblößung, SuB 297, 27–298, 7: Oho, wie schewh [Gezeugnis: scheuchtern] sind die leut an der offenbarung worden, wie Micheas am 3. cap. [V. 6 f.] darvon geweyssagt hat [Gezeugnis: die welt gewarnt hat]. Sie sprechen fast alle: Ey, wir sind gesettiget an der schrifft, wir wöllen keyner offenbarung glauben, Gott redet nicht mer. Wie meynstu, wenn solche leut gelebt hetten, da die propheten waren, ob sie in auch geglaubt hetten oder sie lieber todtgeschlagen? Sind sie doch in der heyligen schrifft also blind, das sie nicht sehen oder hören wollen, wie sie gantz und gar krefftiklich drauff dringt, wie man alleyn sol und muß von Gott geleret werden.

[9] Prager Manifest b, SuB 496, 24 f.: sie vorleugnen meinen geyst zcu reden mit den menschen. Das Folgende deutlicher in Fassung c, SuB 506, 10 f.: Acerrimo prorsus eos subsannant scommate, qui spiritum sanctum testimonia

So haben sie das Kirchenvolk verführt und haben das kirchliche Verdikt über die unvermittelte Geisteserfahrung zur opinio communis werden lassen[10].

Schon in Müntzers Konflikt mit Sylvius Egranus war eine gegensätzliche Ansicht von der Unmittelbarkeit des heiligen Geistes in der Geschichte der Kirche einer der Kontroverspunkte gewesen. Egranus hat nach Müntzers Brief an Nikolaus Hausmann vom 15. 6. 1521 den Satz verfochten: Ecclesia non habuit spiritum sanctum nisi tempore apostolorum[11]. Das deckt sich mit zwei Thesen der von Müntzer zusammengestellten Propositiones Egrani: (21.) Soli apostoli habuerunt spiritum sanctum. Nec fuit necessarius aliis hominibus, quia ecclesia satis stabilita est per labores apostolorum. (22.) In mille annis nullus hominum habuit spiritum sanctum nec ecclesia regitur per eum[12]. Wir können nicht feststellen, in welcher Weise Egranus die von seinem Gegner höchstwahrscheinlich polemisch überspitzte Ansicht vertreten hat[13]. In einer Predigt vom 27. April 1522 (Sonntag Quasimodogeniti) äußert er zu Joh. 20, 22, die Jünger hätten den heiligen Geist nötig gehabt, um das Evangelium in der ganzen Welt zu predigen und diese Predigt mit Wundern zu bekräftigen[14]. Man kann nun zwar vermuten, daß Egranus da-

nobis reddentem [vgl. Rom. 8, 16] loqui affirmant, contrariantur astruentes impietatem suam. Ferner Fassung b, SuB 498, 8—14: sye vorleugnen dye stimme des brutgams [statt Hld. 5, 2 vgl. eher vox sponsi in Jer. 7, 34 16, 9 25, 10 33, 11, Bar. 2, 23, Joh. 3, 29, Apc. 18, 23], welchs ist das rechte gewisse zceichen, das sie luter teuffel seyn. Wie kunen sie dan Gots diner sein, trager seines worts, das sie mit yrer hurischen stirn unvorschemmet lugnen? Dan es sollen alle rechte pfaffen auffenbarunge haben, das sie yres dinges gewiß sein, an der ersten czůn Corinth. am XIIII. [1. Cor. 14, außer V. 30 vgl. V. 6]. Aber sie sprechen mit verstocktem Hertzen, es sie [= sei] unmuglich. (Vgl. Fassung c, SuB 507, 2—6). SuB 498, 22 f.: sie slissen dye schrifft zcu unde sagen, Got dorff nicht in eigner person mit dem menschen reden. SuB 499, 8 f.: wann yhn [= ihnen] Got will ins hertze schreibn, ist kein volk under sonnen, das dem lebendegen wort Gots feintter ist dan sie. SuB 499, 27—29: [es sind] solche vortumpte [= verdammte] pfaffen, dy den rechten slussel wegknemen [vgl. Lc. 11, 52] und sagen, ein solcher weg sey fantastisch und narrenkoppisch, unde sprechen, es sey uff das aller unmuglichste. SuB 502, 10 f.: Dye ... pfaffen dorfen woll sagen, es sey solche scharff ding [scil. die unmittelbare Erfahrung des Glaubens] nicht von noten. Vgl. SuB 503, 13—15 und 504, 10 f.

10 SuB 501, 16—18. 23—25: dye schaffe wißen nicht, das sie dye lebendigen stimme Gots horen sollen. Das ist, sye sollen alle offenbarunge haben, Johelis am andern [Joel 2, 28 (3, 1)] und David am LXXXVIII. psalmo [Ps. 88 (89), 20] ... Das auch schier dye gantz welt meyntte, das es nicht von nothen sye, das Christus seyn eigen evangelium den außerwelten můs selbern vorpredigen.

11 Br. 25, SuB 372, 16 f.

12 SuB 515, 7—10.

13 *Hubert Kirchner*, Johannes Sylvius Egranus, Berlin 1961, S. 59 mit Bezug auf die Thesen 21 und 22: „Egranus hat sich wenig über die Lehre vom Geist geäußert. ... Die Wahrheit der Thesen ist also nicht mehr nachzuprüfen."

14 Ungedruckte Predigten des Johann Sylvius Egranus, hg. Georg Buchwald, Leipzig 1911, S. 129: Den Jungern was menschliche stergke zcu wenigk

mit den Aposteln eine einzigartige Stellung einräumen wollte; doch muß man dann die entsprechenden Einschränkungen anbringen an den folgenden Sätzen über eine rechte Bischofsweihe und über die wahren Aufgaben der Bischöfe auch noch zu seiner Zeit. Die Kritik Egrans an der Veräußerlichung der Bischofsweihe würde dann positiv nicht bedeuten, daß er für diese kirchlichen Amtsträger, erst recht nicht für niedere eine Immediaterfahrung des Geistes Gottes fordere. Beachtung eines guten, frommen Lebenswandels und Erfüllung der eigentlichen Predigtaufgaben wünscht Egranus bei den Amtsträgern[15]. Darin könnte sich für ihn das Fortwirken des heiligen Geistes in der Kirche, primär bei den Bischöfen bekunden, was sich durchaus mit der — in diesem Text nicht ausgesprochenen — Ablehnung persönlicher, unvermittelter Geisteserfahrung vertragen konnte.

Müntzer ist zweifellos während seiner Zwickauer Zeit mit einem spätmittelalterlichen Laienchristentum bekannt geworden, das vor allem unter den dortigen Tuchknappen Anhänger hatte und dessen Wortführer Nikolaus Storch war. Laien, die sich in der Bibel auskannten, wohl auch im Besitz volkssprachlicher Bibeltexte waren, beanspruchten für sich eigene Geisterlebnisse; davon und vielleicht auch vom Geschick der Christenheit wußten sie in prophetischer Art zu reden mit der Forderung, daß wie sie auch andere Christen von persönlichem Glauben oder Geistbesitz Rechenschaft geben müßten. So etwas galt den Zeitgenossen als sektiererisch unter dem Attribut „pickardisch" oder „waldensisch". Indem Müntzer solch Laienchristentum „approbierte" und Nikolaus Storch öffentlich auf der Kanzel als einen geistbegabten Mann hinstellte[16], hat er

und die vornufftt unvormugent, das sie solden predigen durch die gantze werldtt. Derhalben musten sie den geist Gottes haben und was ihnen von nothen ... Denn der geist solde ihn geben krefftte und stergke zcu predigen das Euangelium. Sie hettens nitt konnen enden, wehr auch nicht in iren vormugen gewest auffzcubauen die Christliche kirchen, wen sie nit hetten den heiligen geist gehabtt. Drumb gab ehr ihn denselbten, das sie das jhenige mußten außrichten, darumb sie gesant wahren, uff das sie das volck lerneten und zcu bestetigungh irer lehr mirakell und wunderbergk thaten. — *Walter Elliger*, Thomas Müntzer, Leben und Werk, Göttingen 1975, S. 164 hat auf diesen Text aufmerksam gemacht.

[15] Egranus aaO., S. 129: Wen wir wollen wisßen, wie Christus hat Bischoffe und priester gemachtt, wie Bischoffe und pfarrher geweihet sein, ßo findtt mans an dem ortt [scil. Joh. 20, 22], sunst an keinem andern in der schrifft etc. Alßo solden unßere Bischoffe thuen, velißig auffachtungh haben, welche geschicktt wehren und eins gutten lebens, dieselbten solden sie in die stetthe umb hehr schicken das Euangelium und den glauben zcu predigen.

[16] Hauptquelle sind für uns die von einem Egranus-Anhänger stammenden „Historien von Thomas Müntzer" bei *Johann Karl Seidemann*, Thomas Müntzer — Eine Biographie, Dresden/Leipzig 1842 (Beilage 5), S. 110: durch unartt Magistri Thomae Muntzers von Stolbergk, Die zeytt auch Prediger zu S. Katharinen, im anhengigk gemacht, Die knapperey sich zu im gehalttenn, mitt ihn Mehr Conventicula gehalttenn, Dan bey wirdiger Priesterschaftt, Dadurch sich

offenbar in diesem spätmittelalterlichen Laienchristentum Elemente entdeckt, die sich mit dem eben aufbrechenden reformatorischen Laienchristentum der persönlichen Glaubensmündigkeit und -gewißheit[17] zu decken schienen, und hat es wohl auch verstanden, gerade diese Laien für den neuen reformatorischen Aufbruch zu begeistern. Wie Müntzers eigene Entwicklung in diesem Verschmelzen von Elementen der als sektiererisch geltenden spätmittelalterlichen Laienfrömmigkeit mit dem reformatorischen Glaubensverständnis verlaufen ist, liegt für uns im Dunkeln. Nachher wird noch zu zeigen sein, wie Luther damals in das allgemeine Priestertum aller Glaubenden die Erfüllung der biblischen, um Joh. 6, 45 gruppierten Verheißungen einbezogen hatte. Deshalb darf man bei Müntzer nicht ein bloßes Einschwenken auf jenes spätmittelalterliche Laienchristentum voraussetzen. Und wenn zwischen Müntzer und Egranus die Gegenwart des Geistes in der Christenheit zum Streitpunkt geworden ist, braucht man nicht anzunehmen, daß Egranus mit Äußerungen, wie sie Müntzer ihm in den Mund legt, nur Absonderlichkeiten der Zwickauer Storchianer kritisieren wollte, zu deren Verteidiger sich Müntzer gemacht hatte[18]. Der Gegensatz dürfte gerade in

---

entspunnen, Das Mgr. Thomas Fürgezogen Die knapperey, Furnemlich eynen Mitt nahmen Nickell Storch Welchen er so Groß auff der Cantzell ausplesseniert in [= ihn] Für alle Priester erhaben, als der Eynige Der Do baß wisse die Bibliam, und Hoch erkantt im geyst, zugleych sich auch gerümett, Mgstr. Thomas er wisse Fürwahr, er hab Den Heyligen geyst, etc. Auß diser unartt erwachsen ist, Das Storch sich unterstandenn, neben Thoma Winckell Predigten auff gericht, Als gewonheyt ist bey den pickardenn, Die Da auffwerffenn, Einen schuster ader schneyder zu predigen, Also durch Mgrm. Thomam, ist Furgezogen wordenn, Dieser Nickel Storch, und approbiertt auff der Cantzell, Die Leyen mussen unser Prelatenn und Pfarrer werden, und Rechenschafftt Nehmen des Glaubens.

[17] Sie gibt sich zu erkennen im Prager Manifest b, SuB 501, 1–7: Alßo seyn auch dye wuchersuchtigen, unde zcinßaufrichtisse pfaffen, welche dye todten worter der schrifft vorschlingen, dornach schuten sie den buchstab und unerfaren glauben (der nicht einer lauß wert ist) unter das rechte arme, arme volk. Domit machen sie, das keiner seiner selen seligkeit gewiß ist. Denn dyeselbigenn beltzebuppisschen knechte bringen eyn stucke auß der heiligen schrifft zcu margke [= Markte]: Eya, es wiß der mensche nit, ab er wirdigk sey des hasses oder liebe Gots [Eccles. 9, 1]. Vgl. Fassung c, SuB 508, 17–20 und später Entblößung/Gezeugnis, SuB 290, 10–13: Sie sprechen auß dem bart...: Es kan niemant wissen, wer außerwelt oder verdampt sey. – Luther hat sich wiederholt gegen den traditionellen Gebrauch von Eccles. 9, 1 gewandt.

[18] *W. Elliger*, Thomas Müntzer, S. 164: „Was er [Egranus] ironisierte und kritisierte, war die seltsame Erscheinung des Zwickauer Storchianismus; er hatte aus den absonderlichen Reden der Storchianer den Schluß gezogen, daß sie sich mit den Aposteln des Urchristentums verglichen, sich der jenen zu ihrem Werke geschenkten Geistesausrüstung rühmten und sich aus solchem Geiste heraus zur Erneuerung der Christenheit berufen fühlten. Gegen diese neuen Apostel hatte er sich gewandt und geltend gemacht, daß der Heilige

der Geistlehre unter der Einwirkung frühreformatorischer Gedanken theologisch tiefer gegangen sein, als es von W. Elliger dargestellt wird: „Wie Egran im Bewußtsein seiner geistigen Überlegenheit die Geistlehre Müntzers als eine sachlich nicht ernst zu nehmende Verstiegenheit ironisierend abtat, so karikierte Müntzer zumindest als Sympathisant und Fürsprecher der ‚neuen Geistlehre' seinen Widerpart als Repräsentanten einer pseudochristlichen Haltung."[19]

Das Beharren bei einer äußeren Vermittlung der Gotteserkenntnis, an dem er sich bei Egranus und erst recht bei der ganz traditionsgebundenen altgläubigen Geistlichkeit gestoßen hatte, entdeckte Müntzer später wieder bei Luther und bekämpfte das bei ihm nun ebenso, ohne Rücksicht auf die Differenzen zwischen dem Verständnis von Glaubensvermittlung bei Luther und in der traditionellen Kirchenlehre sowie in der humanistischen Sicht eines Egranus. Müntzer setzte dem mit Leidenschaft die Forderung nach einer unvermittelten Gottes- und Geisteserfahrung entgegen, wie sie seines Erachtens den Propheten und Aposteln zuteil geworden ist. Denn die Autoren der heiligen Schrift haben bei der Bezeugung ihres Glaubens nur aus der Lehre des Geistes geschöpft. In Analogie dazu besteht immer die Möglichkeit, daß jemand ohne jede Kenntnis der Bibel „für sich durch die gerechte Lehre des Geistes einen unbetrüglichen Christenglauben" hat und dabei sogar zweifelsfrei gewiß ist, „daß er solchen Glauben vom unbetrüglichen Gott geschöpft" hat[20]. So denkt Müntzer in der scharfen Antithetik von einer für alle Christen notwendigen unvermittelten Gotteserkenntnis und einem Glauben, der sich auf vermittelnde Instanzen stützt. Tertium non datur. Er duldet nicht die Möglichkeit einer in menschlich geschichtlicher Kommunikation vermittelten Gotteserfahrung, die jedoch trotz dieser Vermittlung in actu eine unmittelbare Gotteserfahrung sein kann. Daß dies von Luther gemeint war, hat Müntzer nicht bemerkt oder hat es nicht

---

Geist sich in der Geschichte der Kirche bisher nie so demonstrativ in Menschen wirksam gezeigt habe, abgesehen allein von den alten Aposteln."

[19] *W. Elliger*, Thomas Müntzer, S. 165. *H. Kirchner*, Johannes Sylvius Egranus, S. 60 hat noch nicht die Frage nach der unvermittelten Geisterfahrung für Müntzer aufgeworfen, sondern sieht nur den Gegensatz einer nicht näher bestimmten Geistlehre gegen eine bei Egranus greifbar werdende „Entwicklung, an deren Ende der ‚Historismus' steht, die rein historische Erforschung der Quellen nach ihrem Wahrheitsgehalt und die Verflüchtigung des Gegenwartsbezuges des göttlichen Wortes zu einer bloß moralischen Belehrung".

[20] Entblößung, SuB 277, 25–278, 6 (Gezeugnis ohne wesentliche Abweichungen): Wenn eyner nu seyn leben lang die biblien wider gehöret noch gesehen het, kündt er woll für sich durch die gerechten lere des geystes eynen unbetrieglichen christenglauben haben, wie alle die gehabt, die one alle bücher die heylige schrifft beschriben [= geschrieben] haben. Und er wäre auch auffs höchst versichert, das er solchen glauben vom unbetrieglichen Got geschöpfft und nit vom abgekunterfeyten des teufels oder eygener natur eyngezogen hette.

gelten lassen wollen. Die Gewißheit der Gotteserkenntnis, die er nicht geringer einschätzte als Luther, war für ihn nicht unter den geschichtlichen Bedingungen der Glaubensvermittlung denkbar. Sie schien ihm nur in einer von allen geschichtlichen Bedingungen sich lösenden Gotteserfahrung gegeben.

Die universale Geistbelehrung der Christenheit will nach Müntzers Überzeugung jetzt in dieser seiner Zeit Wirklichkeit werden. Wie einst die Propheten und Apostel nur vereinzelte Zeugen einer bedingungslosen Geisterfahrung gewesen sind, so sind im gegenwärtigen Augenblick zunächst nur einzelne Auserwählte „Gottes Schüler" im exklusiven Sinne. Doch Müntzer beobachtet ein Anwachsen ihrer Zahl, während zugleich die Verstockung auf der Gegenseite sich steigert[21]. Die Auserwählten, die schon der unvermittelten Geistbelehrung gewürdigt wurden, sind in der Vorstellung Müntzers nun auch berufen, die Bedingungen dafür zu schaffen, daß die exklusive Gotteserfahrung universales Ausmaß annimmt; sie sind berufen, die allgemeinen Behinderungen einer unvermittelten Gotteserkenntnis für jedermann zu beseitigen; sie sind berufen, für die ganze Christenheit und weiter in der Konsequenz für die ganze Menschheit, auch für Juden, Türken, Heiden solche Voraussetzungen des Glaubens zu schaffen, wie sie bisher in der Geschichte so allgemein nicht gegeben waren[22]. Darin liegt, wenn man so sagen will, der revolutionäre oder besser: der apokalyptische Auftrag derer, die gegenwärtig bereits zu einem unvermittelten Glauben hindurchgestoßen sind. Die exklusive Gotteserkenntnis in ihrer universalen Verwirklichung bezeichnet einen Zustand jenseits der ganzen bisherigen Heilsgeschichte; sie ist ein Kennzeichen des chiliastischen Vollendungszustandes und ist schon vor Müntzer ein Element chiliastischer Hoffnung gewesen.

Suchen wir nach historischen Vorformen für diese Vorstellungen Müntzers, so stoßen wir bei den Taboriten in eindeutig chiliastischer Prägung auf die Erwartung einer unvermittelten Belehrung durch Gott selbst in der ganzen Kirche. In der 76 Punkte umfassenden Artikelreihe von 1420 wird für die wiederhergestellte Kirche die Erfüllung der Verheißungen von Jer. 31, 33 f. und Is. 54, 13 (in der Formulierung von Joh. 6, 45) in Aussicht gestellt. In der von Döllinger publizierten Fassung heißt es im 50. Artikel: in regno reparato ecclesiae militantis sol humanae intelligentiae non lucebit hominibus, hoc est, quod „non docebit unusquisque proximum suum" [Jer. 31, 34], sed „omnes erunt docibiles Dei" [Joh. 6, 45][23]. Das wird im nächsten (51.) Artikel in Anlehnung an Jer. 31, 33 fortgeführt: lex Dei scripta in regno reparato ecclesiae militantis cessabit

---

[21] S. o. bei A. 9. [22] S. u. bei A. 27 (SuB 398, 4—7) und Kap. IV und V.

[23] Wörtlich gleichlautend in der 72er-Reihe a. 26. Die gleiche Textsubstanz mit unerheblichen Varianten hat a. 16 in der 20er-Reihe (Goll, S. 415) und a. 5 in der 7er-Reihe (Kaminsky, S. 524).

et bibliae scriptae destruentur, quia lex omnibus superscribetur in cordibus et non opus erit doctore[24]. Weil jeder Christ von Gott selber belehrt werden wird, wird er nicht mehr auf Anweisung durch ein schriftlich überliefertes Gottesgesetz angewiesen sein. Selbst die Bibel wird überflüssig werden.

In einem der beiden bekannten chiliastischen Traktate wird der Grundgedanke unter Verwendung verschiedener weiterer Schriftstellen noch in der Richtung unterstrichen, daß menschliche Weisheit wird weichen müssen vor der im Feuer geläuterten, von allen Beimischungen gereinigten Weisheit Gottes[25]. Könnte dieser Text den Eindruck erwecken, als habe sich die taboritische Sehnsucht hauptsächlich gegen eine kirchliche Lehre und theologische Gelehrsamkeit aufgelehnt, die dem Volk nicht zuletzt wegen der Sprachdifferenz unverständlich war (dissertitudo linguae non potest intelligi), so lassen die Sachzusammenhänge und die anderen Texte keinen Zweifel an der chiliastischen Intention, die den Glauben einer erneuerten Kirche von aller Vermittlung, auch von der vermittelnden Bindung an die Bibel lösen wollte.

Für die Taboriten gewährleistet der chiliastische Gesamtzustand der Kirche, daß jeder über Gottes Willen qua Gesetz (lex Dei) Bescheid weiß und ihm selbstverständlich nachkommt. Die Naherwartung eines chiliastischen Zustandes, in welchem die Christen mit dem Gesetz oder Willen Gottes so selbstverständlich vertraut sein werden, daß eine Belehrung aus der Schrift überflüssig wird, teilt Müntzer mit den Taboriten. Worin er sich von ihnen unterscheidet, ist die bereits gegenwärtig von den einzelnen Erwählten erfahrene oder doch erfahrbare Beseitigung des Schein-

---

[24] Der entsprechende a. 27 der 72er-Reihe hat im vorletzten Teilstück die Abweichung: lex Christi omnibus superscribetur in cordibus eorum. Dieser und der vorhergehende Artikel der 76er- bzw. 72er-Reihe sind in der 91er-Reihe zusammengezogen im a. 38 (Macek, S. 61). Verwandt damit ist auch eine Stelle im Apc.-Kommentar des Jakobellus von Mies (Šimek, Bd. 1, S. 527, Zl. 174 ff.) sowie entsprechende Punkte in der Chronik der Taboritenpriester (Macek, S. 68) und bei J. Příbram: Das Leben der Taboritenpriester (Macek, S. 273 bis 275).

[25] Im Traktat II (Sbornik 5, S. 591) lautet der letzte Abschnitt unter der Überschrift „De doctrinis“: „Universi filii“ ecclesiae erunt „docti a Domino“ [Is. 54, 13] et „erunt omnes docibiles Dei“ [Joh. 6, 45]. „A maiore usque ad minorem omnes cognoscent me, et non docebit ultra vir proximum suum“ [Jer. 31, 34]. „Sapientiam enim sapientum perdet et prudentiam prudentum reprobabit“ [1. Cor. 1, 19, vgl. Is. 29, 14], quia „perdet sapientes de Idumea“ [Abd. 8]. Et non comparabit [lies: comparebit] litteratus neque legis verba ponderans [Is. 33, 18], cuius dissertitudo linguae non potest intelligi, in quo nulla est sapientia. Quaeque est flos foeni, exarescit [1. Pt. 1, 24, vgl. Is. 40, 6 f.], quia venit Christus aquas exsiccare [vgl. Ps. 105 (106), 9; Nah. 1, 4; Joel 1, 20]. „Ignitum enim eloquium“ [Ps. 118 (119), 140], veniens faciet liquescere haec elementa; sicut „fluit cera a facie ignis“ [Ps. 67 (68), 3; vgl. Mich. 1, 4], sic haec sapientia peribit a facie ignitae sapientiae Dei etc.

glaubens und die „Ankunft“ oder Grundlegung des Geistglaubens, die er zu Voraussetzungen für den Anbruch der geschichtlich unvergleichbaren Heilszeit erhebt[26]. Nur wer von Gott gelehrt ist und in der Anfechtung sich als ein „fleißiger Schüler“ des „göttlichen Werkes“ bewährt hat, kann auch als Seelsorger zur Erneuerung der Christenheit beitragen[27]. Männer, die selber in der unvermittelten Glaubenserkenntnis gegründet sind, können bewirken, daß andere Christen Gottes Schüler werden und die Christenheit ihre Reinigung erfährt, indem sie in der Kraft des Geistes der unter den Christen anzutreffenden „Bosheit“ zu Leibe rücken und „mit dem höchsten Eifer zu Gott“ den Feinden Gottes entgegentreten[28], bis schließlich diese apostolisch reformatorische Tätigkeit der Gottesmänner an den Punkt gelangt, wo das Volk der Erwählten notfalls mit Gewalt die Herrschaft übernimmt[29].

Müntzers Rede von der direkten Geistbelehrung bekam gesteigerte Wirkungskraft durch den Umstand, daß er in taboritische Überlieferungen, mit denen er doch wohl schon in Zwickau 1520/21 bekannt wurde, Gedanken Luthers hineinlegen konnte. Luther hatte 1520 in seinem bahnbrechenden Reformationsaufruf „An den christlichen Adel“ die Vollmacht aller Gläubigen zur Schriftauslegung mit Joh. 6, 45 begründet: „alle Christen sollen geleret werden von got“[30]. Das soll eine Geist-

---

[26] Am bündigsten ausgesprochen in seinem „Sendbrief an seine lieben Brüder zu Stolberg, unfuglichen Aufruhr zu meiden“, Br. 41, 18. 7. 1523, SuB 22, 16 ff.

[27] Br. 46, 2. 12. 1523, gedruckt im Anhang zur Schrift „Von dem getichten glauben“, SuB 398, 4—7: Darumb das in [ihnen, sc. den Wittenberger Theologen] guts unterschiets [in der Unterscheidung zwischen getichtem und ungetichtem Glauben] gebriecht, seint sie noch neophiti, das seint unversuchte menschen, sollen keine selwarter sein, sunder noch langezeit chatecumini, das ist vleyssige schuler seins götlichs wergs und nicht ehr lernen [nicht eher lehren], sie weren dan von Got gelert (am Rande: Joan. 6 [V. 45]; Esaie 54 [V. 13]; Jere. 31 [V. 34]).

[28] Fürstenpredigt, SuB 246, 4—12: Drumb, yr theuren brüder, sollen wir auß diesem unflat erstehn und Gottis rechte schuller werden, von got geleret, Joan. 6 [V. 45! nicht 48], Matth. 23 [V. 8—10], so wil uns von nöten sein grosse mechtige stercke, die uns von oben hernidder vorlihen werde, solche unaußsprechliche boßheyt zu straffen und zu schwechen. Das ist die allerklerste weyßheyt Gottis, Sapientie 9 [V. 10], wilche allein von der reynen ungetichten forcht Gottis entspreuset. Dieselbige muß uns alleyn mit gewaltiger handt wapnen zur rache widder die feinde Gottis mit dem höchsten yfer zu Gott, als geschrieben stet Sapientie 5 [V. 18], Joan. 2 [V. 17], Psal. 68 (69) [V. 10]. Do ist gar kein entschuldigen mit menschlichen oder vornunfftigen anschlegen, dann der gotlosen gestalt ist uber alle massen schön und listig, wie die schöne kornblume unter den gelben ehern [Ähren] des weyzens, Ecc. 8 [statt V. 14 eher V. 11—13 oder auch V. 5b]. Aber solchs muß die weißheit Gotis erkennen.

[29] S. u. Kap. IV und V.

[30] WA 6, 411, 25 = BoA 1, 371, 4 f.; vgl. in derselben Schrift beim Punkt der Universitätsreform, WA 6, 460, 30—32 = BoA 1, 33—35: eynen Doctorn der heyligenn schrift wirt dir niemandt machenn, denn allein der heylig geyst

belehrung sein, die nicht an einen bestimmten kirchlichen Stand oder ein Amt gebunden ist. Diese Geistbelehrung steht aber im Dienste der Schriftauslegung; sie hat keine Legitimation unabhängig von der Schrift und empfängt nicht erst sekundär vom Schriftzeugnis ihre Bestätigung. Die in der biblischen Verheißung enthaltene Universalität wird in dem allgemeinen, alle Gläubigen umfassenden Charakter der reformatorisch verstandenen geistlichen Vollmacht aufgenommen. Die universale priesterliche Vollmacht aller Christen ist ebenso Lehrvollmacht in der Auslegung der Schrift wie Vergebungsvollmacht[31]. Eine Exklusivität, die gerade alle Vermittlung der Gottesbelehrung ausschließt, hatte Luther also aus dieser biblischen Verheißung nicht herausgehört. Sie kam gar nicht in Frage, weil für ihn die geschichtlich einmalige Gottespräsenz im Menschen Jesus jede weitere vermittlungslose Präsenz Gottes oder des Geistes ausschloß und damit auch unmöglich machte, die biblische Geistverheißung für die chiliastische Erwartung einer reinen Geistkirche in Anspruch zu nehmen.

Die Geistbelehrung im Kontext der Christusbotschaft geschieht der Sache nach, wenn Menschen als unmittelbar Betroffene von Gottes Gnade ihnen gegenüber unterrichtet werden. Unmittelbar Betroffene sind sie als Begnadete, obwohl sie nicht unvermittelt davon unterrichtet werden. Die entgegengesetzte, das Geschenk des Geistes entbehrende Unterrichtung ist die Unterrichtung durch das Gesetz, eine mit der Pflicht auch Schuld aufladende und nicht zum Guten befreiende Unterrichtung[32]. Die Sache der Geistbelehrung ist für Luther eine ganz andere als für Müntzer. Für den einen ist sie Unterrichtung eines Betroffenen von der ihm widerfahrenen Gnade, für den anderen ist sie innere Unterrichtung eines durch „Entgröberung" Befähigten über den von ihm zu vollziehenden Willen Gottes. Für den einen ist sie Mitteilung von Gottes Liebe, für den anderen ist sie Mitteilung über Gottes unerbittlich forderndes Wollen.

In seiner Schrift De abroganda Missa und deren Pendant „Vom Mißbrauch der Messe" (1521) hat Luther die priesterliche Vollmacht aller Christen aus ihrer Verbundenheit mit dem unvertretbaren Priestertum Christi abgeleitet und dabei die Gottesbelehrung aller Christen mit den

---

vom hymel, wie Christus sagt Johan. 6, 45: „Sie mussen alle von got selber geleret sein." Vgl. Luthers Magnificat-Auslegung (1521) WA 7, 546, 24 f. = BoA 2, 135, 35 ff.: es mag niemant got noch gottes wort recht vorstehen, er habs denn on mittel von dem heyligen geyst. WA 7, 548, 10 f. = BoA 2, 137, 18 ff. – Auf der Linie von Luthers Adelsschrift bewegt sich Hans Sachs: Disputation zwischen einem Chorherren und Schuchmacher, 1524, hg. G. H. Seufert, Stuttgart 1974 (Reclams Univ.-Bibl. 9737–38 a), Zl. 231 ff.

[31] WA 6, 411, 36–412, 3 = BoA 1, 371, 14–18; WA 6, 412, 20–26 = BoA 1, 371, 36–372, 2.

[32] 1519 zu Gal. 4, 27 WA 2, 557, 6–10; 1520/21 zu Ps. 17 (18), 13 WA 5, 508, 36–509, 5.

für Müntzer so wichtigen Stellen Is. 54, 13, Jer. 31, 34 und Joh. 6, 45 untermauert: Certus esto, nec ulla persuasione falli te sinas, quisquis esse voles pure Christianus, nullum esse in novo testamento sacerdotium visibile et externum, nisi quod humanis mendaciis est per Satanam erectum ... Hoc sacerdotium spirituale est et omnibus Christianis commune. Omnes enim eodem, quo Christus, sacerdotio sacerdotes sumus, qui Christiani, i. e. filii Christi, summi sacerdotis, sumus[33]. Die priesterliche Würde aller Christen bezieht Luther hier auf zwei Merkmale des Priestertums. Sie berechtigt zum eigenen Zugang und Gebet zu Gott, und sie schenkt jedem einzelnen eine in sich unmittelbare Gottesbelehrung mit der Gewißheit von Gottes Gnade. Christianus quisque per seipsum orat in Christo habens per ipsum, ut Rom. 5 [V. 2] dicit, accessum ad Deum ... Sic et per seipsos a Deo docentur promittente Isaiae 54 [V. 13] ... et Hiere. 31 [V. 34] ... et Isaias 11 [V. 9] dicit: „Repleta est terra scientia domini, sicut aquae maris operientis." Hinc Christus Iohan. 6 [V. 45] appellat eos θεοδιδάκτους ... Haec testimonia plane evacuant sacerdotium visibile, dum et orationem et accessum ad Deum et doctrinam omnibus communem faciunt, quae certe sacerdotum propria est[34]. Die Gebetsfreiheit und die Gottesbelehrung kann jeder Christ in eigener Unmittelbarkeit wahrnehmen[35]. Ermöglicht ist das aber nur durch das begründende Priestertum Christi[36] und durch eine geschichtliche Vermittlung, in welcher Christen die von ihnen bereits wahrgenommene Gebetsfreiheit anderen erschließen und sie über die bereits erfahrene Gottesgelehrtheit unterrichten[37].

Die geschichtliche Vermittlung der jedem Christen zukommenden priesterlichen Gottunmittelbarkeit wird von Luther 1520 und 1521 nicht mit voller Eindeutigkeit ausgesprochen. Aller Nachdruck liegt darauf, daß das gottunmittelbare Priestertum allgemein und geistlich, also nicht auf

---

[33] WA 8, 415, 15–24; vgl. WA 8, 486, 18–29.

[34] WA 8, 415, 27–38; vgl. WA 8, 486, 31–487, 6. Der Gedanke der Gottesbelehrung im allgemeinen Priestertum schon 1519/20 zu Ps. 2, 10 WA 5, 68, 16–29; im Gegensatz zur Menschenlehre zu Ps. 5, 4 WA 5, 130, 28 f.

[35] Beachte in dem Passus oben bei A. 34: per seipsum orat ... per seipsos a Deo docentur; vgl. WA 8, 486, 31 ff.

[36] WA 8, 415, 17–22; vgl. WA 8, 486, 21–26. In der deutschen Fassung zitiert Luther 1. Pt. 3, 18 anders als in der lateinischen, nämlich nach der Version des Cod. Amiat., ein Zeichen dafür, daß er auch die Vulgata-Version im Sinne der Version des Cod. Amiat. versteht, also in dem von Christus ausgesagten mortificatum esse carne und vivificatum esse spiritu für ihn die gleiche doppelte Bestimmtheit der Christen mitgesetzt ist.

[37] WA 8, 415, 40–42: mediator et doctor Christianorum praeter Christum nullus est. Quin ipsi per sese accedunt a Deo docti, deinceps mediare et docere potentes eos, qui nondum sacerdotes, i.e. nondum Christiani sunt. WA 8, 487, 8–10: Ist doch Christus alleyn und sonst keyner aller Christen mitler und lerer. Und tretten selbst hyntzu von gott gelert und konnen alßo selbst mitteln und leren, die noch nicht priester, das ist, Christen sind.

bestimmte kirchliche Personen, Ämter und Würden beschränkt ist[38]. Mit der Betonung der Universalität und Spiritualität konnte sogar das Mißverständnis aufkommen, die Gottesunmittelbarkeit sei etwas Unvermitteltes.

Ende der 20er Jahre hat Luther dann aber in seiner Jesaja-Vorlesung bei Is. 54, 13 expressis verbis an der Annahme einer unvermittelten Gottes- oder Geistbelehrung Kritik geübt[39]. Polemisch spricht er von den „Schuermerii", die sich für eine solche Annahme auf Is. 54, 13 (Joh. 6, 45) berufen haben[40]. Die Analyse hat ergeben, daß Müntzer als Vertreter dieser „Schwärmer" zu gelten hat, er in erster Linie. Denn Luther meint zeitgenössische Schwärmer und nicht etwa die chiliastischen Taboriten; auch Sebastian Franck kann er in diesen Jahren noch nicht im Sinne haben; außer Müntzer meint er am ehesten noch dessen nächste Anhänger. Mit einem allgemeinen Argument erinnert Luther daran, daß auch die „Schwärmer" ihre Lehre durch Belehrung überkommen haben; und weniger treffend meint er, sie sollten lieber schweigen, wenn schon menschlische Lehre überflüssig ist, weil Gott selber unvermittelt lehren muß[41]. Bei der exegetischen Argumentation gibt Luther in einer für moderne Sicht gekünstelten Weise dem Umstand Gewicht, daß im Kontext mit der angeredeten weiblichen Person — Zion — die Kirche auch den Sachzusammenhang bestimme und darum in V. 13 a „Dabo universos filios tuos doctos a Domino" vorausgesetzt wird, daß den „Söhnen" der Kirche die direkte Belehrung durch Gott zuteil wird. Das verbum vocale stellt den Zusammenhang menschlich kirchlicher Vermittlung her. Innerhalb dieses Zusammenhangs erfolgt dann auch die Lehre des spiritus Dei[42]. Wort und Geist, verbum vocale und verbum spirituale, beides gehört zu-

---

38 WA 8, 415, 42—416, 2: Atque ita sacerdotium novi testamenti prorsus sine personarum respectu regnat communiter in omnibus spiritu solo. WA 8, 487, 10—12: Alßo folgt, das das priesterthum ym newen testament zu gleych yn allen Christen ist, ym geyst alleyn, on alle person und larven. — Daß Luther die geschichtliche Vermittlung des verbum externum selbst in den frühen Jahren vorausgesetzt hat, zeigt seine Aufzeichnung vom 12. 2. 1519 WAB 1, 328, 16—26 und aus der Zeit der 1. Psalmen-Vorlesung (1513—15) z. B. Schol. Ps. 44 (45), 2 WA 3, 255, 16 ff. = BoA, 5, 112, 4 ff. Ansonsten habe ich mich hier auf gedruckte Äußerungen Luthers, die Müntzer bekannt geworden sein können, beschränkt.

39 Die Behandlung von Is. 54 fällt in den Sommer 1529; vgl. WA 31 II, S. VIII die Angabe, daß Luther vor seiner Abreise nach Marburg Mitte September gerade Kap. 55 beendet hatte, während er Ende Mai 1529 vermutlich bei Kap. 44 gestanden hatte und nach einem anderen Anhaltspunkt am 30. Nov. Kap. 60 auszulegen begonnen hat.

40 WA 31 II, 449, 27. Unter einem anderen Aspekt, der einer genaueren Analyse bedürfte, steht Luthers Behandlung von Joel 2, 28 (3, 1) vom Sommer 1525 in WA 13, 79 ff. (108 ff.).

41 WA 31 II, 449, 27—31. Vgl. WA 25, 342, 22—24.

42 WA 31 II, 449, 32—35. Vgl. WA 25, 342, 28—30.

sammen in einer von Gott gewollten Kontingenz, nicht in einer geschichtslosen physisch-metaphysischen Ordnung: Filii ecclesiae habent audire a verbo et credere a Deo. Verbum a matre, Spiritum a patre. Vox congregat nos ad ecclesiam, spiritus nos copulat Deo[43]. Das Verstehen und Erkennen des Glaubens, das sich nicht erzwingbar kontingent einstellt, ist die Wirkung der Geistbelehrung und liegt nicht im Vermögen der Vernunft[44].

Ist die allgemeine unmittelbare Gottesbelehrung ein Element des reformatorischen Priestertums aller Gläubigen, so besteht hier eine Gemeinsamkeit zwischen Luther und Müntzer, nur daß die von Müntzer geforderte Unvermitteltheit der Geistbelehrung für Luther nie in Frage gekommen ist, obgleich er sich in den frühen Jahren noch nicht so deutlich dagegen ausgesprochen hat wie später. Deshalb steht Müntzer letztlich doch den Taboriten näher als Luther, da auch die Taboriten einen Wegfall aller äußeren Vermittlung der Gotteserkenntnis erhoffen. Aber bei ihnen soll das in der Folge der äußeren Veränderungen des kirchlichen Lebens eintreten. Demgegenüber treten nach unserer bisherigen Kenntnis in den Taboriten-Texten jene spiritualistischen Gedanken zurück, die einen geistlichen Advent Christi zur Voraussetzung der apokalyptischen Gotteserkenntnis machen. Deutet das darauf hin, daß der Hauptursprung für Müntzers universale Geisterwartung doch in der deutschen Mystik liegt? Es wäre verfehlt, mittelalterliche Überlieferungen voneinander abzusondern, um auf eine einzelne Überlieferung eine Person wie Thomas Müntzer mit ihrer ganzen Theologie zurückzuführen. Man kann nicht deutsche Mystik oder taboritische Apokalyptik zum tragenden Fundament des ganzen Denkens und Wollens Müntzers erklären. Seine Erwartung einer universalen und exklusiv unvermittelten Geisterfahrung kann man jedenfalls hinsichtlich des Universalen und Exklusiven nicht aus der deutschen Mystik ableiten. Das chiliastisch Universale und Exklusive ist kein Bestandteil der Geistlehre der deutschen Mystik. Die signifikanten Bibelstellen – Is. 54, 13, Jer. 31, 34, Joh. 6, 45 – spielen in der deutschen Mystik gar keine Rolle.

Dagegen scheint nun aber zu sprechen, daß Sebastian Franck in sei-

---

[43] WA 31 II, 450, 6–8. Vgl. WA 25, 342, 28–33; ebd. Z. 24–26: Propheta ... utraque coniungit et verbum vocale et spiritum. Ecclesiam vocat matrem, quae parit filios, et tamen constat Ecclesiam non posse dare spiritum sanctum. Ebd. Z. 35 f.: Neque potest alterum sine altero esse, quia Deus sic ordinavit. Vgl. schon 1523 WA 12, 180, 9 ff.

[44] WA 31 II, 450, 9–13. 20–23: Hanc cogitationem fidei, inquam, nulla ratio efficere potest, sed solus Deus dat. Nam doctrina novum hominem efficit, reiicit omnes cogitationes haerentes in apparentibus, in suis meritis et operibus ... Fidei autem cogitationes sunt supra omnes cogitationes rationis ... Non docti a Domino tantum audiunt verbum, ut calumnientur. Sicut nostri adversarii ideo nostra legunt, ut calumnientur nos, quia non adest interne docens Deus. Vgl. WA 25, 342, 9–20.

nen Paradoxa die unvermittelte Geistbelehrung einerseits mit den drei Bibelstellen Is. 54, 13, Jer. 31, 34 und Joh. 6, 45 abstützt und anderseits dafür Tauler in Anspruch nimmt: „Got hat beschlossen / das er ain mal wöll Lerer sein / und zů unserer seel on mittel handel / wie Taulerus schreibt / Sermo 1. et 2. / damit gaist allain von gaist gelert / und das inner auffs inner werde gericht / Hie. 31. Esaie 54. Joan. 6.“[45] In den beiden ersten Predigten der von Franck benutzten Tauler-Ausgabe Basel 1521 bzw. 1522[46] werden jedoch weder die genannten Schriftstellen zitiert noch wird der Gedanke in dieser Form ausgesprochen. Tauler wünscht in den von Franck gemeinten Zusammenhängen, daß der Gläubige von „Bildern“ und „Kreaturen“ frei werde in einem von der Heiligungsgnade bewirkten Prozeß der Reinigung und Spiritualisierung seines Inneren, um in der Tiefe geistlicher Reinheit auf dem Seelengrunde mit Gott selber in Berührung zu kommen. Diese Gotteserfahrung hat also die kirchlich vermittelte Gnade zur Voraussetzung und bleibt jenen vorbehalten, die den Weg des monastischen Lebens bis zur äußersten Verinnerlichung gehen; es fehlt ihr die universale Dimension und jene apokalyptische Zeitbestimmung, die Franck erst in Tauler hineinzutragen scheint mit der Wendung, Gott wolle „ein Mal“ Lehrer sein.

Das chiliastische Zeitbewußtsein und der Universalismus verflüchtigen sich bei Franck selber trotz seiner Bezugnahme auf die biblischen Geistverheißungen. Die Gottes- oder Geistbelehrung, auf die er wiederholt zu sprechen kommt[47], weil sie ein tragendes Element in seinem Gedankengebäude bildet, knüpft er an die „Gelassenheit“ subjektiver Verinnerlichung und macht sie zugleich zu einem individuellen Ereignis von geschichtlicher Unbestimmtheit. Das ist gut zu erkennen im Traktat „Das Lob des göttlichen Worts“[48]: „War ist es / ain ainigen sin hat die Schrifft /

---

[45] Paradoxa Nr. 132; vgl. Nr. 7.

[46] Die beiden Ausgaben stimmen im Textbestand der Predigten völlig überein und unterscheiden sich nur in der deutschen Dialektform. Sermo 1 dieser Ausgaben = Predigt 1 bei Vetter; Sermo 2 (zu Sap. 18, 14 „Dum medium silentium“) = Predigt 1 Meister Eckhart, hg. Franz Pfeiffer (Deutsche Mystiker des 14. Jahrhunderts, Bd. 2, 4. Aufl. 1924), S. 3–10, also in Wirklichkeit eine Meister Eckhart zuzuschreibende Predigt (modernisiert bei Meister Eckehart: Deutsche Predigten und Traktate, hg. und übers. Josef Quint, München 1955, Nr. 57, S. 415–424).

[47] Genannt sei noch das Verbütschiert Buch, [Augsburg] 1539, Bl. 401r/v. 411v. 415r. 416r.

[48] Ulm [1534], Bl. 153r/v. Der Traktat ist als das 4. „Kronbüchlein“ die dritte und letzte Schrift, die Franck seiner Übersetzung des Encomion moriae des Erasmus hinzugefügt hat. Vgl. ebd. Bl. 148v und im 2. Kronbüchlein Bl. 115r. – Die von Franck genannte Stelle 1. Joh. 2, 27 (unctio docet vos de omnibus) wird ebenfalls von Müntzer in der Frage der unvermittelten Geistbelehrung herangezogen, Br. 40 SuB 390, 14 f. (8 ff.!); vgl. SuB 253, 5 410, 28 527, 3 528, 9 f.

welcher ist Gottes wort / denen so aus Gott sindt erkant / aber ich acht den nit fur den Bůchstabischen grammatischen sententz / den auch die Gotlosen verstehen und erraichen / und gleich wol die Schrifft nit verstehen ... sonder wie sie sich selbs in den gottsäligen außlegt / aus der leer des Hailigen gaists. Und diser mag nit in gewiß Commentari und Regel verfaßet werden / sonder der H.gaist wil jm diß Bůch und maisterschafft vorbehalten / und nit in dem Truck lassen außgen / sonder aim ieden selbs nach der maß seines glaubens / zaigen / leeren / eröffenen. etc. so vil jm not / und nit leiden / das ainer den andern ler / und jm in sein ampt greiffe / sonder ainen ieden selbs leeren / damit wir all / und ain ieder in sonderhait / von Got gelert werde / und sich möge rhümen/ das er Gottes wort von gott / und nit von menschen gelert hab / inn stiller gelassenhait / doch sol und mag ihe ainer dem anderen ain zeugnuß geben des / des er von Gott gelert ist. Also bleiben wir mit Christo und den Aposteln zeugen des Worts / und nit maister des gaists. Joan. 15 [V. 27], 16 [V. 13], Act. 1 [V. 8]. Dann wer wil den Windt maistern / dann des Winds maister. Joan. 3 [V. 8]. Hie her gehört das Joannes Joan. 6 [V. 45], 1. Joan. 2 [V. 27], Hiere. cap. 31 [V. 34], Esa. cap. 54 [V. 13] sagt das wir all müssen von got gelert werden / und nit not sei, das uns iemandt lere / sonder wie die salbung uns lere/ also sei es recht."

Man könnte simplifizierend sagen, die aus mystischer Tradition stammende Gelassenheit ist bei Müntzer mit dem apokalyptischen Zeitbewußtsein verschmolzen worden und hat dabei den Stempel apokalyptischer Bedrängnis aufgedrückt bekommen. Bei Franck hingegen ist sie wieder aus dieser Verbindung gelöst worden, hat aber die im apokalyptischen Zeitbewußtsein mitgegebene Geisterwartung bei sich behalten. Die Schriftstellen Is. 54, 13, Jer. 31, 34, Joh. 6, 45 markieren bei Franck eine neue Etappe in der Geschichte der Mystik und der Apokalyptik: Taulers Mystik hat sich unter der Wirkung der Reformation ins Allgemeine ausgeweitet, das apokalyptische Zeitbewußtsein der Reformation, bei Müntzer chiliastisch und bei Luther unchiliastisch gefaßt, verliert sich an die nun zeitlos individuelle Mystik. Tauler reflektierte noch nicht auf die Schrift, die für Franck wie für Müntzer als äußeres Wort nur „Zeugnis" geben, jedoch die Gotteserkenntnis nicht vermitteln kann. Der deutsche Mystiker wollte von der vorstellenden, bildhaften zur vorstellungsfreien Gotteserkenntnis hingelangen, um der Spiritualität von Seele, Gnade und Gott gerecht zu werden.

Sebastian Franck hat in Tauler einen Gedanken hineingetragen, den er selber höchstwahrscheinlich von Hans Denck und von Müntzer übernommen hat. Denn daß Müntzer wie auch Hans Denck und Ludwig Hätzer die Ansicht vertreten haben, „wir müssen alle ohne Mittel von Gott gelehrt werden", war ihm bekannt und wird von ihm in seiner Geschichtsbibel als eine Gemeinsamkeit dieser drei Männer berichtet[49]. Damit hat Franck selber die Genealogie des von ihm in Tauler hineingelesenen Gedankens aufgedeckt. In diesem Traditionskomplex ist Müntzer als der geistige Vater anzusehen, von dem Hans Denck und über diesen wiederum Ludwig Hätzer inspiriert worden ist, wobei für die Ausstrahlung Müntzers auch noch die Wirkung seiner Anhänger wie Hans Hut und Jörg Haug berücksichtigt werden muß.

In seiner Liste der Ketzer hat Sebastian Franck unter Dencks Namen aus dessen „Widerruf" (verfaßt Herbst 1527, gedruckt 1528) den ganzen ersten Artikel über die heilige Schrift und das Wort Gottes in Einzelsätzen wiedergegeben. Da bekennt Hans Denck zunächst: „Die heilige geschrift halt ich uber alle menschliche schätze, aber nitt so hoch alß das wort Gottes, das da lebendig, krefftig und ewig ist, welches aller elementen diser welt ledig und frei ist"[50]. Weiter sagt er von Gottes Wort: „so es Gott selbst ist, so ist es geyst und keyn buchstab, on fedder und papir geschriben [Franck fügt hinzu: durch den finger Gots in unser hertz eyngetruckt oder eyngepflantzt], das es nimmer außgetilgt werden mag"[51]. Und schließlich heißt es: „Also mag eyn mensch, der von Gott erwelet ist, on predig und geschrifft selig werden"[52]. Daß Gott selber „ohne alles Mittel" im Herzen des Menschen Gottesfurcht, -erkenntnis, -liebe und -glaube hervorruft, konnte Franck bei Denck noch direkt ausgesprochen finden[53], obgleich die biblischen Verheißungen der unvermittelten Geistbelehrung von Denck nicht aufgegriffen werden.

Vornehmlich unter dem Einfluß Dencks war auch Ludwig Hätzer ge-

---

[49] Geschichtsbibel, 3. Chronik, B. 3, Kap. 1, Buchst. W, Von den Wiedertauffern (Ulm 1536, Tl. 2 Bl. 195r): Etlich halten vil auff die schrifft / als auff Gottes wort ... Dargegen sagen die anderen / weil wir bücher haben so sei noch kein Christus vorhanden. Dise halten auch nit vil auff alle eusser predig und schrifft / meynen wir müssen all on mittel von got gelert werden. Auch das die schrifft mit Gotis wort sey / und man on dise wol gleubig und selig werden mög. Sihe Johannis Denck Artickel. Item Ludwig Hetzers / Thome Müntzers etc.

[50] Denck, Widerruf a. 1 (Schriften, hg. W. Fellmann, Teil 2, Gütersloh 1956, S. 106, 3–5). Franck, Geschichtsbibel, 3. Chronik, B. 3, Kap. 1, Buchst. J, Johannes Denck (Ulm 1536, Tl. 2 Bl. 159v) fügt am Ende hinzu: das weder geredt noch geschriben kan werden. Den a. 1 von Dencks Widerruf hat Franck auch in sein 4. Kronbüchlein, „Lob des göttlichen Worts", Ulm [1534], Bl. 167v bis 168r aufgenommen; der Hinweis in: Denck, Schriften, Teil 1, 1955, S. 40 ist zu korrigieren.

[51] Denck, aaO., S. 106, 5–7; Franck, aaO., läßt die Schlußwendung des Satzes weg.

[52] Denck, aaO., S. 106, 13 f. Franck, aaO., ändert „ein erwölter mensch von Gott gelert" (!) und rafft den Schlußsatz Dencks: sunst weren vil länder versaumpt und verdampt / darumb / das sy nit prediger haben / und auch die ungelerten / die die schrifft nit lesen künden.

[53] Denck, Schriften, Teil 2, S. 59, 32 ff.; vgl. 63, 27 f. (7 ff.).

gen Ende seines kurzen Lebens zu spiritualistischen Anschauungen übergegangen, die er gerade noch in der Vorrede zu seiner Übersetzung der apokryphen Schriften „Baruch der Prophet. Die Histori Susannah, Die Histori Bel zu Babel" (1528) öffentlich bekundet hat[54]. Daran denkt auch Sebastian Franck, wenn er in der uns hier beschäftigenden Frage Hätzer neben Denck und Müntzer nennt[55].

In dem Raum zwischen Müntzer und Sebastian Franck dürfen die Müntzer-Anhänger Jörg Haug und Hans Hut nicht übersehen werden. Jörg Haug war ein Laienprediger aus dem kleinen Ort Juchsen südöstlich von Meiningen in der Grafschaft Henneberg, unweit von Bibra, dem Heimatort des erwiesenen Müntzer-Anhängers Hans Hut, mit dem er 1525 in Verbindung gestanden hat[56]. In seinem Traktat „Ain Christlich ordenung / aines warhafftigen Christen / zů verantwurtten die ankunfft seynes glaubens"[57] läßt auch er der Schrift nur die Funktion, „daß sie Zeugnis gibt von der Wahrheit, welche der Mensch in sich selber erfah-

---

[54] [Worms] 1528, Bl. 3v: Wer aber schrifft / sie sei heylig (wie man sie nent) oder nit / [Bl. 4r] darumb liset oder höret lesen / das er Gott darauß wöll lernen verstehen oder kennen / der betreugt sich selbst / und andere mit jm / Dann das ist eyn warhafftige warheyt in Gott dem HERREN / das Gott von nichts mag erkant noch erlernt werden / weder [= als] alleyn von Gott / das ist / durch Gottes krafft / die man den heyligen geyst nent ... Darauff sag ich frei ... / das keyn mensch / ... eynige schrifft verstehen mag / er hab sie dann zůvor selbst in der warheyt mit der that / imm abgrundt seiner seelen erlernet ... [Bl. 4v] ... Die züchtigung můß vorlesen / die mag dir alleyn das hertz reynigen / das du die lebendig stimm Gottes vernemen magst / ja die můst du hören / wiltu ettwas seiner reden verstehen / dann wer es nit vom vatter hört und lernt / der kans nit. — Vgl. *J. F. Gerhard Goeters*, Ludwig Hätzer (ca. 1500 bis 1529). Spiritualist und Antitrinitarier. Eine Randfigur der frühen Täuferbewegung, Gütersloh 1957, S. 126 ff.

[55] Sebastian Franck: Geschichtsbibel, 3. Chronik, B. 3, Kap. 1 Buchst. L, Ludovicus Hetzer (Ulm 1536, Tl. 2 Bl. 164v/165r) zitiert etwas gekürzt u. a. die eben (A. 54) wiedergegebenen Sätze Hätzers.

[56] Hans Hut erwähnt den Jörg Haug in einer seiner Urgichten als einen „prediger, den die pawren daselbs [scil. in Bibra] selbs erwelt"; *Christian Meyer*, Zur Geschichte der Wiedertäufer in Oberschwaben (I.), ZHVS 1, 1874, (207 bis 253) S. 250. Über Jörg Haug, von dem wir herzlich wenig wissen, vgl. MennEnc s. v. Haug.

[57] Lydia Müller hat diesen Traktat stark gekürzt nach einer späteren Abschrift der mährischen Täufer unzulänglich ediert in: Glaubenszeugnisse oberdeutscher Taufgesinnter, Bd. 1, 1938, S. 2—10. Ich benutze einen zeitgenössischen Separatdruck, o. O. u. J. (Weller Nr. 2900), von *Karl Schottenloher*, Philipp Ulhart, ein Augsburger Winkeldrucker, 1921, S. 131 Nr. 155 identifiziert als ein Erzeugnis dieses Druckers von ca. 1526, vgl. ebd. S. 64—67. 1527 erschien der Traktat zusammen mit zwei Schriften von Hans Denck in einem Druck, für den ebenfalls Philipp Ulhart in Augsburg als Drucker erschlossen werden kann; vgl. Hans Denck, Schriften, Teil 1: Bibliographie, 1955, S. 53 und ebd. S. 56 die Angaben über den noch späteren Druck ebenfalls in Kombination mit Denck-Schriften, Amsterdam 1680.

ren muß"[58]. Denn die Schrift gehört auf die Seite der Kreatur; sie kann nur ein äußeres Zeugnis von Gott geben und ist darum in sich tot. Mit allem Kreatürlichen teilen die Bücher die Eigenart, daß sie den Menschen „aus sich und nicht in sich führen"[59]. Hier macht sich nun doch auch neuplatonische Geistigkeit bemerkbar: wie alles andere Kreatürliche veräußerlicht das Geschriebene und jedes mit den Sinnen wahrgenommene menschliche Zeugnis, es vermag Zerstreuung statt Sammlung, Veräußerlichung statt Verinnerlichung hervorzurufen. Das wahre geistliche Leben muß man im Abgrund der Seele von Gott her überkommen[60]. Bücher und Menschen können das Leben aus Gott nicht vermitteln. Sie bekunden nur, daß es dieses Leben gibt, und wie man an ihm Anteil bekommen kann, und daß andere Menschen – die Patriarchen, Propheten, Evangelisten, Apostel und sonstige Auserwählte – eine wesenhafte Erfahrung dieses Lebens gehabt haben. Die Geistes- und Lebenskraft Gottes muß jeder in eigener, nicht vermittelbarer Erfahrung im Herzen hervorbrechen lassen[61]. Die Weise, wie Jörg Haug vom bloß äußeren Zeugnis der Schrift und deren verführerischer Kreatürlichkeit spricht, steht deutlich in Übereinstimmung mit Müntzer auf der einen und Sebastian Franck auf der anderen Seite, wenngleich er den Grundsatz „ohne alles Mittel" nicht so klar ausspricht wie Franck und sich auch nicht auf die biblischen Verheißungen der Geistbelehrung beruft. Einzelne Wendungen, die mit Luther zu harmonieren scheinen[62], müssen aus dem dominierend anderslautenden Kontext verstanden werden.

[58] Bl. C3r: Es ist nye kain verfürischer Creatur auff erden kommen dann die schrifft / wa sy nit von grundt der seelen erfaren und studiert wirdt / und vil nemens an / für das rechte wesen [C3v] Göttlicher warhait / so sy doch nichts thůt / denn das sy zeugknuß gibt von der warhait / welche der mensch in im selber erfaren můß.

[59] Bl. C2v: vil bücher ... füren die menschen auß sich / und nit in sich / das merckt man dabey [:] zur Apostel und Christus zeyt waren wenig bücher / und vil gůter Christen ... Was mir die schrifft zayget / da můß ich in mich geen / und sehen ob es auch in mir war sey.

[60] Bl. C2v: Es gibt die schrifft nur ain eusser zeugnuß aines rechten lebens / welchs kain wesen in mir machen kan ... Sonder in der warhait von Got im abgrundt jrer seele überkompt man das recht leben / das durch schrifft und Creatur bezeugt wirdt.

[61] Bl. C2v: Man soll auß büchern und den menschen nur ain zeugknuß nemen / aines rechten lebens / und das bůch oder den leerer an dem ort lassen faren / dann es das sein geben hat / der krafft můß man von Got im hertzen erwarten.

[62] Bl. C2v: alles schreyben und predigen ist vergebens / wa Got nit verstand gibt / daher sagt David / „Herr gib mir verstand" [vgl. Ps. 118 (119), 34. 73. 125. 169: „Da mihi intellectum" bzw. 144: „intellectum da mihi"], „Herr leere mich dein gesetz" [vgl. Ps. 118 (119), 12. 26. 68. 135: „doce me iustificationes tuas", V. 64. 124: „iustificationes tuas doce me"]. Bl. C3r: Es meynen etlich / man müsse der todten schrifft on erfarung gottes krafft glauben / welches nichts anders ist / dann under aim schein der gütigkait / die warhait

Auch bei Hans Hut[63] lesen wir von der Erwartung, daß sich nun, wenn die apokalyptische Drangsal „die ganze Welt gedemütigt hat“ und die wahrhaft Gläubigen in diesem Leiden durch Gelassenheit der Welt abgestorben und mit Christus gleichförmig geworden sind, an diesen Gläubigen die Verheißung der Ausgießung des Geistes Gottes erfüllen wird und „alle Menschen von Gott gelehrt“ sein werden, mit der Folge: sie werden „in Ewigkeit nach dem Willen Gottes leben“ und werden „erfüllt mit allem Guten“. Damit wird das Heilswerk Gottes, das „von Anfang der Welt bisher“ nur „im Teil“ gegeben war, „ins Ganze kommen“[64]. Es braucht nur noch hinzugefügt zu werden, daß für Hut wie für Müntzer die Schrift den Frommen lediglich ein Zeugnis davon gibt, „wie sie von Gott gelehrt werden“[65], weil eben die Gottesbelehrung nur immediat geschehen kann im Zuge der chiliastischen Heilsvollendung in der

---

dichten / nemen also die schrifft on alle erfarung / von den widerwertigen an / und nit von Got.

[63] Ich beschränke mich auf die in einem zeitgenössischen Druck vorliegende Schrift Huts „Ain Christliche underrichtung / wie die Götlich geschrifft vergleycht vnd geurtaylt soll werden“ und verzichte auf eine ausgebreitete Interpretation, da in Bälde *Gottfried Seebaß* seine Erlanger Habilitationsarbeit über Hut zusammen mit einer Ausgabe der Hut-Texte publizieren wird. Ich zitiere die Schrift nach dem von Johannes Landtsperger – mit Vorrede von 20. Jan. 1527 – besorgten Originaldruck o. O. u. J., für den *Karl Schottenloher,* aaO. (s. o. A. 57), S. 134 Nr. 165 (vgl. S. 62 ff.) Philipp Ulhart in Augsburg als Drukker ermittelt hat. Auch in diesem Falle ist Lydia Müllers Edition in: Glaubenszeugnisse oberdeutscher Taufgesinnter, Bd. 1, 1938, S. 28–37 unbrauchbar.

[64] Bl. B3r: So dem menschen durch das Creutz / leyden und trübsal alle lüst der welt und lieb zun Creaturen benommen sein / das das ware liecht Christus in jm scheint / durch welches jm das erkanntnuß geöffnet wirt / das er erkennt alle Güte und barmhertzigkait Gottes / welche niemandt sehen und erkennen kund / dieweyl er mit weltlicher lust überzogen was ... Diser mensch ist im reych Gottes / und hatt Christum zů ainem herren ... Da erscheynt alle Gütte und barmhertzigkait / preyß / lob und eer / im hailigen gayste / Da ist alles gemain / nichts aigens Act. 2 [V. 44–46]. 3 [Versehen? oder V. 21–24 wegen V. 21 „tempora restitutionis omnium“?]. 4 [V. 32]. Also hat es sich von anfang der welt bißher gehalten / im tayl [lies: bißher gehalten im tayl/] aber noch nye ins gantz kommen / wie die Propheten Weyssagen Esa. 12 [V. 1–6]. 65 [V. 8–10. 15c–25]. Hiere. 31 [V. 1–14. 31–34]. Johe. 2 [V. 19–29]. Da der herr sein gayst außgiessen wirt über alles flaisch / und werden alle menschen von Got geleert sein etc. In ewigkait nach dem willen Gottes leben / Hiere. 36 [? s. u. A. 66]. Und erfüllet mit allem gůtten / das kan und mag nun nicht geschehen im gantzen [Bl. B3v] biß die trübsal aller angst und nott / die gantzen welt gedemüttiget hat. Mathei. 24 [V. 6 ff. 21. 29]. – Wir wissen nicht, worauf sich die von Hut in einem seiner Verhöre gemachte Angabe bezieht, diese Schrift sei von ihrem Herausgeber Landtsperger „wol an 20 orten gefelscht worden“ (ZHVS 1, 1874, S. 236). Darf man vermuten, daß Landtsperger die chiliastischen Passagen zusammengestrichen und dadurch verdunkelt hat?

[65] Bl. B3v: die schrifft ist umb der frummen willen geben / das sy zeugknuß darauß sollen nemen / wie sy von Gott geleert werden.

Gemeinschaft derer, die mit Christus, dem Sohn Gottes, gleichförmig geworden sind.

Der chiliastische Ausblick von Huts „Christlicher Unterrichtung“ ist verzahnt mit deren Hauptthema, der hermeneutischen Anleitung, so mit der Bibel umzugehen, daß man ihre häufig widersprüchlichen Einzelaussagen zunächst auf Teilerfahrungen des Glaubens bezieht, und zwar entweder auf die Erfahrung Gottes als des Vaters in seiner allmächtigen, alle Geschöpfe in Anspruch nehmenden Kraft oder auf die Erfahrung des Sohnes als der in Gottes Willen gesetzten ernsten Gerechtigkeit oder auf die Erfahrung der Barmherzigkeit und Güte Gottes im heiligen Geist. Diese drei Teilerfahrungen stehen in einer inneren Abfolge. Mit dem Erleiden der strengen Gerechtigkeit Gottes in seinem Sohn wird der Mensch auch wieder in das richtige Verhältnis zu Gott und den Kreaturen zurückgebracht; er wird aber auch „gerechtfertigt“, indem er in eine wesenhaft unverlierbare Sündlosigkeit versetzt wird. Er wird durch die Gleichförmigkeit mit dem gekreuzigten, den Weltlüsten abgestorbenen Gottessohn in die Christusgemeinde eingeleibt. Damit ist beim einzelnen wie bei der ganzen Christusgemeinde die Voraussetzung geschaffen für die Erfahrung der im heiligen Geist sich erschließenden Güte Gottes. Am Ende dieses Prozesses des heiligen Geistes teilhaftig zu werden, bedeutet jedoch über Teilerfahrungen hinauszugelangen und „ins Ganze“ zu kommen. Darauf gibt Hut nur einen Ausblick. Das „Ganze“ ist die uneingeschränkte Verwirklichung des Heils beim einzelnen und zugleich in der Christus-Gemeinde. Die apokalyptischen Verheißungen finden ihre Erfüllungen. Sie gipfeln in der Verheißung der Geistausgießung über alles Fleisch, Joel 2, 28 f. (3, 1 f.).

Da Hut sehr summarisch von der Erfüllung der Geistverheißungen redet und darin die Geistbelehrung verflochten ist mit anderen Geistwirkungen, hat er nur einen Teil der Schriftstellen für die Geistbelehrung angeführt. In Joel 2, 28 f. (3, 1 f.) ist die unvermittelte Geisterfahrung in Gestalt von prophetischer Begabung, Träumen und Visionen enthalten. Ansonsten nennt Hut von den Schriftzeugnissen für die Geistbelehrung nur Jer. 31 (V. 34), wobei ihm hier nicht nur der ganze Abschnitt V. 31–34, sondern vermutlich auch V. 1–14 wichtig gewesen ist wegen einiger Parallelen zu den ebenfalls angeführten Verheißungstexten Is. 12 (V. 1–6) und Is. 65 (V. 8–10 + 15 c–25). Wie für Müntzer ist für Hut die chiliastische Heilsvollendung getragen von der durch die Geistbelehrung gewonnenen Übereinstimmung mit dem Willen Gottes: „Zum dritten / sagt die schrifft / von der volkommenhait / die eröffnet wirt durch den hailigen gayst / da man lebet nach dem befelch Gottes / wie wir haben Esaie 2. im anfang des Capitels [V. 2–4] / und im 12. [V. 1–6] und 35. [V. 8–10] und Michee 4. [V. 1–2]“[66].

[66] Bl. A3r. Vgl. in dem Zitat in A. 64 „In ewigkait nach dem Willen Gottes

Bei Sebastian Franck und Hans Denck – und auch bei Jörg Haug und Ludwig Hätzer, wenn man aus deren bescheidenen Äußerungen diesen Schluß ziehen darf – ist die Geistbelehrung gelöst vom chiliastischen Zeithorizont, innerhalb dessen sie bei den Taboriten und bei Müntzer die ganze Christenheit in größter, universaler Ausweitung immediat erfassen soll. Die Geistbelehrung bestimmt bei ihnen nicht eine korporativ sichtbar in Erscheinung tretende und chiliastisch vollendete Christenheit. Sie ist vielmehr für sie etwas zeitlos und individuell Christliches, erreichbar im Prozeß der Entäußerung und Gelassenheit des einzelnen in Indifferenz zur geschichtlichen Gestalt der Kirche. Die Verschiebung gegenüber Müntzer kann man nicht einfach als die Folge der Ereignisse des Jahres 1525 erklären. Denn Hans Hut behielt mit einer gewissen Vergröberung das chiliastische Zeitbewußtsein Müntzers und verstand die Ereignisse von 1525 sogar als notwendige Ereignisse innerhalb des apokalyptischen Enddramas. Der Grund für die Verschiebungen bei Hans Denck und Sebastian Franck dürfte eher darin zu suchen sein, daß sie das Wirklichkeitsverständnis nicht zu teilen vermochten, das mit dem chiliastischen Zeitbewußtsein einherging.

Hat aber nicht Müntzer selber an den geschichtlich vermittelnden Größen festgehalten, als er seine Gottesdienstreform in Allstedt durchführte und seine liturgischen Formulare gedruckt als Muster hinausgehen ließ? In seiner Vorrede zum Kirchenamt hat er jedoch den Zweck der neuen deutschen Liturgie mit den drei uns hier beschäftigenden Stellen Is. 54, 13, Jer. 31, 34 und Joh. 6, 45 angegeben. Daß „alle Auserwählten von Gott gelehrt werden sollen“, mache eine deutschsprachige, für jeden verständliche Liturgie nötig. Denn es sei nicht länger zu ertragen, „daß man den lateinischen Worten will eine Kraft zuschreiben, wie die Zauberer tun, und das arme Volk viel ungelehrter lassen aus der Kirche gehen als hinein“[67]. Hier ergibt sich in der Tat eine Schwierigkeit. Soll man die anderen Äußerungen Müntzers, die eine Glaubensvermittlung durch die Schrift ausschließen, dahin einschränken, daß er sich nur gegen einen ausgesprochen schriftgelehrten Umgang mit der Bibel wendet? Und soll man ihn hier bei der Zweckbestimmung der Liturgie doch so verstehen,

---

leben / Hiere. 36.“. Statt „Hiere. 36.“ wird hier Ez. 36 zu lesen sein mit dem Gedanken an V. 27 und an die Verheißungen des ganzen Kapitels (V. 27: spiritum meum ponam in medio vestri et faciam, ut in praeceptis meis ambuletis et iudicia mea custodiatis et operemini).

[67] Vorrede zum Kirchenamt, SuB 162, 14–19: Es wirt sich nicht lenger leiden, das man den Lateinischen worten wil eine kraft zuschreiben, wie die zaubrer thun, und das arme volgk vil ungelarter lassen aus der kirchen gehen dan hyneyn, so ye Got gesagt hat Esaie am 54. [V. 13] und Jeremie am 31. [V. 34], Joannis am 6. [V. 45], das alle auserwelte von Got gelert werden sollen. Und Paulus sagt [Eph. 5, 19]: Die leuthe sollen durch lobgesenge erbawet werden.

als ob in der geschichtlichen Vermittlung durch die liturgischen Texte alle Gläubigen von Gott gelehrt werden sollen, so daß die Linie der Wittenberger Reformation ganz innegehalten wäre? Mir scheint, wir sehen Müntzer hier in einem echten Dilemma; einerseits will er nicht auf die biblischen Texte und damit auch auf den deutschsprachigen Gottesdienst verzichten; anderseits darf den Texten und dem Gottesdienst keine wirklich vermittelnde Funktion zukommen. Die Vorrede zum Deutschen Kirchenamt muß nicht so verstanden werden, als ob Müntzer Luthers Ansicht von der vermittelnden Funktion der Bibel folge. Die fünf Kirchenjahreszeiten verdeutlichen für Müntzer, daß Christus von den Propheten verkündigt worden, daß er geboren, gestorben und auferstanden ist, und daß er mit seinem Vater und dem heiligen Geist regiert. In seiner Einheit mit dem Vater und dem heiligen Geist soll „Christus durch den heiligen Geist in uns durch sein Zeugnis erklärt" werden. Der Christus, d. h. das ewige Gotteswort des Geistes in uns, nicht das geschichtliche Christus-Wort soll zur Klarheit des für sich selbst sprechenden Geistes gebracht werden; so soll Christus die Gläubigen „zu seinen Schülern" machen[68]. Das Schriftzeugnis hat für Müntzer im Gottesdienst die Funktion, über den Prozeß der Selbstvergegenwärtigung Christi zu belehren und ihn mit begleitendem Zeugnis zu bestätigen, so daß im Gottesdienst nicht weniger als sonst alles auf ein unvermitteltes Schüler-Sein im Geist hinausläuft. Die gottesdienstliche Sprache ist nicht im eigentlichen Sinne vermittelnde Sprache. Sie soll nun zwar deutsche Sprache sein, damit sie vom Volk verstanden werden kann. Die Übersetzung der Psalmen, der Kernstücke des Deutschen Kirchenamtes, hat Müntzer jedoch „in unvorrugklicher geheym des heyligen geists" „mehr nach dem sinne dan nach den worten" vorgenommen. Die Texte werden von Müntzer in großer Freiheit dem Sinne nach übersetzt, damit sie das „unverrugkliche", d. h. zeitlose Geheimnis des Geisterlebens zum Ausdruck bringen. Eine wörtlich getreue Übersetzung, wenn „Männlein gegen Männlein gemalt" werden, würde die Wirkung des Geistes verderben, „nachdeme wir zum geist noch zur zeit vil musterns bedörfen, biß das wir entgröbet werden von unser angenommen weiße"[69]. Der Gottesdienst bringt die Ge-

[68] Ebd., SuB 162, 25 ff. werden zunächst fünf Kirchenjahreszeiten genannt, in deren Abfolge „die ganze biblie wirt an stadt der lection gesungen": 1. „von der zukunft Christi" mit Prophetenlesungen, schon im Oktober oder am Allerheiligentag (1. Nov.) beginnend, 2. „von der geburt Christi biß auf die opferung im tempel" (2. Februar), 3. „von dem leiden Christi biß auf ostern", 4. „von der auferstehung Christi biß auf pfingsten", 5. „von dem heyligen geiste" [d. i. Pfingsten, entgegen SuB 162, A. 25] „biß auf allerheiligentag". Nun heißt es (Z. 31–35): Also wirt Christus durch den heiligen geist in uns durch sein gezeugnis erkleret, wie er vorkundigt ist durch die propheten, geborn, gestorben und erstanden ist, wilcher mit seinem vater und demselbigen heiligen geist regirt ewigk und uns zu seinen schulern mache.

[69] Ebd., SuB 162, 19–24: Drumb hab ich zur besserung nach der Deutschen

meinde dann nicht in eine geschichtliche Verbundenheit mit dem Gottesvolk des Alten Bundes und mit der Vergangenheit des neutestamentlichen christlichen Gottesvolkes. Die biblischen Texte des Gottesdienstes sind letztlich geschichtsloses Geistzeugnis. So sind auch im Gottesdienst die Epistel- und die Evangelienlesung aufeinanderbezogen in Analogie dazu, daß der Auserwählte zunächst Gottes Werk der Entlarvung und Zerstörung alles Scheinglaubens erleiden muß, ehe „Gott der Vater seinen allerliebsten Sohn durch das Evangelium ausrede“[70], womit das Vernehmen des lebendigen Gotteswortes im Seelengrunde gemeint ist in der Korrespondenz zum innergöttlichen Hervorgehen des Sohnes aus dem Vater. Die unvermittelte Geistbelehrung im ewigen Gotteswort ist im eigentlichen Sinne das Evangelium. Der konservative Charakter der Allstedter Liturgie, an dem die Züricher Taufgesinnten bei ihrem ganz anderen Verhältnis zur Schrift nicht ohne Grund Anstoß nahmen[71], darf nicht darüber hinwegtäuschen, daß Müntzer letztlich nicht geschichtliche Kontinuität bewahren will. Die einzelnen liturgischen Stücke haben für ihn ihre Notwendigkeit durch ihren Zeugniswert im Hinblick auf das innere geistliche Geschehen, sofern selbst die volkssprachliche Liturgie nicht überhaupt nur interimistische Bedeutung hat[72].

---

art und musterung, ydoch in unvorrugklicher geheym des heyligen geists vordolmatzscht die psalmen, mehr nach dem sinne dan nach den worten. Es ist eine unfletige sache, menlein kegen menlein zu mhalen, nachdeme wir zum geist noch zur zeit vil musterns bedörfen, biß das wir entgröbet werden von unser angenommen weiße. – Das Entgröbern von der angenommenen Weise meint die Lösung von den gewohnheitsmäßig sündhaften Begierden, ein erudire (rudis = grob) im mystisch asketischen, nicht im humanistischen Sinne.

[70] Ordnung und Berechnung, SuB 209, 15–18: Dornach so wirt das volck erinnert durch die heyligen gelese und der lieben aposteln sendebrieffe, wie ein yeder außerwelter mensch der wirckung Gottis sol stadt geben, ehe dann Got der vatter seinen allerliebsten son durch das evangelion außrede. – Am Rande sind notiert: Sapien. 1 [so im Originaldruck! nicht 7] und Psal. 84. Die erste Stelle am Beginn dieses Passus (Sap. 1, 1–5) dürfte sich auf die 1. gottesdienstliche Lesung beziehen, während gegen Ende des Passus Ps. 84 (85) V. 9 (vielleicht 9 ff.) den Sinn der 2. Lesung unterstreichen soll. Damit harmonieren die Sinngebung der Präfation (SuB 210, 28–31) und des Sanctus (SuB 210, 32 bis 211, 2) sowie das Verständnis der Eucharistie (SuB 211, 10–17. 36–212, 5).

[71] Br. 69, 5. 9. 1524, SuB 439, 14 ff.

[72] Vorrede zur Messe, SuB 163, 11–13 (31 ff.), vgl. Ordnung und Berechnung, SuB 210, 2–6.

II. ERWÄHLTE NACHKOMMENSCHAFT

Daß schon frühzeitig Müntzers Vorstellung von der Heiligung des christlichen Lebens chiliastischen Dimensionen zustrebt, enthüllt sein Brief an Melanchthon vom 27. 3. 1522[1], mit dem er zum ersten Male offene Kritik an der Wittenberger Reformation übt. Er hat bereits Kenntnis von Luthers Kurskorrektur nach dessen Rückkehr von der Wartburg, als er in den Invocavit-Predigten zur Rücksichtnahme auf die Schwachen aufrief und davor warnte, durch überstürzte Veränderungen die in ihrem Gewissen noch anders Gebundenen vor den Kopf zu stoßen. Müntzer erblickt darin eine Fehleinschätzung der Situation: die Zeit der apokalyptischen Bedrängnis sei gekommen; die Schwachen hätten lange genug Zeit gehabt; als „pueri centum annorum" seien sie jetzt „maledicti", urteilt er in freier Verwendung von Is. 65, 20. Es sei verkehrt, jetzt noch Rücksicht auf die Schwachen walten zu lassen. Der Sommer sei vor der Tür, nach der synoptischen Apokalypse die Zeit der Sammlung der Auserwählten[2].

Viel ausführlicher als mit Luthers Schonung der Schwachen oder mit der Umgestaltung des Meßgottesdienstes[3] und der Leugnung des Fegefeuers[4] befaßt sich Müntzer in seinem Brief mit der Frage der Priesterehe, wobei er eine tiefe, ins apokalyptische Zeitverständnis hinabreichende Differenz zu den Wittenbergern aufreißt. Was veranlaßt Müntzer, diese Frage zum Hauptthema seines Briefes zu machen?

Den Anlaß erblickt Walter Elliger in Luthers Stellungnahme zur Priesterehe in der dritten seiner Invocavit-Predigten (11. März 1522), aus der Elliger einige Sätze zitiert[5]. Müntzer konnte aber 16 Tage nach die-

---

[1] Br. 31, SuB 379 ff. Die zuerst von *Heinrich Böhmer,* Studien zu Thomas Müntzer, Universitätsprogramm Leipzig 1922, S. 25 A. 31, vorgenommene Datierung ins Jahr 1522 braucht nicht in Zweifel gezogen zu werden.

[2] SuB 381, 20–24: Martinus noster charissimus ignoranter agit, quod parvulos non velit offendere, qui iam parvuli sunt sicut pueri centum annorum maledicti [vgl. Is. 65, 20]. Immo angustia christianorum est iam in foribus, cur esse expectandum censetis, ignoro. Lieben bruder, last euer merhen [= langsames Handeln], es ist zeyt! Nolite tardare, estas est in ianua [vgl. Mt. 24, 32 f.]. Von Müntzers Drängen auf Sammlung der Auserwählten wird Kap. IV handeln.

[3] SuB 381, 9–19.

[4] SuB 381, 27–382, 1.

[5] *W. Elliger,* Thomas Müntzer, S. 222 zitiert WA 10 III, S. 22, 26–23, 18 und 23, 22–25; das ist aber die von Aurifaber 1564 hergestellte Fassung der

ser Predigt Luthers nur vom Hörensagen ihren Inhalt kennen, in gedruckter Form konnte sie ihm noch nicht vorliegen. Sollte ihm das genügt haben, um so bestimmt sich über die Wittenberger Ansicht zu äußern? Und warum – das dürfte noch problematischer sein – schrieb er nicht direkt an Luther, wenn er zu diesem Hauptthema seines Briefes durch eine Äußerung Luthers sich veranlaßt sah? Wo er gegen Ende seines Briefes die Schonung der Schwachen berührt, nennt er Luthers Namen und behandelt dieses Problem auch nur so allgemein, daß man nicht mehr als indirekte Kunde von Luthers in Wittenberg ausgerufener Parole vorauszusetzen braucht[6]. Und schließlich wird bei der Sachanalyse nachher zu prüfen sein, ob die von Müntzer angegriffene Meinung sich überhaupt mit der Luthers deckt.

Veranlassung, Adressat und Hauptthema des Briefes lassen sich viel besser unter anderen Umständen begreifen. Im Hintergrund steht eine bisher kaum beachtete Wittenberger Verteidigungsschrift der Priesterehe, veranlaßt durch die Heirat des Luther-Schülers Bartholomäus Bernhardi, damals Pastor in Kemberg, unweit von Wittenberg.

Bartholomäus Bernhardi hatte sich im Frühjahr 1521[7] in den Ehestand begeben. Als sein kirchlicher Vorgesetzter, der Erzbischof von Magdeburg, in der Person Albrechts zugleich Erzbischof von Mainz, ihn wegen seines unerlaubten Schrittes zur Verantwortung vorlud, leistete er dem nicht Folge und wurde auch nicht – trotz bischöflicher Aufforderung – vom sächsischen Kurfürsten dem bischöflichen Gericht ausgeliefert. Statt vor dem bischöflichen Gericht verantwortete er sich vor einem weltlichen Forum, und zwar vor den Juristen der kurfürstlichen Universität Wittenberg. Der Kurfürst billigte diese Emanzipation von der bischöflichen Gerichtsbarkeit und setzte den Erzbischof davon in Kenntnis[8]. Im Juli 1521 wurde eine Verteidigungsschrift für Bernhardi in deutscher und

Invocavit-Predigten, die im wesentlichen die Fassung wiedergibt, die Stephan Roth mit seiner erweiternden und glättenden Bearbeitung für seine Winterpostille von 1528 hergestellt hatte. In der getreuesten Fassung (WA 10 III, S. 1 ff. in der oberen Hälfte der Seite; BoA 7, S. 363 ff.) erschienen die Invocavit-Predigten in den meisten datierten Drucken erst 1523, in einem ersten undatierten Druck Peter Schoeffers in Mainz frühestens in der zweiten Hälfte des Jahres 1522. Die dritte Predigt, die außer der Priesterehe noch etwas ausführlicher die Bilderfrage behandelt, erschien separat noch vor den Drucken aller acht Predigten, kann aber selbst als Separatdruck schwerlich schon am 27. 3. in Müntzers Händen gewesen sein. In keinem Fall zeichnet Luther selber für den Druck verantwortlich. Die leicht mißverständliche Wendung „Lust zum ehelichen Leben haben" (WA 10 III, S. 22, 23; Elliger, S. 222) stammt nicht aus der alten Druckfassung!

[6] S. o. A. 2.

[7] Den frühesten Anhaltspunkt liefert Luthers Brief an Melanchthon vom 26. 5. 1521, WAB 2, S. 347, 349 (Z. 30 ff., 80 ff.).

[8] Vgl. Supplementa Melanchthoniana, 6. Abt., Bd. 1, Leipzig 1926, S. 146 ff. zu CR 1 Nr. 120.

lateinischer Fassung durch Melanchthon den Wittenberger Juristen übergeben[9]. Während die ursprüngliche deutsche Fassung untergegangen ist, kennen wir aus zeitgenössischen Drucken die lateinische Fassung und vier verschiedene von ihr angefertigte Übersetzungen. Da keiner der Drucke, die bald danach auf den Markt kamen, einen Verfasser nennt, konnte damals die Meinung aufkommen, Melanchthon sei der Verfasser gewesen. Diese Meinung konnte sich um so leichter in der Geschichtsschreibung einbürgern[10], als das originale Manuskript der lateinischen Fassung nicht mehr erhalten geblieben ist. Erst in der neueren Forschung konnte Karlstadt als der wahre Verfasser der „Apologia“ ermittelt werden[11]. In der lateinischen Fassung wurde sie Ende 1521 von dem mit Luther eng befreundeten Erfurter Augustinereremiten Johannes Lang, mit einer eigenen Vorrede unter dem Datum des 13. Dezember versehen, in den Druck gegeben[12]. Kurz danach erschien 1522 – höchstwahrscheinlich gleich zu Anfang des Jahres – in Erfurt bei demselben Drucker eine deutsche Übersetzung der „Schutzrede“ samt der Vorrede von Johannes Lang. Weitere Drucke von zwei verschiedenen anderen deutschen Über-

---

[9] Melanchthon erwähnt das in einem nach dem 18. Juli 1521 geschriebenen Brief an Spalatin, CR 1, 442 (Nr. 122), vgl. Suppl. Mel. 6, I, S. 147 (zu CR 1 Nr. 120).

[10] Als Produkt Melanchthons noch CR 1, Sp. 421 ff. Nr. 120.

[11] *Hermann Barge,* Karlstadt, nicht Melanchthon der Verfasser der unter dem Namen des Bartholomäus Bernhardi von Feldkirch gehenden Schrift Apologia pro Bartholomeo Praeposito, in: ZKG 24, 1903, S. 310–318. *Ders.:* Andreas Bodenstein von Karlstadt, Bd. 1, Leipzig 1905, S. 497 (vgl. S. 286 f.). Barge hat mehrere sachliche Argumente für die Verfasserschaft Karlstadts beigebracht, und zwar inhaltliche Beziehungen 1. zu dessen 66 Thesen De coelibatu presbyterorum (abgedruckt bei *H. Barge,* A. Bodenstein von Karlstadt, Bd. 1, S. 476 ff.), 2. zu dessen Schrift „Von Gelübden Unterrichtung“; 3. zu dessen Schrift Super Coelibatu et Monachatu et Viduitate und 4. zu dem von Karlstadt verfaßten Schreiben vom 18. Juli 1521 an den Meißener Bischof, in dem sich die Wittenberger Theologen Karlstadt, Joh. Agricola, Melanchthon für den ebenfalls in den Ehestand getretenen und deswegen inhaftierten Jakob Seidler, Pfarrer von Glashütte einsetzten (CR 1, 418 ff. Nr. 119). Außerdem spricht für Karlstadt, den Doctor iuris utriusque, die ebenso juristische wie biblizistische Argumentationsweise, deren Genesis und Eigenart inzwischen herausgearbeitet worden ist von *Ulrich Bubenheimer,* Consonantia Theologiae et Jurisprudentiae. Andreas Bodenstein von Karlstadt als Theologe und Jurist auf dem Weg von der Scholastik zur Reformation 1515–1522, (JusEcc 24), Tübingen 1977. – Mit einer seit Anfang 1521 beim kursächsischen Hof herrschenden Verstimmung über Karlstadt vermag *Barge* auch zu erklären, weshalb Melanchthon die Apologia den Wittenberger Juristen und Spalatin übermittelt hat (vgl. CR 1, 442 Nr. 122). Den Argumenten Barges hat *Otto Clemen* beigepflichtet (Suppl. Mel. 6, I, S. 148 f.).

[12] Langs Vorrede ist auf den 13. Dez. (dies Luciae) 1521 datiert, abgedruckt CR 1, Sp. 421 f. A.**. Der Drucker ist nach Suppl. Mel. 6, I, S. 147 Matthes Maler in Erfurt.

setzungen, bei denen Langs Vorrede wegfiel, folgten noch im gleichen Jahre, von einer sogar drei Druckausgaben[13].

Da der Erzbischof sich nicht damit abfinden mochte, daß Bartholomäus Bernhardi sich wegen seiner Eheschließung vor den Wittenberger Universitätsjuristen gerechtfertigt hatte, wurde er nach einem Bericht des Hans von der Planitz deswegen am 23. August 1521 beim Kurfürsten vorstellig[14]. Daraufhin wurde zur Bekräftigung der für die Juristen abgefaßten Apologia von demselben Verfasser noch ein Bittschreiben an den Kurfürsten aufgesetzt[15]. Dieses Schriftstück erschien zusammen mit der Apologia in lateinischer Fassung bei Adam Petri in Basel mit einer Vorrede des dort als Korrektor tätigen Ulrich Hugwald[16]. Von dieser, Apologia und Bittbrief vereinigenden Ausgabe wurde ebenfalls in zwei Ausgaben eine deutsche Übersetzung gedruckt[17], so daß schließlich die Apologia in lateinischer Form in zwei Druckausgaben (einmal zusammen mit dem Bittbrief) und in vier deutschen Versionen (einmal zusammen mit dem übersetzten Bittbrief) vorlag. So breit gestreut kam diese Wittenberger Rechtfertigung der Priesterehe vor die Öffentlichkeit[18]!

Als Müntzer am 27. März 1522 an Melanchthon schrieb und die „Wittenberger" Auffassung der Priesterehe mißbilligte, kann er sowohl die lateinische als auch die deutsche Fassung der Wittenberger Verteidigungsschrift für Bartholomäus Bernhardi gekannt haben oder wenigstens eine der beiden Fassungen. In der lateinischen Fassung hat sie damals bestimmt und in der deutschen Fassung mit aller Wahrscheinlichkeit als Erfurter Druck zusammen mit Johannes Langs Vorrede vorgelegen. Diesen Erfurter Theologen bedachte Müntzer am Ende seines Briefes mit scharfen Worten. Er hatte mit ihm bei einem Aufenthalt in Erfurt – zur Zeit der Abfassung des Briefes oder kurz zuvor[19] – offenbar

---

[13] Alle Drucke tragen die Jahreszahl 1522 und sind verzeichnet CR 1, 422 f. A.*, vgl. Suppl. Mel. 6, I, S. 148 und 153.

[14] Wülcker-Virck, Hans von der Planitz' Berichte, S. 595 f. zitiert Suppl. Mel. 6, I, S. 146 f.

[15] Das Schriftstück trägt nur die Jahreszahl 1521; terminus a quo ist der 23. August; CR 1, 440 ff. Nr. 121, vgl. Suppl. Mel. 6, I, S. 153 f. *Barge* (Karlstadt, Bd. 1, S. 318) hält hier die Verfasserschaft Melanchthons für möglich, während *O. Clemen* (Suppl. Mel. 6, I, S. 153) vermutet, „daß Karlstadt auch dieses Bittschreiben für Bernhardi aufgesetzt habe", weil „es zusammen mit seiner Apologia für Bernhardi gedruckt worden ist".

[16] Ulrich Hugwald gab nur seine Anfangsbuchstaben „V. H." an; der Text seiner Vorrede: Suppl. Mel. 6, I, S. 153 f. Weder die Vorrede noch der Druck ist datiert. Man muß damit rechnen, daß der Druck nicht lange auf sich warten ließ.

[17] Vgl. Suppl. Mel. 6, I, S. 153.

[18] Die Wirkung der – von Karlstadt stammenden – Argumente in der Diskussion der folgenden Jahre bleibt noch zu untersuchen.

[19] Daß er seinen Brief in Erfurt geschrieben hat, läßt sich nicht beweisen. Die Schlußbemerkung (s. u. A. 20) deutet darauf hin, daß er sich irgendwann in

einen Zusammenstoß; womöglich war es dabei sogar um die Frage der Priesterehe gegangen. Wenn Müntzer Lang einen „Verworfenen" (reprobus) nennt, qui persecutus est servum domini ex superbia sua immortali, so muß man nach allen sonstigen Selbstbezeichnungen Müntzers schließen, daß er hier mit dem servus Domini sich selbst meint, und daß Johannes Lang sich Müntzer bei dessen Erfurter Aufenthalt in den Weg gestellt hat. Unter Anspielung auf 4. Reg. (2. Kg.) 1, 2 f. 16 warnt Müntzer Melanchthon vor Lang, er solle ja nicht auf dessen Meinung etwas geben[20]; das wäre genauso schlimm wie einst die Befragung des Götzen Baal-Sebub (Beelzebub), des „Gottes zu Akkron", durch den israelitischen König Ahasja, eine Gottlosigkeit, der damals der Prophet Elia entgegengetreten ist. Um diese Anspielung werten zu können, muß man berücksichtigen, daß sich Müntzer vom Geist Elias erfüllt wußte[21].

Der Angelpunkt des theologischen Urteils in der Frage der Priesterehe ist für Müntzer die Erwartung einer chiliastischen Zukunft der Kirche. Er billigt zwar, daß die Wittenberger den Zölibat verwerfen — ne larva Romana vos amplius constringat —; doch mißbilligt er, daß man in Wittenberg nun den „stummen Mund Gottes" anbetet und so in Unwissenheit darüber bleibt, ob man Nachkommen zeugen wird, die erwählt oder verworfen sind. Statt dessen sollte man auf das lebendige Wort Gottes achtgeben und die Zukunft der Kirche bedenken. Da sie das lebendige Gotteswort nicht kennen, verachten die Wittenberger die künftige Kirche, in welcher volle Gotteserkenntnis aufbrechen wird[22]. An der ihm bekannt gewordenen Wittenberger Rechtfertigung der Priesterehe hat Müntzer demnach zweierlei auszusetzen: einen falschen Umgang mit der

---

jenen Monaten vorübergehend in Erfurt aufgehalten hat. Vgl. Franz Günther an Müntzer, Lochau, 25. Jan 1522 (Br. 30, SuB 379, 4: feruntque te in Thuringia vitam degere) und *W. Elligers* Überlegungen (aaO., S. 215) zu Br. 29.

[20] SuB 382, 5 f.: Nolite consulere deum Accoron, Langium vestrum; est enim reprobus, qui persecutus est servum domini ex superbia sua immortali. — Verfehlt ist *Gordon Rupps* Annahme (Patterns of Reformation, London 1969, S. 183), Müntzer meine den Erzbischof Lang, also den Salzburger Erzbischof, Kardinal Matthäus Lang. Zwei Jahre später hat Müntzer Johannes Lang wegen dessen Heirat brieflich zur Rede gestellt, Br. 51, Allstedt ca. 25. 6. 1524, SuB 406 f. *W. Elliger* (aaO., S. 215 f.) erwägt eine wenig ergiebige Kombination der Zwistigkeiten zwischen Müntzer und Lang mit einer Äußerung von Justus Jonas gegenüber Lang am 8. Jan. 1522 (Der Briefwechsel des Justus Jonas, hg. Gustav Kawerau, Bd. 1, Halle 1884, S. 83).

[21] S. u. Kap. IV.

[22] SuB 380, 4—9: Quod uxores presbiteri vestri ducunt, commendo, ne larva Rhomana vos amplius constringat, sed in hoc reprobo, dum os domini mutum adoretis nescientes, an electi vel reprobi sint de ignorantia vestra propagandi, futuram ecclesiam penitus respuitis, in qua domini scientia orietur plenissime [Vgl. Is. 11, 9: repleta est terra scientia Domini; Rom. 11, 14: repleti omni scientia]. Is quippe error vester, charissimi, totus sumitur ex ignorantia vivi verbi.

Schrift – für ihn ein Anbeten des stummen Mundes Gottes[23] – und ein falsches Verständnis von der Zukunft der Kirche, für die man gegenwärtig bei der Zeugung von Nachkommen Verantwortung trägt. Beides hängt für ihn zusammen, so daß er auch, ehe er sich auf das zweite noch näher einläßt, erst noch die Wittenberger ermahnt, sich dem unvermittelten lebendigen Wort Gottes und den Geisterfahrungen wie der Gabe der Prophetie zu öffnen[24].

Der Vorwurf eines falschen Umgangs mit der Schrift könnte bei der Wittenberger Rechtfertigungsschrift der Priesterehe besonders zutreffen. Denn hier wird von Karlstadt in einer für seinen damaligen theologischen Entwicklungsstand typischen Weise juridisch biblizistisch argumentiert. Aus dem paulinischen Satz (1. Cor. 7, 9) „Melius est nubere quam uri" folgert er, die Ehe werde denen geboten, die den furor carnis spüren[25]. Denn nur wenige – gewissermaßen die Ausnahmefälle für dieses Gebot – empfangen von Gott die Gabe lebenslänglicher Enthaltsamkeit[26]. Das sexuelle Verlangen wird als allgemein menschliche Schwachheit und Nötigung angesehen[27], der ein biblischer Ehe-Befehl korrespondiert, durch den das Zölibatsgelübde hinfällig wird. Den Sätzen der Bibel wird die Verbindlichkeit eines ius divinum zugelegt[28].

Müntzer konnte damals nicht wissen, daß Luther von der Wartburg aus in Briefen an Melanchthon sich kritisch über die Argumente Karlstadts gegen die Priester- und Mönchsgelübde geäußert hatte, als er diese Argumente zwar nicht aus dessen Apologie für Bartholomäus Bernhardi, aber aus inhaltlich verwandten Disputationsthesen und einer lateinischen Schrift Karlstadts kennenlernte[29]. Aber auch von Luthers

---

[23] Zu os domini mutum adorare (SuB 380, 6 mit der richtigen Konjektur von mutuum in mutum) wird SuB 380 A. 3 verwiesen auf SuB 268, 30–269, 3 und SuB 505, 5 f.; vgl. auch 511, 3 f. (Ego Tomas Munczer adhortor, ne ecclesia adoret deum mutum).

[24] SuB 380, 10–18. Zur Sache s. Kap. I.

[25] CR 1, 429: in iis verbis „melius est nubere quam uri" [1 Cor. 7, 9] exigit Apostolus, ut nubant, qui uruntur, i.e. qui furorem carnis sentiscunt; nam id vocat uri. Ebd. 430: scripturae, quas citavimus pleraeque non solum [solum fehlt im Erfurter Druck!] volunt licere nuptias quibusvis, sed imperant etiam iis, qui sentiunt carnis igneis [= ignes].

[26] CR 1, 428 (im Anschluß an Mt. 19, 11 f.): paucorum donum perpetuae continentiae esse Christus significat.

[27] CR 1, 435: Et illo ipso iure iurando [Zölibatsgelübde] excipitur necessitatis casus, quae de traditionibus [Kirchengesetze] dispenset. Ebd. 438: me ... communis infirmitas et necessitas ... adegit.

[28] Z. B. CR 1, 430 (nach Anführung von Schriftstellen): Ex iis satis constat, nuptias non esse prohibitas sacerdotibus iure divino. In dem Bittschreiben an Kurfürst Friedrich den Weisen heißt es, CR 1, 441: Coegit me ergo, ut humanas traditiones violarem, necessitas servandi iuris divini.

[29] Luther an Melanchthon, 1. und 3. August sowie 9. Sept. 1521, WAB 2,

dritter Invocavit-Predigt hatte er kaum bereits Genaueres erfahren. Denn sonst hätte er sich mit seiner Kritik direkt an Luther gewandt und hätte nicht so leicht seine Vorwürfe erheben können. Luther hatte sich gerade einer neuen Nötigung zur Priesterehe entgegengestemmt. Er legte in seiner dritten Invocavit-Predigt allen Nachdruck darauf, daß jeder persönlich auf Grund der Bibel überzeugt sein müsse, daß ihn kein Keuschheitsgelübde binden kann. „Gott hat es frey gemacht / Eelich werden oder nit. Und du narr understeest dich auß dieser freyheit ein gelübdte wider gottes ordenung zů machen. Darumb můst du lassen ein freyheit bleyben / und nit ein zwang lassen darauß machen / dann dein gelübnyß ist wider gottes freyheit“[30]. Damit war unausgesprochen auch Gottes Forderung der Heiligung vertieft zu einer unmittelbar dem einzelnen aufs Gewissen gebundenen Forderung, untrennbar von Gottes Freiheit; beides in Einheit verwurzelt im heiligen Geist.

In Verbindung mit einer Geringschätzung des lebendigen, im Herzen vernehmbaren Gotteswortes und einem falschen, vergötzenden Schriftgebrauch diagnostiziert Müntzer bei den Wittenbergern angesichts deren — von Karlstadt stammender — Rechtfertigung der Priesterehe eine Mißachtung von Gottes Heiligungsforderung. Die Leidenschaften der fleischlichen Begierden verhindern (Müntzer meint: auch im Ehestand) die Heiligung, die für die Christen von höchster Verbindlichkeit ist, und stehen zugleich der Geisterfahrung im Wege; denn unvermittelte Geisterfahrung und vollkommene Heiligung sind für Müntzer miteinander verkettet. Die Seele muß von den Begierden entleert werden, damit die lebendige Stimme Gottes im Inneren vernommen werden kann. Wird von den Wittenbergern Gottes Forderung unbedingter Heiligung hinsichtlich der Priesterehe vernachlässigt, so schade das der Kirche genauso wie bisher der Priesterstand. Diejenigen aber, die in Erwartung der Geistkirche ihr Leben heiligen und auf die lebendige Gottesstimme hören, erfüllen ihre Ehepflicht „nicht wie die Heiden“, sondern verkehren mit ihren Frauen, als hätten sie keine Frau (1. Cor. 7, 29). Im Bewußtsein, daß Gott selber zu ihnen spricht, ihnen Ermahnung und Weisung erteilt, wissen sie auch genau, wann sie ihre Ehepflicht zu erfüllen haben, um eine „erwählte Nachkommenschaft“ zu zeugen. So wird bei ihnen durch die Gottesfurcht und den Geist der Weisheit, die beiden zentralen Geistesgaben (nach Is. 11, 2), die Konkupiszenz zurückgedrängt, das sinnliche Begehren der Herrschaft des heiligen Geistes unterworfen[31].

370 f. 373 ff. 382 ff. (BoA 6, 53 f. 56 ff. 64 ff.); dazu an Spalatin, 9. Sept. 1521 WAB 2, 380, 20 ff. = BoA 6, 61, 27 ff.

[30] WA 10 III, 25, 5–9 = BoA 7, 372, 15–19.

[31] SuB 380, 18–381, 4: Sumus pleni desideriis. Hoc impedit digitum viventis [erg.: Dei; vgl. Ex. 31, 18; Dtn. 9, 10], ne scindere possit tabulas suas [Ex. 32, 19; vgl. SuB 507 A. 29]. Suasionibus vestris trahitis ad coniugia homines, cum iam non sit thorus immaculatus [Heb. 13, 4], sed Sathanae lupanar, quod

Im Blick auf die Wittenberger Billigung des Ehestandes gibt Müntzer sein ausgesprochen apokalyptisches Gegenwartsbewußtsein noch mit der Bemerkung zu erkennen, er sei der Ansicht, daß bereits jetzt die dritte Schale des göttlichen Zornes von Apc. 16, 4 ausgegossen sei[32]. In dieser schwer verständlichen Anspielung denkt Müntzer vermutlich bei jenen Wasserquellen (fontes aquarum), über die die Zornesschale ausgegossen wird und die sich dadurch zu Blut verwandeln, an die Seele, die in ihrem Grunde ein Quellort der lebendigen Gottesstimme sein kann, jedoch unter Gottes Zorn, wenn es an der Heiligung des Lebens fehlt, sich ganz dem mit „Fleisch und Blut" apostrophierten Sinnlichen hingibt[33]. Allgemeiner gefaßt wäre der Sinn, daß jetzt unter dem Zorn Gottes die Menschen erst recht für die lebendige Stimme Gottes unempfänglich werden und dem Sinnlichen ungebührliche Rechte einräumen. Weil nun einige Erwählte – und das wären die Wittenberger mit ihrer Begründung des Ehestandes – dem Sinnlichen Zugeständnisse gemacht haben, kann ihre Vernunft (ratio) nicht für Gottes Stimme geöffnet werden, obgleich die Vernunft in ihrer Spitze – verwandt mit dem Seelengrund – Gottes Stimme vernehmen könnte, wenn die Begierden ferngehalten blieben. Indem diese Leute ihr opus delectationis, die Verwirklichung ihres sinnlichen Verlangens nicht der Heiligungsforderung Gottes un-

---

tam vehementer ecclesiam nocet quam maledictissimi unguenti sacerdotium. Nonne passiones illorum desideriorum impediunt sanctificationem vestram [vgl. 1. Thess. 4, 3–5]. Nam illa primum ex voluntate Dei animam evacuat, dum delectationes anima inferiores nequaquam in falsum possessorem sumere possit. Utimur uxoribus tanquam non habentes [1. Cor. 7, 29]. Debitum reddite [1. Cor. 7, 3] non ut gentes, sed sicut scientes Deum vobis loqui, iubere, monere, ut firmiter sciatis, quando tribuendum sit [erg.: debitum] pro prole electa, ut timor Dei et spiritus sapientiae impediat bruti concupiscentiam, ne absorbeamini. – Von hier aus wird auch Protestation § 12, SuB 233, 11–19 zu interpretieren sein und ebenso die Bemerkung Müntzers in seinem Brief an Luther 9. 7. [1523], Br. 40 SuB 392, 2–5, der man nicht ein Argument dafür entnehmen kann, daß Müntzers Brief an Melanchthon am 27. 3. 1522 durch die Äußerungen Luthers in den Invocavit-Predigten veranlaßt gewesen ist. Leider kennen wir nicht den vorangegangenen Brief Luthers an Müntzer, auf den dieser in seinem Antwortschreiben mehrfach und wohl auch an dieser Stelle Bezug nimmt. Müntzer spielt auf Joh. 2, 1–11 und Eph. 5, 32 an; er fordert in Sachen Ehe die unvermittelte Gottesbelehrung (inquirendum semper os domini); er ist darauf gefaßt, wegen seiner Meinung in gewisser Hinsicht (statt: in al[tero] wird zu konjizieren sein: in al[iquo]) mit Origenes verglichen zu werden.

[32] SuB 381, 4–6: Phiala tertii angeli (timeo et scio) effusa iam est in fontes aquarum [Apc. 16, 4] et tota scaturigo sanguinis effecta est, immo lectio [lies: ratio, vgl. A. 34 die Fortsetzung des Textes] eorum in carnem et sanguinem versa est. – Apc. 16, 4: tertius [scil angelus] effudit phialam suam super flumina, et super fontes aquarum, et factus est sanguis.

[33] Zu fontes aquarum vgl. Apc. 7, 17; 8, 10; 14, 7 (vgl. Apc. 1, 5; 14, 2. 7; 19, 6). Die Verbindung caro et sanguis am prägnantesten 1. Cor. 15, 50, Mt. 16, 17, Gal. 1, 16.

terwerfen, haben sie mit den Verworfenen (reprobi) ihre Werke gemeinsam und sind von ihnen nur durch die Gottesfurcht geschieden[34].

Die Erwartung einer künftigen Kirche der Erwählten, in der es eine unter Geistesherrschaft gezeugte Nachkommenschaft geben soll, liegt im Gefälle chiliastischer Traditionen des Spätmittelalters. So begegnet unter den taboritischen Artikeln der Satz: mulieres in regno reparato ecclesiae militantis parient absque semine corporali[35]. In einer anderen Version, die der Ansicht Müntzers näher kommt, wird von einer leiblichen Kinderzeugung in heiliger und reiner Ehe gesprochen, wie bei Müntzer in Anlehnung an Heb. 13, 4. Im gleichen Sinne wird eine Geburt sine peccato originali erwartet[36]. Die Geburt der Kinder wird unter Aufhebung des Fluches von Gen. 3, 16 ohne Schmerzen vor sich gehen, weil mit der Sünde auch deren Straffolge wegfallen wird[37]. Dafür kann man sich auf die prophetische Verheißung Is. 65, 23 berufen: Electi mei non laborabunt frustra neque generabunt in conturbatione[38]. Die Artikelreihen erwähnen allerdings nicht den heiligen Geist als den Urheber der Heiligung und ihrer paradiesischen Folgen. Doch in dem einen der beiden taboritischen Traktate klingt das wenigstens an. Dort werden auch noch stärker alttestamentliche Verheißungen aufgegriffen, indem die ekklesiologische Dimension angedeutet wird. Die Kirche als das Gottesvolk wird mit zahlreicher Nachkommenschaft in Lebensfülle gesegnet sein[39].

---

[34] SuB 381, 6–9: Electi sunt quidam, sed ratio eorum aperiri non potest ob causas iam relatas. Hinc habent opera cum reprobis communia excepto Dei timore, qui eos separat ab illis. Duo in uno lecto iacent [Lc. 17, 34], unum opus delectationis perpetrant.

[35] 76er-Reihe a. 56; ohne wesentliche Abweichung 72er-Reihe a. 32. In der 91er-Reihe ist von der Erwartung einiger Taboriten die Rede, daß die Frauen „ohne männliche Erkenntnis" gebären werden, „wie die hl. Jungfrau Maria" (a. 35: bez poznánie mužského, jako swatá Maria panna); vgl. Mt. 1, 25.

[36] 20er-Reihe a. 20 (Goll, S. 416): Qui etiam sancto connubio et immaculato thoro [vgl. Heb. 13, 4] generabunt carnaliter hic in terris et in montibus filios et nepotes absque omni dolor et perturbationes et absque omni peccato originali. Ähnlich 91er-Reihe a. 33 f.

[37] 72er-Reihe a. 29: Item quod mulieres in regno reparato ecclesiae viantis carnaliter parient filios et filias sine corporali perturbatione et dolore. Diese Version ist für die Parallele in der 76er-Reihe a. 53 zu berücksichtigen. Vgl. A. 36.

[38] 20er-Reihe a. 13 (Goll, S. 415): Item in ecclesia seu regno reparato parient mulieres infantulos suos sine dolore et sine peccato originali. Isaie 66 [lies 65, V. 23]: „generabunt absque perturbatione." Et 1. Johannis V° [vielleicht V. 18: qui natus est ex Deo, non peccat, sed generatio Dei conservat eum]. Traktat II (Sbornik 5, S. 589 f.): In quo regno sine perturbatione generabunt [Is. 65, 23].

[39] Traktat II (Sbornik 5, S. 589 f.): Nunc enim ecclesia parturit clamans et paucas habet filias, postea autem sine dolore multi nascentur. Quorum mater dicet [Is. 49, 21]: „ego sterilis ecclesia. Quis istos mihi genuit?" ... De filiis

Daß im Konnex dieser Erwartungen sich auch die Aussicht auf eine Befreiung vom Todesfluch eröffnet, wird uns im nächsten Kapitel beschäftigen. Hier soll noch etwas über ältere Traditionen gesagt werden, die im Hintergrund gesehen werden müssen bei den eben vorgetragenen taboritischen Vorstellungen und der von Müntzer empfundenen Heiligungsverpflichtung im Blick auf eine proles electa. Es sind Überlegungen zur Paradiesesehe, zu denen Augustin der lateinischen Theologie die wichtigsten Anstöße gegeben hatte. Am vertrautesten waren dem Mittelalter an diesem Punkt seine Darlegungen in De civitate Dei, Buch 14. Der Kirchenvater hatte für die Stammeltern, wenn nicht der Sündenfall eingetreten wäre, eine sündlose Zeugung von Nachkommen postuliert, weil dann selbst der Geschlechtsakt dem Willen des Menschen unterworfen gewesen wäre. In tanta facilitate rerum et felicitate hominum absit, ut suspicemus non potuisse prolem seri sine libidinis morbo, sed eo voluntatis nutu moverentur membra illa quo cetera[40]. Für die Ehe hätte das Prädikat von Heb. 13, 4 „thorus immaculatus" gegolten[41]. Die Nachkommenschaft wäre eine proles diligenda gewesen, und zwar in den Augen Gottes im Hinblick auf die von ihm vorgesehene Zahl der Bürger in der himmlischen Gottesstadt[42].

Seit der Hochscholastik hat man nicht mehr so streng, wie Augustin es getan hatte, die delectatio oder libido aus der Paradiesesehe ausgeschlossen, doch sollte sie nur in dem Maße zugestanden sein, als die ratio des Menschen durch die Ausstattung der iustitia originalis fähig war, den niederen Kräften zu gebieten[43]. Das wirft Licht auf Müntzers Verwen-

---

autem carnalibus, qui certissime in regno isto nascantur salva voluntate spiritus sancti, videtur mihi, quod parvuli nati ... [ein verderbter Satzteil] nunquam morientur, quia mors ultra non erit [Apc. 21, 4], cum „puer centum annorum morietur in senectute bona, plenus dierum, etiam si unius anni infans moriatur". Das letzte Zitat ist kompiliert aus Is. 65, 20 (Non erit ibi amplius infans dierum et senex qui non impleat dies suos, quoniam puer centum annorum morietur) und 1. Par. 29, 28 (mortuus est in senectute bona, plenus dierum).

[40] De civitate Dei 14 c. 26; zitiert von Thomas STh I q. 98 a. 2 und Alexander Halesius STh 1 II n. 496. Vgl. Augustin De civitate Dei 14 c. 23: non credimus ad opus generationis filiorum, si libido non fuisset, quae peccato inoboedientiae retributa est, oboedienter hominibus ad voluntatis nutum similiter ut cetera potuisse illa membra servire? Zitiert bei Alexander Halesius STh 1 II n. 496.

[41] Augustin De Gen. ad litt. 9 c. 3 n. 6 MPL 34, 395; zitiert bei Petrus Lombardus Sent. 2 d. 20 c. 1 n. 157, vgl. Alexander Halesius STh 1 II n. 495 ad 8.

[42] Augustin De civitate Dei 14 c. 23: illae nuptiae dignae felicitate paradisi, si peccatum non fuisset, et diligendam prolem gignerent et pudendam libidinem non haberent. Zitiert bei Alexander Halesius STh 1 II n. 495 arg. a und n. 496 co.

[43] Thomas STh I q. 98 a. 2 co., ad 3; Alexander Halesius STh 1 II n. 496; Bonaventura Sent. 2 d. 20 a. un. q. 3.

dung des Begriffs ratio in unserem Text und auf sein Verständnis von der Heiligung des Ehestandes unter der Leitung des heiligen Geistes, die nun das ersetzen soll, was mit der iustitia originalis verlorengegangen ist, die dabei aber doch mehr leisten soll als die rechtfertigende und heiligende Gnade der herkömmlichen kirchlichen Sakramente. In der unmittelbaren Geisterfahrung soll ja nun in der Tat der wahrhaft Gläubige von den Gaben des heiligen Geistes erfaßt werden, die umschlossen sind von den beiden Gaben der Gottesfurcht und der Weisheit. Diese Gaben stehen auch nach traditionellem Verständnis höher als die sakramental vermittelte Gnade der Rechtfertigung und Heiligung[44].

Die proles electa, die nach Müntzers Worten die künftige Kirche bilden und für die unter der Heiligung des Geistes mit Gewißheit Sorge getragen werden soll, darf mit der augustinischen proles diligenda gleichgesetzt werden. Was ist wohl als die Auszeichnung der proles electa gedacht? Aushilfsweise kann man sich an den in der Hochscholastik gewonnenen Distinktionen orientieren. Damals bestand bei den Theologen Einigkeit darüber, daß die in ursprünglicher Sündlosigkeit gezeugten Nachkommen der Stammeltern mit deren Urstandsgerechtigkeit ins Leben getreten wären[45]. Doch wären die Nachkommen nicht im gesicherten Besitz der Gerechtigkeit gewesen, als ob jede Möglichkeit des Sündigens bei ihnen ausgeschlossen gewesen wäre und als ob sie schon alles besessen hätten, was ihnen durch Gottes Güte und Providenz zuteil werden kann in der himmlischen Herrlichkeit, in der erst das non posse peccare erreicht ist[46]. Dementsprechend wurde ein Zitat Gregors des Großen interpretiert: Si parentem primum nulla putredo peccati corrumperet, nequaquam ex se filios gehennae generaret; sed hi qui nunc per redemptorem salvandi sunt, soli ab illo electi nascerentur[47].

---

[44] Eine genauere Analyse der Rede Müntzers vom Geist der Furcht Gottes und seiner Hinweise auf die 7 Geistesgaben müßte sowohl die mittelalterliche Einschätzung der 7 dona spiritus sancti (nach Is. 11, 2) als auch den Traktat des Müntzer-Schülers Jörg Haug „Ain Christlich ordenung / aines warhafftigen Christen / zů verantwortten die ankunfft seynes glaubens. o. O. u. J. [Philipp Ulhart, Augsburg, um 1526] berücksichtigen.

[45] Thomas STh I q. 100 a. 1; Alexander Halesius STh 1 II n. 499; Bonaventura Sent. 2 d. 33 a. 1 q. 2 ad 2, Breviloquium 3 c. 6.

[46] Thomas STh I q. 100 a. 2; Alexander Halesius STh 1 II n. 501.

[47] Moralia 4 c. 31 (28) MPL 75, 671 A; zitiert Thomas STh I q. 100 a. 2 arg. 1, dazu Thomas ebd. ad 2: si filii gehennae non fierent per peccatum, hoc non esset propter hoc, quia essent in iustitia confirmati; sed propter divinam providentiam, per quam a peccato conservarentur immunes.

III. DIE ERWARTUNG GUTER TAGE

Reichlich zwei Jahre nach seinem kritischen Brief an Melanchthon hat Müntzer in einem Schreiben an den ihm zugetanen Schösser Zeiß in Allstedt (22. Juli 1524) an einem anderen Punkte von seinen konkreten chiliastischen Hoffnungen eine Andeutung gemacht. Vier von Zeiß gestellte, in dessen Formulierung uns jedoch nicht bekannte Fragen beantwortete Müntzer im Anhang seines Briefes und gab beim 4. Punkt einen Ausblick auf die Zukunft des einzelnen Gläubigen, der sich in Leiden und Heiligung von der Welt losgerissen hat. „Zur ersten rechten christlichen erinnerung kan eyn mensche ane [= ohne] leyden nicht kommen. Dan das herz muß von dem ancleben disser welt durch iamer und smerzen abgeryschen [= abgerissen] werden, bys das eyner dissem leben ganz und gar feyndt wyrt“[1]. Müntzer fährt gleich fort: „Wer dozu kommen ist, der mag myt sicherm gewyssen vil fuglicher gute tage dan bose erwelen, welchs in Johanne dem evangelisten und in Helia [und] in Enoch clerlich angezeygt ist“[2]. Henoch, Elia und der Evangelist Johannes geben also einen Hinweis darauf, daß der Gottesfürchtige sich mit sicherem Gewissen eine Zukunft „guter Tage“ versprechen darf. Inwiefern läßt sich das an diesen drei Gestalten ablesen?

Henoch und Elia sind nach biblischem Bericht entrückt worden, so daß sie den Tod nicht zu schmecken brauchten[3]. Darin sah schon die späte alttestamentliche Frömmigkeit eine Bestätigung der Gottwohlgefälligkeit der entrückten Personen[4]. Die kirchliche Legende des Mittelalters erzählte gleichfalls vom Evangelisten Johannes, der nach der Über-

---

[1] Br. 57 SuB 419, 9–12. Zum Begriff „Erinnerung“ vgl. Entblößung SuB 296, 29.

[2] Ebd. SuB 419, 12–15.

[3] Die Entrückung von Henoch: Gen. 5, 24 (Ambulavitque cum Deo et non apparuit, quia tulit eum Deus), Eccli. 44, 16 (placuit Deo et translatus est in paradisum, ut det gentibus poenitentiam), 49, 16 (receptus est a terra), Heb. 11, 5 (translatus est ne videret mortem, et non inveniebatur; quia transtulit illum Deus; ante translationem enim testimonium habuit placuisse Deo). — Die Entrückung Elias: 4. Reg. 2, 11 (ascendit Elias per turbinem in caelum); Eccli. 48, 9 (receptus est in turbine ignis). 13 (in turbine tectus est); 1 Mach. 2, 58 (dum zelat zelum legis, receptus est in caelum).

[4] Sap. 4, 10 f.: Placens Deo factus est dilectus et vivens inter peccatores translatus est; raptus est, ne malitia mutaret intellectum eius, aut ne fictio deciperet animam illius.

lieferung als einziger von den Jüngern nicht den Märtyrertod erlitten hat, er sei entrückt worden. Einen Anhaltspunkt dafür meinte man in dem Herrenwort Joh. 21, 22.23 zu haben, in der Vulgata-Version „Sic eum volo manere, donec veniam"[5]. In der Legenden-Sammlung „Der Heiligen Leben" ist so zu lesen[6]: Do sant Johannes neuntzig jar als [lies: alt] worden was / do erschin jm unser herr mit seinen jungern und sprach zů jm / „Kumm mein lieber freund / wann [= denn] es ist zeit das du mit deinen brüdern essest in meines vatters wirtschafft / und am suntag so ist der Ostertage / so kombstu in mein reich" / damit verschwand unser herr / und do der ostertag kame / do kam ein groß volck zůsamen in der kirchen / und do der han was kräen / do predigt er und sprach meß biß auf tertzzeit / und sprach zům volck. „Got der allmächtig will mich yetzund von der welt nemen" und ließ jm ain grab bey dem altar machen / und hieß das erdtrich für die tür trage / das daucht die menschen wunderlich / so gieng sant Johannes in die grůb / recket sein hend auff zů got und sprach / „Herr ich dancke dir / das du mich zů deiner wirtschaft hast geladen / ich hab dich offt gebeeten das du mich zů deiner wirtschaft nemest so sprachest du / ich solt dir noch lenger dienen / ich danck dir auch daz du mich vor sünden behůt hast . . ." Antwurt das volck „Amen" / do kam ain groß liechte umb jm / das wäret lang / do mocht den schein niemandt sehen / und do das liecht vergieng do fand man nichts im grabe dann hymelbrot / das wallet auff das man es allweg findt.

Es muß geprüft werden, ob die Entrückung die Gemeinsamkeit der drei Personen ist, die für Müntzer in Betracht kommt. Die Formelhaftigkeit der Kombination läßt darauf schließen, daß Müntzer bekannte Vorstellungen voraussetzen konnte. Zunächst stoßen wir auf die Kombination Henoch-Elia in einer weit verbreiteten Auslegungstradition zu Apc. 11, 3 ff.: Henoch und Elia seien die beiden mit Wunderkraft ausgestatteten Zeugen zur Zeit des Antichrist, die zwar von dem Tier aus dem Abgrund getötet, danach aber wieder zum Leben erweckt und in den Himmel aufgenommen werden[7]. Bei dieser Endzeitvorstellung galt es als

---

[5] Aus den Nachschriften der Predigten des Johannes Sylvius Egranus (hg. G. Buchwald, Leipzig 1911, S. 68) erfahren wir beispielhaft von der philologisch humanistischen Kritik an der Textversion und an der kirchlichen Legende.

[6] Winterteil, Augsburg 1513. Bl. 150rb/va. Ebenso in der Legenda aurea des Jakobus de Voragine. Damit hatte sich gegenüber einer anderen, bei Augustin (in Joh. 21, 19–23 tract. 124 n. 2) begegnenden Fassung die Legendenform durchgesetzt, die schon vor dem Mittelalter in einer lateinischen Bearbeitung der Johannesakten in Gestalt der Virtutes Johannis der Pseudo-Abdias-Sammlung greifbar ist; vgl. E. Hennecke: Neutestamentliche Apokryphen, 3. Aufl., Bd. 2, Tübingen 1964, S. 176, dazu S. 134 und S. 403. Stark verschleiert ist die Legende bei Ludolf von Sachsen, Vita Christi p. 2 c. 79 n. 13.

[7] Nennung von Henoch und Elia zu Apc, 11, 3 in den exegetischen Werken des Mittelalters, z. B. in der Glossa ordinaria, bei Hugo Cardinalis, außerdem

kirchlich rechtgläubig, die Wiederkunft von Henoch und Elia in Person zu erwarten im Einklang mit der Vorstellung vom Antichrist als einer individuellen Person. Darum werden in der Erfurter Disputation von 1486 zahlreiche Autoritätsargumente aufgeboten, um die persönliche Wiederkunft von Henoch und Elia zu bekräftigen[8], nachdem der italienische Dominikaner Giovanni Nanni († 1502) in einer kurz zuvor erschienenen Schrift Mohammed für den Antichrist erklärt und mit verschiedenen Gründen auch gegen die Lehre von der Henoch-Elia-Wiederkehr gefochten hatte[9].

In der Interpretation von Apc. 11, 3 konnte man natürlich auch Henoch und Elia erwähnen, ohne deren persönliche Wiederkunft zu erwarten, falls man an zwei Zeugen nach dem Typos der beiden alttestamentlichen Männer dachte. Eher die zweite als die erste Deutung schimmert bei Müntzer durch, wenn er, von Elia redend, dessen „Ernst niemand verschone" und in dessen Geist „die heilige Kirche" „durch die bittere Wahrheit erneuert" werden soll, nicht nur die alttestamentliche Elia-Geschichte (3. Reg. 18) und die synoptischen Elia-Reminiszenzen (Mt. 17, 3 sowie Lc. 1, 11.26 f.), sondern auch Apc. 11 notiert[10]. Hinzu kommt noch: die anschließend an das Auftreten der beiden Zeugen wider den Antichrist unter dem siebenten Engel ausgerufene Weltherrschaft Christi (Apc. 11, 15) fällt für ihn zusammen mit der Übertragung der Herrschaft auf das Gottesvolk nach Dan. 7, 27[11]. So kann kein Zweifel daran sein,

---

in der Blockbuch-Darstellung der Apokalypse (vgl. H. Th. Musper: Die Urausgabe der holländischen Apokalypse und Biblia pauperum, München 1961, Bl. 17 f.). Joachim von Fiore hat sich von dieser Deutung mit ausführlicher Diskussion abgesetzt: Expositio in Apocalypsim p. 3 c. 11 textus 2, Venedig 1527, Bl. 146 ff.

[8] A. 2 concl. 1 corr. 1, Memmingen, s. a., Bl. a5v—b1v (= 12 1/2 Seiten!). Ein Beispiel der kirchlichen Erbauungsliteratur ist Ludolf von Sachsen, Vita Christi p. 2 c. 87 n. 3: venient Elias et Henoch, ut ipsi [scil. Antichristo] repugnent et errantes ad viam veritatis reducant.

[9] Giovanni Nanni (Johannes Annius): De futuris Christianorum triumphis in Saracenos, auch unter dem Titel: Glossa sive expositio super Apocalypsim ... de statu ecclesiae etc. Das Gesamtverzeichnis der Wiegendrucke verzeichnet Nr. 2017—2024 acht (!) Drucke vor 1500: Genua, 8. Dez. 1480, Leipzig, [28. Sept.] 1481, [Gouda um 1482], Köln 1482, Löwen [um 1485], Nürnberg [um 1485], Paris [um 1495], Köln 1497. Für die Zeit nach 1500 ist mir nur der Druck Köln, Martinus de Werdena, 1507 bekannt. Luther hat 1537 aus diesem Werk das Dubium de monarchia pontificis maximi (in Tract. 2 ein Anhang zur Conclusio 17. capituli; Köln 1507 Bl. F1r—F3v) mit ironischen Randglossen und einem polemischen Nachwort veröffentlicht, WA 50, (96) 98—105. Im 1. Hauptteil (Tract. 1) seines Werkes erörtert Giovanni Nanni im Blick auf Apc. 1—16 die Quaestio: An Antichristus verus venerit, an sit venturus. Das 9. Argument (Köln 1507, Bl. B2v) und die Widerlegung (Bl. C3r—C4r) gilt der persönlichen Wiederkehr von Henoch und Elia nach Apc. 11.

[10] Entblößung, SuB 300, 14—19; Schutzrede, SuB 322, 6 f.

[11] Br. 84, an die Eisenacher, 9. 5. 1525, SuB 463, 11—13: clerlich Daniel am

daß Müntzer nicht einer historisierenden Exegese der Apokalypse gefolgt ist[12]. Welche der spiritualisierenden mittelalterlichen Apokalypse-Auslegungen im einzelnen ihn beeinflußt haben könnte, kann hier außer Betracht bleiben. Seine apokalyptischen Vorstellungen lassen sich ohnehin nicht am Leitfaden seiner Interpretation der Johannes-Apokalypse entwickeln[13]. Sein Zeitbewußtsein ist so sehr auf eine gegenwärtig aufbrechende, ins Universale sich ausweitende chiliastische Geisterfahrung konzentriert, daß die Visionen der Apokalypse mit ihren Einzelheiten für ihn zweitrangig werden. Ihm kommt es einzig und allein darauf an, daß mit der reinen Gottesfurcht die unvermittelte Geisterfahrung sich Bahn bricht, weil sich das als Möglichkeit und Notwendigkeit dieser Zeit zu erkennen gibt. Das ist die Grundlage der letzten Geschichtszeit mit der allgemeinen, widerspruchsfrei vollendeten Christusherrschaft. Wenngleich Müntzer im Unterschied zu den Taboriten von der bereits gegebenen, gegenwärtigen Möglichkeit unvermittelter Geisterfahrung zu reden weiß und sich auch die Aktualität der chiliastischen Gottesherrschaft in seinem Zeitbewußtsein noch weiter verdichtet hat, so ist ihm doch gemeinsam mit den Taboriten das relativ seltene Bezugnehmen auf die Apokalypse. Auf beiden Seiten resultieren die chiliastischen Vorstellungen nicht einfach aus der Deutung der Johannes-Apokalypse.

Zum überlieferungsgeschichtlichen Verständnis der Dreier-Kombination von Henoch, Elia und dem Evangelisten Johannes muß noch einmal auf die Apokalypsen-Exegese zurückgeblendet werden. Bei einer Zusammenschau von Apc. 10 und 11 konnte der Evangelist Johannes, der für den Verfasser der Apokalypse gehalten wurde, den beiden Zeugen Henoch und Elia an die Seite gestellt werden. Denn der im Zeichen des sechsten Posaunen-Engels (Apc. 9, 13 ff.) erscheinende „starke Engel" von Apc. 10, der nach der spiritualistischen Auslegungstradition auf Christus gedeutet wurde[14], kündigt mit einem Schwur an (Apc. 10, 5—7), in den Tagen des siebenten Engels werde das mysterium Dei vollendet werden (vgl. Apc. 11, 15). Daraufhin erhält der Seher der Apokalypse zunächst den Befehl (Apc. 10, 8 f.), das offene Buch in den Händen des „starken Engels" zu verschlingen, und danach den weiteren Auftrag (Apc. 10, 11): „Oportet te iterum prophetare gentibus et populis et lin-

7. underschied [V. 27] sagt, das die gewalt soll gegeben werden dem gemeinen volk, auch ists angezaygt Apoca. am 11. [V. 15], das das reych dieser welt soll Christo zustendigk sein.

[12] Lyra z. B. bezieht litteraliter Apc. 10, 1—7 auf Kaiser Justin I (518—27) und 10, 8 ff. auf Kaiser Justinian I (527—565), um dann die zwei Zeugen von Apc. 11, 3 mit Papst Silverius (536/37) und dem Patriarchen Mennas von Konstantinopel († 552) zu identifizieren.

[13] Gleichwohl spricht aus Müntzers Bezugnahmen auf die Apokalypse ein Interesse an dieser Schrift! Bei seiner Tertullian-Lektüre hat er dessen Erwähnungen der Apokalypse aufmerksam registriert.

[14] So in der Glossa interlinearis und der Glossa ordinaria.

guis et regibus multis." Diesem Auftrag, ergänzt durch den Befehl zur Vermessung des Tempels (Apc. 11, 1 f.), folgt die Ankündigung der beiden Zeugen von Apc. 11, 3 ff., so daß die Vorstellung möglich wird, am Ende der Zeit des sechsten Engels werden im Übergang zur Zeit des siebenten Engels drei prophetische Zeugen auftreten: der Evangelist und apokalyptische Seher Johannes sowie Henoch und Elia.

Das Aufkommen dieser Deutung kann hier nicht untersucht werden. Ihr Ergebnis liegt im Spätmittelalter dort vor, wo bei der lehrhaften Behandlung der Endzeit[15] dem Antichrist drei Wahrheitszeugen in der Person von Henoch, Elia und dem Evangelisten Johannes entgegengesetzt werden. So erwähnt Antoninus Florentinus († 1459) „die Ansicht einiger", daß außer Henoch und Elia, für die in diesem Punkt die kirchliche opinio communis gegeben war, auch der Evangelist Johannes als endzeitlicher praedicator veritatis zu erwarten sei. Wie die beiden anderen sei auch er lebend entrückt worden[16]. Das könne als heilsgeschichtlich sinnvoll aufgefaßt werden, weil damit jede der drei großen Epochen der Heilsgeschichte am Ende der Zeiten noch einen lebenden Christuszeugen aufzubieten hat, die Epoche der lex naturae den Henoch, die Epoche der lex mosaica den Elia und die Epoche der lex euangelica den Evangelisten Johannes[17]. Das endzeitliche Geschick des Evangelisten konnte nun immer noch unterschiedlich vorgestellt werden. Nach Antoninus Florentinus würde er unter dem Antichrist ebenso wie Henoch und Elia das Marty-

---

[15] Die apokalyptische Thematik ist in den systematischen Werken des Hoch- und Spätmittelalters wegen ihres Platzes am Ende des Systems oft gar nicht zur Behandlung gekommen oder nur kurz erledigt worden. Die Antichrist-Thematik gehört außerdem trotz ihres festen Platzes im kirchlichen Bild von der Heilsgeschichte nicht zum traditionellen systematischen Themenkatalog.

[16] STh p. 4 tit. 13 c. 4 § 3: Opinio etiam est aliquorum ... quod Iohannes Euangelista non sit adhuc mortuus, secundum illud Joh. ult. [21, 22 f.] „Sic eum volo manere donec veniam", scil. ad iudicium, Christus ait. In paradisum ergo terrestrem et ipse translatus veniet, et ipse praedicaturus contra legem Antichristi et suam doctrinam.

[17] Antoninus Florentinus aaO.: Satis enim videtur ... congruum, quod si de tempore legis naturae mittetur unus testis pro Christo contra Antichristi fallacem doctrinam, scil. Enoch, et unus de tempore legis mosaicae, scil. Helias, etiam et lex euangelica, quae est dignior ceteris habeat suum testem, qui erit Iohannes euangelista, ut sit numerus plenus testium, scil. ternarius. Inhaltlich das gleiche sagt Pelbart von Temesvar OMin († 1504), Aureum rosarium theologiae ad sententiarum libros alphabetico compilatum ordine, lib. 4 s. v. Iudicium, III § 9 n. 13 (daß Pelbarts Werk erst von seinem Schüler und Ordensbruder Oswald von Lasko vollendet wurde, lasse ich bei der Zitation unberücksichtigt). Er verweist auf Franziskus von Mayronis, Sermones de sanctis, de S. Iohanne apostolo sermo 1 consid. 20, J (Basel 1498, Bl. 33vb/34ra), wo mehrere indirekte Schriftbeweise für diese Ansicht vorgebracht werden. Johannes Altenstaig, Vocabularius theologiae, Hagenau 1517, s. v. Antichristus referiert Pelbart von Temesvar mit der Vorstellung von den 3 Zeugen wider den Antichrist.

rium erleiden[18]. Doch wurde in einer Frömmigkeitsrichtung, die bei dem Franziskanertheologen Franziskus von Mayronis († 1325) erkennbar ist, geglaubt, daß der Evangelist Johannes nicht einmal vom Antichrist getötet wird[19]. Johannes wird hier im Rahmen kirchlicher Frömmigkeit von einem Glanz umgeben, der befremdlich wirken muß. Mit der immortalitas erhält der Lieblingsjünger des Herrn vor der Herrenmutter und sogar vor dem Herrn selbst einen Vorzug. Wenngleich Franziskus von Mayronis gesteht, daß das dem Glauben schwer eingehen will, findet er es doch in Joh. 21, 22 f. und indirekt an anderen Stellen ausgesprochen[20]. Wie die exzeptionelle Mitteilung der immortalitas bei Johannes möglich gewesen sei, solle die Frömmigkeit am besten Gott überlassen, dem nichts unmöglich sei. Schließlich sei es auch nicht unangemessen, daß ein Heiliger niederen Ranges ein Vorrecht genießt, das Heiligen höheren Ranges nicht eingeräumt wird, da das Vorrecht in diesem Falle nur das Akzidentelle und nicht das Essentielle der Seligkeit berühre[21]. Mochte der Franziskanertheologe dieser Johannes-Devotion auch nicht in allen Einzelheiten uneingeschränkt zustimmen, so hat er sich doch nicht zur Kritik vorgewagt.

Im Zusammenhang mit der Antichrist-Vorstellung und mit dem er-

[18] Antoninus Florentinus aaO.: Et tunc cum eis bibet calicem passionis ab Antichristo occidendis. Ei enim dictum fuit Mt. 20 [V. 23] sicut et Iacobo fratri suo „Calicem meum bibetis“. Quod nondum videtur plene impletum in Iohanne, cum martyrio non legatur migrasse.

[19] AaO. (s. A. 17), consid. 19, E (Bl. 33va): Iohannes non fuit translatus ... sicut Enoch et Helias corporaliter, quia illi nondum sunt mortui, cum sint ab Antichristo occidendi ante iudicium et a Christo suscitandi. Beatus autem Iohannes sicut fuit ad coetum apostolicum a Christo evocatus [scil. nach dem legendarischen Bericht von seinem Tod, s. o. bei A. 6], ita creditur ceterorum immortalitatem consecutus, et ideo creditur quod sicut mater Domini in corpore et anima fuit assumpta, ita beatus Iohannes fuit in utroque glorificatus. Ebd. serm. 3, a. 16 (Bl. 35vb): quale est eius privilegium in finali consummatione. Et putatur ab aliquibus quod nunquam moriatur. Die Differenzen in der Bestimmung des Ortes der Entrückung werden unten (bei A. 26 ff.) berührt.

[20] AaO.: serm. 1 consid. 19, F. (Bl. 33vb): est difficile de hoc fidem adhibere, quia b. Iohannes in hoc plus habuit de privilegio quam virgo beata et ipsemet Christus . . . Idcirco hoc totum est magis Deo committendum, ipsi enim nihil est impossibile. An Schriftargumenten nennt er ebd. (consid. 19, E; Bl. 33va) außer Joh. 21, 22 f. noch Mt. 16, 28, Mc. 9, 1, Lc. 9, 27.

[21] De S. Iohanne ap. serm. 1 consid. 19, J (Bl. 33vb): est dubium: Quare in hoc [hinsichtlich der immortalitas] b. evangelista Iohannes habuit scil. maius privilegium quam Christus et b. Maria virgo. Dicendum quod hoc non est inconveniens quod sanctus minor et inferior habeat aliquod privilegium quod non habent superiores, quia talia privilegia non faciunt ad felicitatem essentialem vel consubstantialem, sed ad accidentalem; unde Maria mater Christi caruit ordine sacerdotali, qui est summus, nec eam Christus filius eius consecravit, sicut sanctum Petrum et nos, quae potentia in nobis est dignitas magna.

neuten endzeitlichen Auftreten von Henoch, Elia und dem Evangelisten Johannes machen sich selbst bei kirchlichen Theologen chiliastische Vorstellungen bemerkbar. Zum traditionellen Bild vom Antichrist als einer Einzelperson gehört auch dessen Versuch, schließlich vom Ölberg aus in den Himmel aufzusteigen, um die Himmelfahrt Christi zu überbieten und außer Kraft zu setzen. Zu diesem Zeitpunkt werde jedoch Christus vom Himmel herabkommen, um den Antichrist zu töten. Dieser Akt wird nicht unbedingt mit dem Endgericht gleichgesetzt. Einige spätmittelalterliche Theologen rücken ihn mehr oder weniger ausdrücklich vor das Endgericht und erwarten nun erst noch die Bekehrung der ganzen Welt zum Christusglauben, offenbar gekoppelt mit einem chiliastischen Zustand ohne Versuchung zur Sünde, weil erst „nach vielen Jahren" die Welt ein relaxari ad peccandum erleben werde, was an Apc. 20, 3.7—10 erinnert. Erst dann werde die unberechenbare Wiederkunft Christi zum Endgericht eintreten[22]. Ähnlich wird im Blockbuch vom Antichrist nach der Überwindung des Antichrist eine endzeitliche Bekehrung aller Welt durch die Predigt der beiden vom Antichrist getöteten, aber wieder auferstandenen Zeugen Henoch und Elia angenommen[23]. Nach Franziskus

[22] Pelbart von Temesvar, aaO. (s. A. 17), n. 14: Christus descendet eum [scil. Antichristum] visibiliter interficiens ante extremum iudicium, unde Ez. 38 [V. 22] dicitur „Pluam super eum et exercitum eius ignem et sulphur", et tunc totus mundus convertetur ad fidem Christi. n. 15: quod non statim post eius obitum erit dies iudicii, sed post multos annos relaxabitur mundus ad peccandum [vgl. Apc. 20, 3. 7—10]; et ipsis ignorantibus veniet Christus. Das zitiert Johannes Altenstaig, Vocabularius theologiae, Hagenau 1517, s. v. Antichristus. Ludolf von Sachsen, Vita Christi p. 2 c. 87 n. 3: Quo [scil. Antichristo] interfecto, non statim veniet Dominus ad iudicium, sed concedentur quadraginta quinque dies ad refrigerium sanctorum, et ad poenitentiam subversorum. Quantum autem sit spatium inter illos quadraginta quinque dies et finem mundi, nemo scit. Iudaei tunc ad praedicationem Henoch et Eliae convertentur ad fidem, et sancta ecclesia usque in finem mundi pacifica quiescet; quia ex tunc fraudulentia et saevitia diaboli penitus deficiet. Vgl. Antoninus Florentinus STh p. 4 tit. 13 c. 4 § 3: Mortuo autem Antichristo quantum mundus sit duraturus, incertum est nobis. Videtur tamen, quod ad minus quadraginta quinque dies dentur hominibus seductis, ut reverti possint ad poenitentiam. Ex eo quod dicitur Dan. 12 [V. 12] „Beatus qui expectat et pervenit ad dies 1335". Et ante ista ponitur [V. 11] tempus persecutionis Antichristi, quo auferetur iuge sacrificium Christi, numerus videlicet dierum 1290, . . . quibus addendo quadraginta quinque fiunt 1335.

[23] Der Antichrist und die fünfzehn Zeichen. Faksimile-Ausgabe des einzigen erhaltenen chiroxylographischen Blockbuchs, hg. H. Th. Musper, München 1970, Bl. 15r: So der endkrist ein poß end genomen hat . . . so kumen darnach aber von gotz gewalt Helyas und Enoch und predigen kristen glauben in den landen do der endkrist ob gelegen ist. und bekeren fursten Hern und allermeniglichen das sy all cristen werden und wirt dan nicht mer dan ein glaub als das dy schrifft saget und ausweist zu latein. Erit unus pastor et unum ovile [Joh. 10, 16]. — Die Predigt Henochs und Elias wider den Antichrist [Apc.

von Mayronis hingegen könnte es sein, daß Johannes als der Träger einer zweiten apostolischen Predigt in der Friedenszeit zwischen dem Ende des Antichrist und der endgültigen Wiederkunft Christi in Erscheinung tritt, so daß dann die Verheißungen von der universalen Ausbreitung der apostolischen Predigt in Erfüllung gehen würden[24].

Zum Verständnis von Müntzers formelhafter Verbindung von Johannes dem Evangelisten, Henoch und Elia – in dieser Reihenfolge – mußte in die spätmittelalterlichen, auch Luther bekannten[25] Vorstellungen hineingeleuchtet werden, denen zufolge diese drei Männer noch lebend entrückt worden sind, um noch einmal zur Zeit des Antichrist – und unter Umständen auch noch danach – als Wahrheitszeugen aufzutreten. Der eigentliche Skopus, unter dem Müntzer die drei Männer erwähnt, ist damit noch nicht aufgehellt. Er nimmt nicht auf deren endzeitliche Wiederkunft Bezug. Was er schreibt, ist viel eher mit der Vorstellung der Entrückung der drei in Verbindung zu bringen, obgleich Müntzer den Frommen seiner Zeit nicht ausdrücklich ebenfalls eine Entrückung in Aussicht stellt.

Nach fester mittelalterlicher Ansicht sind Henoch und Elia in den paradisus terrestris, nicht in den Himmel der Seligen entrückt worden[26]. Von dorther wurde ihre endzeitliche Wiederkehr erwartet[27]. Das sollte auch vom Evangelisten Johannes gelten, sofern man sich ihn als einen

---

11, 3 ff.] ebd. Bl. 4r/v, ihre Tötung durch den Antichrist [Apc. 11, 7–9] Bl. 12rb, ihre Auferweckung [Apc. 11, 11] Bl. 12vb.

[24] De S. Iohanne ap. serm. 1 consid. 20 K (Bl. 34ra): Mt 10 [V. 23] „Amen dico vobis non consumabuntur civitates Israel“ scil. discurrendo per omnes civitates Israel per actum praedicationis „donec filius hominis veniat“, illud autem non potest intelligi quoad praedicationem apostolorum primam, quia in „omnem terram exivit sonus eorum“ secundum Psalmum [18 (19), V. 5]. Et ideo oportet ponere secundam, quae terminetur ad secundum adventum Christi, ut intelligatur, quod sicut Enoch et Helias venient tempore Antichristi, ita b. Iohannes facta pace ante tempus Christi adventus ut populus reducatur ad Deum, sicut b. Iohannes baptista fuit missus ante primum adventum; istud tamen non est certum.

[25] Wartburgpostille (gedruckt 1522) WA 10 I 2, 191, 31 ff.; Annotationes in Mt. 17, 10–12 (1538) WA 38, 659 ff.

[26] Thomas STh III q. 49 a. 5 und Supp. q. 69 a. 7 sed c. 2. Ludolf von Sachsen Vita Christi p. 2 c. 82 n. 13: Henoch et Elias ... translati sunt in paradisum terrestrem. Gabriel Biel Expositio canonis missae lect. 54 D. Ebenso schon Augustin, Opus imperfectum contra Julianum 6 c. 30, MPL 45, 1581, während Ambrosius (Ep. 38, 7, MPL 16, 1097) eine Entrückung in den Himmel und Chrysostomus (hom. 22 in Hebr. n. 2, MPG 61, 157) an einen unbekannten Ort angenommen hatten. Von Henoch heißt es Eccli. 44, 16: translatus est in paradisum, von Elia hingegen 4. Reg. 2, 11: ascendit ... in caelum.

[27] Erfurter Disputation von 1486, a. 3 probl. 2 (Memmingen o. J., Bl. f 6r): Cur Enoch et Helias in paradiso terrestri ad praedicandum populo in fine saeculorum reservantur.

dritten endzeitlichen Wahrheitszeugen vorstellte[28]. Wurde jedoch in einer gesteigerten Johannesverehrung dem Evangelisten das privilegium immortalitatis zugeschrieben und dementsprechend darauf Wert gelegt, daß er nach der Legende in die himmlische Christus-Gemeinschaft der Apostel entrückt worden ist, dann wurde für ihn eine Entrückung in die Gemeinschaft der vollendeten Gerechten angenommen, nicht nur eine Entrückung ins irdische Paradies. Allerdings hat für diese Frömmigkeit der Evangelist schon in seinem irdischen Leben die gleiche Unschuld besessen wie Adam im Paradies, so daß man für ihn jene Versetzung in ein himmlisches Dasein glaubte, wie sie Adam ohne seine Sünde zuteil geworden wäre[29]. Johannes wird so gewissermaßen zur Figur eines schon vor seiner Entrückung in den status innocentiae ante lapsum zurückversetzten Menschen.

Bei den Bestimmungen über das Paradies (paradisus terrestris) hat man herkömmlicherweise zwischen lokaler und spiritualer Bestimmung zu unterscheiden gewußt und hat in der Nachfolge Augustins beiderlei Bestimmung miteinander zu verbinden versucht. Mit Bonaventuras Vokabular geredet, bezeichnet der Begriff „paradisus“ einerseits einen bestimmten status fruitionis, einen Zustand des Gottesverhältnisses, anderseits einen Ort, der für dieses Gottesverhältnis geeignet und günstig ist. Und wie das Gottesverhältnis der fruitio, selbst wenn es nicht durch Sünde gestört ist, doch noch unvollkommen sein kann in einer Gotteserkenntnis „per speculum“ (vgl. 1. Cor. 13, 12), so ist diese spirituale und die entsprechende lokale Bestimmung unter dem Begriff paradisus terrestris zu fassen. Davon unterscheidet sich das himmlisch vollkommene Gottesverhältnis, dessen angemessener Ort nicht irdischer Natur sein kann[30]. Gegebenenfalls kann jedoch von der örtlichen Bestimmung

[28] Antoninus Florentinus, aaO. (s. A. 16): In paradisum terrestrem et ipse [scil. Iohannes euangelista] translatus.

[29] Franziskus von Mayronis, De S. Iohanne serm. 2 a. 13, L (Basel 1498, Bl. 35va/b): in sacra scriptura invenitur privilegium quadruplicis translationis ... Prima fuit Adae in statu innocentiae. Secunda fuit Enoch in statu legis naturae. Tertia fuit Heliae in statu legis scriptae. Quarta fuit Christi post resurrectionem in statu gratiae. Istius [scil. Iohannis] autem translatio non fuit sicut illa Christi, quia Iohannes ante suam translationem non habuit corpus incorruptibile. Nec sicut Enoch et Heliae, quia isti dicuntur esse in paradiso terrestri. Iohannes autem vocatus fuit a Domino, ut esset cum fratribus suis [s. o. bei A. 6 die Legende], sed fuit sicut Adae in statu innocentiae, qui fuisset sine morte translatus, si non peccasset. Et ... b. Iohannes vixit quasi sicut in statu innocentiae propter eius nimiam puritatem.

[30] Bonaventura, Sent. 4 d. 20 dub. 2: paradisus uno modo dicit statum fruitionis, alio modo dicit locum ad hoc aptum et idoneum. Et ille locus duplex est, secundum quod fruitio est duplex: quaedam per speculum [vgl. 1. Cor. 13, 12] et imperfecta, et tali competebat paradisus terrestris, quoniam locus est terrenus, tamen quietus et elevatus; quaedam est fruitio plena, et haec est in patria, et huic competit locus supercaelestis. Vgl. Bonaventura, Sent. 2 d. 17

abstrahiert werden und das esse in paradiso auf die Bestimmung des Gottesverhältnisses, entweder des irdisch reinen oder des himmlisch vollkommenen, beschränkt bleiben[31]. Das Glück des irdisch ungestörten Gottesverhältnisses hat die Seele, die ein templum Dei ist, wie das der Seele Adams vor dem Fall gegeben war[32]. Im generellen Verständnis kann das Paradies mit Augustin definiert werden: ubi feliciter vivitur[33]. Im Rahmen dieser Untersuchung genügt es festzustellen, daß der mit dem Begriff paradisus terrestris bezeichnete anthropologische Zustand ein irdisch ungestörter, aber nicht ein himmlisch unstörbarer Zustand ist; die Gotteserkenntnis dieses Zustandes hält sich in der Mitte zwischen der Gotteserkenntnis unter den Bedingungen der Sünde und der himmlisch ungetrübten Gotteserkenntnis[34]; das menschliche Wollen hat die Möglichkeit des posse non peccare, es steht weder unter der irdischen Bestimmung des non posse non peccare noch unter der himmlischen Bestimmung des non posse peccare; der Mensch besitzt zwar Gerechtigkeit, aber nicht als eine wesenhaft unverlierbare Gabe, er ist in ihr noch nicht in der Weise der Unverlierbarkeit befestigt, „konfirmiert"[35]; so ist auch die Unsterblichkeit dieses status innocentiae noch keine unverlierbare Unsterblichkeit; sie schließt die Möglichkeit des Sterbens ein[36].

Wenn von der Entrückung Henochs und Elias – sowie des Evangelisten Johannes – in den paradisus terrestris die Rede ist, darf unsere Aufmerksamkeit sich nicht einseitig von lokalen Angaben, die traditionellerweise dabei gemacht werden, anziehen lassen; vielmehr muß sie sich primär auf die spiritualen Bestimmungen richten, die für diese Personen impliziert sind. Denn eine, wie auch immer gedachte lokale Entrückung setzt bei den entrückten Personen jene Unschuld voraus, die den status innocentiae vor dem Sündenfall kennzeichnet. In lokaler Hinsicht sind die Betreffenden an den Ort versetzt worden, der für die ihnen selbst in-

dub. 2 und Alexander Halesius STh 1 II n. 312. Thomas STh I q. 102 a. 1 gibt der lokalen Bestimmung den Vorrang.

[31] Bonaventura, Sent. 4 d. 20 p. 2 dub. 2: Quando ergo dicitur quod latro statim fuit in paradiso [Lc. 23, 43], intelligitur quantum ad statum, quia statim fuit in Dei visione, non quantum ad locum. Ebenso Sent. 3 d. 22 a. un. q. 6 ad 1. Vgl. Thomas STh III q. 52 a. 4 ad 3.

[32] Bonaventura, Sent. 2 d. 17 dub. 2: (delicias interiores) habet anima, quae est templum Dei, et habebat anima primi hominis. Der paradisus ist der hortus deliciarum!

[33] Augustin Ep. 187 c. 2 n. 6 CSEL 57, 86, 20; zitiert von Alexander Halesius STh 1 II n. 312 ad 1.

[34] Thomas STh I q. 94; Alexander Halesius STh 1 II n. 517; Bonaventura Sent. 2 d. 23 a. 2 q. 3.

[35] Thomas STh I q. 95; Alexander Halesius STh 1 II n. 505–515; Bonaventura Sent. 2 d. 24 p. 1 a. 1, d. 29.

[36] Thomas STh I q. 97 (vgl. I q. 102 a. 2 co.); Alexander Halesius STh 1 II n. 491–494 (vgl. n. 469–473 und n. 501); Bonaventura Sent 2 d. 19 a. 3 q. 2.

newohnende Unschuld die größte Angemessenheit besitzt. Ihre Unschuld ist nicht die Unschuld des himmlisch vollkommenen Gottesverhältnisses, sondern des irdischen, nicht von eigener Sünde gestörten Gottesverhältnisses. Die Unschuld einer verlierbaren, aber ungebrochenen Gerechtigkeit darf sich einer ebenso qualifizierten Unsterblichkeit wie auch anderer glücklicher Folgen dieses Zustandes erfreuen. Darf man in solchem Sachzusammenhang die „guten Tage" sehen, die Müntzer als Signal für die wahrhaft Frommen „in Johannes dem Evangelisten und in Elia und in Henoch klärlich angezeigt" findet? Die guten Tage wären dann wesenhaft begründet in einem wiedergewonnenen status innocentiae, würden aber auch die glücklichen Folgen mitenthalten, die mit dem status innocentiae ante lapsum mitgegeben waren.

Die chiliastischen Hoffnungen der Taboriten richteten sich auf einen solchen Zustand. Indizien dafür hat schon das vorhergehende Kapitel geliefert. Zwar nicht in der gleichen Breite der Quellen, jedoch mit hinreichender Deutlichkeit wird gerade in den Texten, bei denen bereits in der Frage der geheiligten Kinderzeugung eine auffallende Verwandtschaft mit Müntzer konstatiert werden konnte[37], die Wiedergewinnung der paradiesischen Unschuld und ihrer Folgen in Aussicht gestellt.

Der chiliastische Zustand wird nach diesen Texten dadurch herbeigeführt, daß die in 1. Thess. 4, 16 f. von Paulus angekündigten Ereignisse eintreten. Wenn Christus in sichtbarer Weise mit seinen Engeln in großer Herrlichkeit in den Wolken des Himmels erscheinen wird, werden die Seinen ihm in zwei Akten entgegengeführt werden. Im ersten Akt werden alle, die in Christus verstorben sind, leibhaftig auferstehen. Daß dieser Vorgang (1. Thess. 4, 16 b) in den taboritischen Quellen mit einem anderen apokalyptischen Gedanken des Neuen Testamentes – die Heiligen werden mit Christus Lebende und Tote richten – vermengt wird, kann hier auf sich beruhen. Im zweiten, für uns wichtigeren Akt (1. Thess. 4, 17) werden alle Auserwählten, die zu jener Zeit leben, von den Enden der Erde her zusammengeführt und zusammen mit den vom Tode Auferweckten leibhaftig auf Wolken in die Lüfte entrückt werden zur Begegnung mit Christus, um ihn in Empfang zu nehmen für seine nun anbrechende irdische Glanzherrschaft: in hoc manifesto adventu veniet Christus in nubibus caeli et in magna maiestate cum angelis suis [vgl. Mt. 24, 30 + 16, 37] et omnes, qui mortui sunt in Christo, corporaliter resurgentes primi [1. Thess. 4, 16 b], venient cum eo iudicaturi vivos et mortuos [vgl. Lc. 22, 30 par., 1. Cor. 6, 2 und 2. Tim. 4, 1, 1. Pt. 4, 5]. Deinde omnes electi, qui pro tunc vivi relinquentur, ab extremis terrae in corpore simul rapientur cum illis in nubibus obviam Christo in aera, ut dicit apostolus [1. Thess. 4, 17][38].

[37] S. o. Kap. II A. 36 und. 38.

[38] 20er-Reihe a. 19 (Goll, S. 416); der nicht taboritische Tradent fügt hinzu:

Die beim Kommen Christi am Leben befindlichen Auserwählten werden in den Zustand der Unschuld versetzt werden, im welchen sich Adam im Paradies befand, welcher außerdem Henoch und Elia auf Grund ihrer Entrückung zugeschrieben wird. Im gleichen Atemzuge wird auf die Folgen der wiedergewonnenen Unschuld hingewiesen: man werde ohne Hunger und Durst leben und alles andere, was man herkömmlicherweise als körperliche oder geistliche Straffolge des Sündenfalles begriffen hat, werde verschwunden sein[39]. Dazu gehört auch die sündlose Kinderzeugung und die schmerzlose Geburt (vgl. Kap. II) wie die Bewahrung vor dem leiblichen Tod. Die Verheißung Apc. 21, 4 „mors ultra non erit" wird ausdrücklich auf das künftige regnum reparatum ecclesiae bezogen[40]. Johannes von Příbram referiert in seinem „Leben der Taboritenpriester" unter anderem deren Glauben, „daß in diesem Zeitalter bis zum großen Gerichtstag der großen Auferstehung auch andere Erwählte auf der Erde nicht mehr leiblich sterben werden; und es erfüllt sich an ihnen die ganze durch Jesaja im 65. Kap. ausgesprochene Verheißung, wo er sagt [V. 17] ‚Siehe, ich werde einen neuen Himmel und eine neue Erde machen' usw. bis zum Ende des Kapitels, und alles, was durch den hl. Johannes verheißen ist in seiner Offenbarung im 21. Kapitel [V. 1] ‚Und ich habe einen neuen Himmel und eine neue Erde gesehen' usw. bis zum Ende des Kapitels"[41].

In der taboritischen Splittergruppe der sog. Adamiten meinte man den neuen Zustand schon in äußerlicher Form demonstrieren zu können, wie die anonyme „Chronik von den Taboritenpriestern" berichtet: „Sie sagten auch, daß eine heilige Kirche kommen wird in solcher Unschuld, daß

Et dicebant hoc fieri cito infra paucos annos, in quibus adhuc aliqui ex nobis remanentes vivi videbunt sanctos Dei resurgentes et inter eos Magistrum Johannem Hus, quia abbreviabit dominus hoc tempus ultionis accelerando consummationem saeculi propter suos electos [vgl. Mt. 24, 22]. In der Sache identisch ist damit a. 30 der 91er-Reihe. Vorher ist schon in der 20er-Reihe a. 10 (analog 91er-Reihe a. 28) der Anbruch des chiliastischen Christus-Reiches geschildert worden als das Hochzeitsmahl, das Christus mit seiner Braut, der reinen Gemeinde feiert (Goll, S. 415): ... ut regnum in hoc mundo assumat, et faciet grande convivium et coenam agni veluti nuptias [vgl. Apc. 19, 9] sponsae suae ecclesiae ... Et intrabit Christus rex videre discumbentes et omnes habentes vestes nuptiales mittet in tenebras exteriores [Mt. 22, 11—13].

[39] 20er-Reihe a. 20 (Goll, S. 416): Item isti electi, qui sic vivi relinquentur [vgl. 1. Thess. 4, 17], ad statum innocentiae ipsius Adae in paradiso et ut Enoch et Elias reducentur et erunt absque omni fame et siti et omni alia poena tam spirituali quam corporali. Die Parallele 91er-Reihe a. 32 erwartet ebenfalls einen „Zustand der Unschuld" wie bei „Adam und Henoch und Elia im Paradies" (budú přiwedeni w staw newinnosti, jako Adam a Enoch a Elíaš w ráji).

[40] 20er-Reihe a. 14 (Goll, S. 415): parvuli in hoc regno nati, si erunt de hoc regno, nunquam morientur, quia mors ultra non erit, Apocalypsi 21 [V. 4]. Vgl. Kap. II A. 39 das Zitat aus Traktat II (Sbornik 5, S. 589 f.).

[41] AaO. (s. Einleitung A. 15), S. 272.

die Menschen auf der Erde wie Adam und Eva im Paradies sein werden, daß keiner sich mehr vor dem anderen schämen wird. Deshalb begannen schon einige nackt zu gehen, Männer und Frauen"[42].

Müntzers Hinweis auf die „guten Tage", die sich dem bewährten Gläubigen in Analogie zu Henoch, Elia und dem Evangelisten Johannes eröffnen, bleibt unverständlich, wenn man ihn nicht in Zusammenhang bringt mit der taboritischen Hoffnung auf eine chiliastische Wiedergewinnung paradiesischer Unschuld. Und in einem umfassenderen Horizont muß man die mittelalterliche Vorstellung von der Entrückung der drei Repräsentanten der großen Heilsgeschichtsepochen mitbedenken; darin ist eingeschlossen die religiöse Idee einer gnadenhaften Bewahrung irdischer Personen vor Sünde und Leid. Allerdings haben wir es nur mit einer vereinzelten Äußerung in Müntzers überliefertem Schrifttum zu tun. Sie fügt sich aber ein in das viel breitere Spektrum gemeinsamer chiliastischer Gedanken bei Müntzer und den Taboriten. Auch ihr Vorkommen in einer komprimierten Lehraufzeichnung, die beim Adressaten Verständnis für formelhafte Wendungen voraussetzt, nimmt ihr den Charakter des ganz Zufälligen und Belanglosen. Der Brief ist gerichtet an einen vertrauten Anhänger aus Allstedt selbst, an den Schösser Zeiß, der zu diesem Zeitpunkt schon länger als ein Jahr mit Müntzers Gedanken bekannt geworden war, der auch intellektuell fähig gewesen ist, innere Zusammenhänge von dessen Lehre zu begreifen. Unter diesen Umständen könnte man den chiliastischen Schlußpunkt der Belehrung für ein esoterisches Element in Müntzers Theologie halten. Der Lehrpunkt bleibt, selbst wenn man ihn als chiliastische Esoterik einstufen will, trotzdem ein echter Bestandteil von Müntzers Theologie und hat sogar ein besonderes Gewicht als die letzte Orientierung seiner reformatorischen Aktivität.

Eine Verschiebung der chiliastischen Lehrpunkte mußte bei Müntzer gegenüber den Taboriten eintreten, weil für ihn der persönliche Glaubensprozeß der Lösung „von dem Ankleben dieser Welt durch Jammer und Schmerzen"[43] die unverzichtbare Voraussetzung ist. Dazu gehört der Leidensmut in der Konfrontation mit der Welt des Unglaubens und Scheinglaubens. „Wer eyn stein der neuen kirchen sein wil, der woge [= wage] seynen hals, sunst wyrt ehr durch dye bauleut vorworfen werden. Gedenkt, lyber bruder, wher in disser ferlichen zeyt seynen hals nit wogen wyrt, der wirt auch nicht beweret ym glauben"[44]. Das ist

[42] AaO. (s. Einleitung A. 14), S. 67 f. Eine angemessene historische Betrachtung der Adamiten ist angebahnt durch *Ernst Werner*, Die Nachrichten über die böhmischen „Adamiten" in religionshistorischer Sicht, in: Theodora Büttner, Ernst Werner: Circumcellionen und Adamiten. Zwei Formen mittelalterlicher Häresie, FMAG 2, Berlin 1959, S. 73 ff.

[43] Br. 57, an Hans Zeiß, 22. 7. 1524, SuB 419, 10 f.

[44] Ebd., SuB 418, 11–14. Wer sich aber dem entzieht, hat am Ende nichts

nur dem möglich, der aus dem Innersten heraus ganz mit dem Willen Gottes eins geworden ist, indem er der gnadenhaften Menschwerdung des Sohnes Gottes bei sich selbst stattgegeben hat. Deshalb erwartet Müntzer zur Begründung des chiliastischen Zustandes nicht eine sichtbare Herabkunft des Gottessohnes vom Himmel[45]; erst recht nicht bedarf es bei ihm des taboritischen Aufrufs zur Sammlung aller Erwählten „in den Bergen" oder in den fünf ausgesonderten Städten[46]. In dem Maße, wie sich die „neue Kirche" aufbaut im Prozeß des Gleichförmigwerdens der Erwählten mit Christus, verwirklicht sie sich auch in ihrer chiliastischen Gestalt. Absoluten Vorrang gewinnt dadurch die Forderung, daß die Erwählten die Möglichkeit der unvermittelten Geisterfahrung wirklich wahrnehmen und im Kreuzesleid mit Christus gleichförmig, aber den natürlichen Begierden entfremdet werden, „bis daß einer diesem Leben ganz und gar feind wird"[47]. Als nächstes resultiert daraus, daß das Gottesvolk der Erwählten im Konflikt mit der Welt auch seiner (chiliastischen) Berufung zum Sieg und zur Herrschaft über die Welt nachkommt. Was sich die Erwählten als Hoffnung „guter Tage" versprechen dürfen, steht erst an letzter Stelle und muß von Müntzer in seiner Einschätzung der Situation quasi esoterisch zurückgehalten werden, weil zunächst der Glaube im Leiden mit der Bereitschaft zum Martyrium bewährt werden muß, damit wirklich die „neue Kirche" sich aufbaut, und weil ein bequemes Ergreifen süßer Hoffnungen nicht geduldet werden kann, da alle Gläubigen sich zuallererst für die Leidensgemeinschaft mit dem bitteren Christus bereitfinden müssen. Spricht Müntzer nicht überhaupt äußerst selten von der Zukunft? Sein Appell zur heilsbewußten Wahrnehmung der gegenwärtigen Zeit bleibt jedoch undurchsichtig, wenn man sich nicht klar macht, auf welche Zukunft hin in der Gegenwart das Heil ergriffen werden soll.

Eine eingehende Analyse der Ansicht Müntzers von der Sündenüberwindung und Heiligung würde meines Erachtens ergeben, daß hier auch die theologischen Voraussetzungen für die chiliastische Rückgewinnung eines status innocentiae vorliegen. Thomas Nipperdey hat die Meinung vertreten, daß bei Müntzer eine Subjektivierung von Rechtfertigung und Heiligung in deren Objektivierung umschlägt[48]. In der Tat intendiert Müntzer einen Zustand der Heiligung, in welchem der Gläubige im substantiellen Kern seiner selbst von der Sünde – und das heißt für

---

Gutes zu erwarten; SuB 418, 15–17: Drumb muß ehr umbs teufels willen gar manche ferlickeyt tragen und zuschanden vor allen auserwelten werden und zuletzt dem teufel zu willen sterben.

45 20er-Reihe a. 19, s. o. bei A. 38.

46 Vgl. Kap. IV bei A. 98.

47 Br. 57, an Hans Zeiß, 22. 7. 1524, SuB 419, 11 f.

48 *Thomas Nipperdey*, Theologie und Revolution bei Thomas Müntzer, in: ARG 54, 1963, (S. 145–179) S. 167 ff., zuletzt abgedruckt in: *ders.*, Reformation,

Müntzer primär von der Begierde oder Lust, also von der concupiscentia – frei ist. Der Gottesfürchtige kann unter dem heiligenden Antrieb des Geistes durch die Abkehr von den Begierden die guten Regungen des „Gewissens“ zu solcher Macht aufwachsen lassen, daß sündhafte Regungen, wenn sie aufkommen, kraftlos bleiben[49]. Müntzers Gewissensbegriff müßte allerdings noch genauer untersucht werden. Das „Gewissen“ der Auserwählten behauptet sich beharrlich (in der „Langeweile“) gegenüber der Sünde, da es von der Macht der Sünde mit Entsetzen und Betrübnis Kenntnis genommen hat, während das „Gewissen“ der Gottlosen sich von Unzucht, Geiz und Hoffart (luxuria, avaritia, superbia) nicht freizumachen vermag[50]. Damit wird dem Gewissen der Auserwählten einerseits und der Gottlosen anderseits eine eindeutig qualifizierte Verfassung zugeschrieben. Die innere geisthafte Bewegung des Gewissens oder des Herzens wird, wenn sie zum Durchbruch kommt, dem Auserwählten gnadenhaft von Gott zuteil. Sie ist selber die Voraussetzung dafür, daß Gottes „innerliches Wort“ „in dem Abgrund der Seele“ vernommen werden kann[51]. Darum fordert Müntzer von jedem Prediger des Evangeliums nach dem Beispiel Johannes des Täufers den „Ernst“, „der sich zur entfrembdung der lüst erstreckt, da die krefft der selen emplösset werden, auff das der abgrund des geystes erscheyne durch alle krefft, da der heylig geist sein einreden thůn můß“[52]. Indem die Seelenkräfte sich von allem Kreatürlichen lösen, wird mit dem Seelengrund der Ort freigelegt, wo der heilige Geist zu Wort kommen muß. Bei jedem Prediger – nicht anders letztlich bei jedem Erwählten – muß die „Sicherheit seines Glaubens“ in der Heiligung begründet sein. Mindestens der Prediger muß „in solcher Entblößung“ der Seelenkräfte von ihren Begierden „durch wunderliche Weise von Jugend auf im Untergang seines Willens getrieben sein“[53]. Wurde deshalb Johannes der Täufer „zur Figur aller Prediger im Mutterleib geheiligt“[54], so heißt das nach mittelalterlicher Deutung von Lc. 1, 15, daß der heilige Geist den Täufer von der Erbsünde gereinigt hat[55], so daß sich hier bei Müntzer die Vorstellung abzeichnet, was einstens (in Verbindung mit der individuellen Menschwerdung des Gottessohnes) vereinzeltes Heiligungsgeschehen in beispielhafter Weise beim Täufer war, werde nun

---

Revolution, Utopie. Studien zum 16. Jahrhundert, Göttingen 1975, (S. 38–76) S. 53 ff.

[49] Br. 57, SuB 418, 35 ff.

[50] Entblößung, SuB 291, 4–27.

[51] Fürstenpredigt, SuB 251, 14–16. 21–252, 1.

[52] Entblößung, SuB 306, 34–307, 3; es folgt ein Verweis auf Ps. 84 (85) [V. 9].

[53] Entblößung, SuB 307, 23 f. 4–7.

[54] Ebd., SuB 307, 8–10.

[55] Ludolf von Sachsen, Vita Christi p. 1 c. 4 n. 6; vgl. Bonaventura Sent. 3 d. 3 p. 1 a. 3 q. 3 arg. b und co. Lyra zu Jer. 1, 5: „Priusquam te formarem in utero novi te“ notitia praedestinationis, quae est ab aeterno; „antequam exires

(in Verbindung mit der chiliastisch korporativen Menschwerdung des Gottessohnes) zu einem generellen Geschehen bei allen Predigern und weiter ausgreifend bei allen Auserwählten, da sie eigentlich alle mit Sicherheit von ihrem Glauben auf Grund unvermittelter Geisterfahrung Rechenschaft geben können. Die Heiligung kann und soll in der erneuerten Christenheit offenbar wieder in den Zustand der Unschuld vor dem Sündenfall versetzen, wobei von Müntzer unter dem Einfluß mittelalterlicher Tradition vorausgesetzt wird, daß die Erbsünde wesenhaft dort anzutreffen ist, wo nicht die seelische Ausstattung der iustitia originalis die Herrschaft über die concupiscentia ausübt. Dieser Mangel wird nun wieder aufgehoben, wenn die Seele unwiderruflich zu einem Tempel des heiligen Geistes wird[56], wenn die Regungen des Gewissens sich unbeirrt gegenüber den sündhaften Regungen behaupten. Das geistgegründete Leben hat Müntzer offenbar so gedacht, daß es essentiell das irdische Leben in die Unsterblichkeit versetzt, obgleich „es der natur gantz ein unmüglichs, ungedachts, ungehörts ding" ist, „wie es uns denn [= dann] allen in der ankunfft des glaubens mů̊ß widerfaren und gehalten werden, das wir fleyschlichen, yrdischen menschen sollen götter werden durch die menschwerdung Christi und also mit im [= ihm] Gotes schůler seyn, von im [= ihm] selber [Gezeugnis +: und durch seinen geist] gelert werden und vergottet seyn, ja wol vil mher, in in [= ihn] gantz und gar verwandelt, auff das sich das yrdische leben schwencke in den hymel, Philip. 3 [V. 20 f.][57].

de vulva sanctificavi te" purgando ab originali [scil. peccato] in utero matris per gratiam sanctificantem.

[56] Auf eine Analyse von Müntzers Anthropologie und Heiligungslehre muß hier verzichtet werden.

[57] Entblößung/Gezeugnis, SuB 281, 17–32. Vgl. SuB 317, 31–35, 521, 2–12 (520, 3–6), 68, 15–18, 222, 10–12.

IV. DIE REINIGUNG DER CHRISTENHEIT

Um zu erkennen, daß Müntzer sich in seiner reformatorischen Aktivität von einem chiliastischen Glauben an die Perfektibilität der Christenheit leiten läßt, müssen wir seine Vorstellung von der „jetzt", in seiner eigenen Gegenwart zu erwartenden und herbeizuführenden Reformation der Christenheit genauer betrachten. Er sieht sich selber in der Rolle eines neuen Elia. Er weiß sich erfüllt von dem Geist des Elia, aber nicht in einem allgemeinen Sinne, als könnte es zu beliebigen Zeiten und in unterschiedlichen Situationen der Heilsgeschichte Männer geben, die als Gottesmänner wie Elia auftreten. Nicht ein allgemeines Sendungsbewußtsein in einer idealen Geistesverwandtschaft mit Elia erfüllt ihn, sondern das Bewußtsein, im Geist des Elia in einer einzigartigen Situation eine Mission erfüllen zu müssen. Es ist die Situation, wo er als ein neuer Elia den Anbruch des vollendeten Christus-Reiches vorzubereiten hat.

Unmittelbar nach seiner Zwickauer Zeit hat er im Frühsommer 1521 (15. Juni) in einem Brief an Nikolaus Hausmann den Geist des Elia als für sich selber maßgeblich erklärt: an Elia sei zu sehen, was es mit der von Gottes Wort geforderten modestia spiritus im Unterschied zur modestia carnis auf sich hat. Als Elia sich nach fleischlich natürlichem Urteil von unbesonnener Wut hinreißen ließ und 850 Propheten Baals und der Aschera umbrachte, da handelte er in Wahrheit in der Besonnenheit des heiligen Geistes; von ihr hat sich nach seinem Bewußtsein auch Müntzer bei seiner Zwickauer Tätigkeit leiten lassen, wenngleich ihm das Anfeindungen eingetragen hat[1].

Bald danach hat er im Prager Manifest vom Herbst 1521 und dann wieder in der letzten wütenden Kampfschrift gegen Luther, der Hochverursachten Schutzrede, also in zwei Schriften, die wie Eckpfeiler sein

---

[1] Br. 25, SuB 372, 3—9: docuit me aequitas mandatorum Dei, in qua currens dirigo gressus meos secundum eloquium Dei, quod modestiam docet spiritus, non carnis: quae omnibus hominibus electis Dei in candelabro pateat veritatis, quae etiam modestissimo servo Heliae prophetae non sit contraria, ubi (exceptis 150 sacerdotibus) mille interfecit vates Baalim [3. Reg. 18, 22 vgl. V. 19]. Tunc enim maxime modestus fuit, quoniam [lies: quando?] carnalibus videbatur furibundus. Entgegen SuB 372 A. 4 ist festzustellen, daß Müntzer stillschweigend in Elias Gottesgericht an den 450 Baalspropheten (3. Reg. 18, 22) die 3. Reg. 28, 19 erwähnten 400 Propheten der Aschera einbezogen hat.

reformatorisches Sendungsbewußtsein tragen, den Geist des Elia für sich in Anspruch genommen. Im Prager Manifest kündigt er an, er wolle vor den Augen der Böhmen die „hohen Feinde des Glaubens", „die tauben Pfaffen", die sich dem lebendigen Wort Gottes verschließen, „zu schanden machen". „Denn in euern Landen wird die neue apostolische Kirche angehen, danach überall"[2]. Es ist ein besonderer heilsgeschichtlicher und ins Universale zielender Auftrag, zu dem sich Müntzer im Herbst 1521 in Prag mit dem Geist des Elia ausgerüstet fühlt. Die „neue apostolische Kirche" soll Gestalt gewinnen durch ein kompromißloses Geltendmachen des Gottesgeistes, worauf noch eine kurze Bewährungszeit apokalyptischer Bedrängnis folgen wird, bis dann in Erfüllung von Dan. 7, 27 Christus „in Kürze wird das Reich dieser Welt geben seinen Auserwählten in secula seculorum"[3].

Wenn er der Hochverursachten Schutzrede, seiner Schlußabrechnung mit Luther, die Angabe vorausschickt, sie sei geschrieben „aus der Höhle Heliae, welches Ernst niemand verschonet"[4], so ist das nicht bloß eine rhetorische Wendung. Die beigegebenen Bibelstellen sollen klarstellen, daß es ihm um seine Konfiguration mit dem alttestamentlichen Propheten in einer neuen heilsgeschichtlichen Situation und Dimension geht. 1. Reg. 18 erinnert an das Gottesurteil auf dem Karmel. Daß aber Elia dann bei seinem Aufenthalt in der Höhle das Gotteswort zu hören bekommt (3. Reg. 19, 18): „ich will lassen übrigbleiben siebentausend in Israel; alle Kniee, die sich nicht gebeugt haben vor Baal, und allen Mund der ihn nicht geküßt hat", das ist für Müntzer weniger ein Trostwort als vielmehr in Fortführung des vorhergehenden Verses eine An-

---

[2] Prager Manifest b, SuB 504, 24–31: meyne allerliebesten Behemen. Ich begehr nicht anderst von euch, dann das yr fleyß sollet thun, das lebendige worth Gots auß Gots munde selbern solt studiren, durch welches werdet yhr selber sehen, horen greiffen, wie dye gantze welt dorch dye touben pfaffen vorfurt ist. Hilff mir umb des bluts Christi willen, widder solche hoche feinde des glaubens zců fechten! Ich wil sie fur ewern augen in dem geist Helie zcu schanden mache[n]. Dann in ewern lande[n] wirt dye neue apostolische kirche angehen, darnach uberall. Fassung a, SuB 494, 16–21: Got wirt wunderlich dinck tun myt seynen auserwelten sunderlich yn dussem lande. Wan hyr wirdt dye new kirche anghen, dusz folck wirdt eyn spygel der gantczen welt seyn. Darumb ruff ich eynen itlichen menschen an, das er do czu helffe, das Gots wort mag vortediget werden. Unde auch das ich magk dyr sichtlich weysen dorch den geyst Helie, dye dich haben lernen opfern dem abgot Baal. Fassung c, SuB 510, 19 f.: Hic incipiet renovata ecclesia apostolica in universum orbem profectura.

[3] Prager Manifest b, SuB 504, 34–505, 4; vgl. Fassung a, 404, 21–23.

[4] SuB 322, 6 f. (A. 4 z. St. müssen die Bibelstellennachweise z. T. korrigiert werden; Müntzers Angabe 3. Reg. 18 muß nicht fehlerhafte Referenz auf die Höhle des Elia (3. Reg. 19) sein, sondern kann wegen des Gottesurteils auf dem Karmel zur Illustration der Wendung „welches Ernst niemand verschonet" dienen).

kündigung der Entschlossenheit Gottes, in seinem Volk keinen Gottlosen übrigzulassen. Müntzer erinnert nicht nur an die alttestamentliche Elia-Geschichte, er nennt außerdem drei neutestamentliche Stellen, die für die apokalyptische Elia-Erwartung von Gewicht sind und Anhaltspunkte liefern können für chiliastische Ideen. Aus Mt. 17 soll V. 11 f. – „Elias quidem venturus est, et restituet omnia" – daran erinnern, daß die Elia-Figur in neuer heilsgeschichtlicher Situation auftreten wird, um vor dem Erscheinen des Messias alles zu restituieren. So war auch Zacharias, dem Vater des Täufers Johannes, vom Engel verkündet worden (Lc. 1, 17), sein Sohn werde der Vorläufer des Messias sein „in spiritu et virtute Eliae", um in einem abschließenden Bekehrungswerk Einmütigkeit im Glauben herzustellen und ein vollkommenes Gottesvolk zuzubereiten[5]. Johannes der Täufer hat in der Vorstellung Müntzers nicht in geschichtlicher Einmaligkeit das erneuerte Werk des Elia verrichtet. Der heilsgeschichtliche Abschluß der Elia-Mission muß erst noch jetzt in einer neuen Elia-Konfiguration geschehen. Darum verweist Müntzer schließlich noch auf Apc. 11 in der Meinung, daß einer der beiden Zeugen von V. 3 Elia in erneuerter Gestalt ist, und daß es sich dabei um die letzte Elia-Mission zur Herbeiführung einer vollendeten Christusherrschaft handelt (Apc. 11, 15)[6]. Man ist nicht zu der Annahme genötigt, daß die neue Elia-Konfiguration in einer einzigen Person, also in der Person Thomas Müntzers, sich verwirklichen muß. Das kann eine ganze Reihe von Predigern sein, die sich zur gleichen Aufgabe wie Müntzer und gleichzeitig mit ihm gerufen wissen[7]. Müntzer meint, es müßten sogar viele erweckt werden, die im Geist des Elia mit höchstem Eifer und Ernst die Erneuerung der heiligen Kirche durch die bittere Wahrheit betreiben und „alle ding in den rechten schwanck bringen"[8].

[5] Lc. 1, 17; die nicht mit Mal. 4, 5 f. (3, 23 f.) vorgegebene Wendung „parare Domino plebem perfectam" in Lc. 1, 17 erläutert Ludolf von Sachsen, indem er die Verheißung direkt auf Johannes den Täufer bezieht, mit dem Vorzug der lex gratiae (Novi Testamenti) gegenüber der lex Veteris Testamenti; Vita Christi p. 1 c. 4 n. 6: dicitur illa timoris; quia imperfectorum est timore poenae retrahi a malis; lex autem euangelica dicitur lex amoris, quia perfectorum est a malis retrahi amore boni.

[6] S. o. Kap. III bei A. 7.

[7] Entblößung, SuB 306, 28–307, 20: Johannes ist aber vil ein ander prediger, ein bezeugender engel Christi [vgl. Mt. 11, 10; Mal. 3, 1], in eynem yeden rechten prediger angezeygt. Das lob můß ein yeder haben, wie Johannes, nicht von der werck verdienst, sonder von des ernstes wegen, den die tapffer nüchterheyt gepyret, der [scil. Ernst, s. die Parallele im Gezeugnis] sich zur entfrembdung der lüst erstreckt ... In solcher emplössung můß ein prediger durch wunderliche weyß von jugent auff im untergang seyns willens getriben seyn. Darumb ward Johannes zur figur aller prediger im můterleyb geheyligt [Lc. 1, 15] ... Auß solchem grund müssen die prediger wissen, wer sie pflegt außzusenden in die ernde, Matth. 9 [V. 38], Johan. 4 [V. 35–38], zů welcher sie Gott vom anfang ires lebens geschliffen hat wie ein starcke sensen oder sicheln.

[8] Entblößung, SuB 300, 14–31: So die heylig kirch sol durch die bitter

Drei Punkte sind in Müntzers Elia-Konfiguration hervorzuheben: 1. Jetzt ist die Zeit für die letzte Elia-Mission gekommen. Dieses Zeitbewußtsein ist zugleich Ausdruck von Müntzers eigenem Sendungsbewußtsein. 2. Im Geist des Elia ist eine reformatorische Aktivität gefordert, die im ernsten Eifer für die wahre Gottesverehrung niemanden schont, weder die „Regenten" noch das „Volk"[9]; denn „die gegenwertige cristenheit muss umb irer lust willen gantz und gar hart gestrafft werden, auf das sie nach dem wegkthun aller uppickeit des glaubens ankunfft im hertzen gewhar werde"[10]. 3. Diese auf eine gereinigte Christenheit hinzielende Reformation hat einen universalen Horizont. Die Kirche oder die Christenheit ganz allgemein wird ins Auge gefaßt; die „neue apostolische Kirche", deren Gestaltwerdung Müntzer 1521 zunächst in Böhmen und später analog in Kursachsen erwartet, wird dann überall ihre Ausbreitung finden.

Ehe diese Punkte weiter ausgeführt werden, um dem chiliastischen Charakter von Müntzers Reformationsverständnis mehr Kontur zu geben, soll noch erwähnt werden, daß zur Elia-Konfiguration eine Konfiguration mit Johannes dem Täufer hinzutritt. Da Johannes der Täufer nicht in Einmaligkeit eine erneuerte Elia-Funktion wahrgenommen hat, kann Müntzer in Entsprechung zur neuen, abschließenden Elia-Konfiguration auch einen „neuen Johannes" herbeisehnen[11], der die Christenheit auf die unvermittelte Christus-Offenbarung hinweist, „auff die offenbarung des götlichen lemblyns [vgl. Joh. 1, 29.36], im urteyl des ewigen worts vom vatter abgehend"[12]. Das Abgehen des ewigen Wortes vom Vater ist das procedere verbi aeterni a patre; dieser innertrinitarische Vorgang findet seine Entsprechung im Gläubigen, wenn in der gereinigten Seele das unwandelbare Wort Gottes vom Seelengrunde her vernehmbar wird und wenn sich so der Gottessohn

---

warheit vernewt werden, so můß ein gnadenreycher knecht Gottes herfür treten im geyst Helie, Math. am 17. [V. 10 f.], 3. regum 18 [V. 17–40], apoca. 11 [V. 3], und můß alle ding in den rechten schwanck bringen. Warlich, ir wirt vil müssen erweckt werden, auff das sie mit dem allerhöchsten eyfer durch brünstigen ernst die christenheyt fegen von den gotlosen regenten. Auch můß vorhin das volck gantz hart gestrafft werden umb der unördenlichen lüst wegen, die also üppig die zeyt verkurtzweylen, on alle eynbleybenden můth zur ernsten betrachtung des glaubens.

[9] Zu A. 8 vgl. auch A. 11. [10] Gezeugnis, SuB 300, 24–30; vgl. A. 8.

[11] Entblößung, SuB 296, 21–32: So anderst die christenheyt sol recht auffgerichtet werden, so můß man die wuchersüchtigen bößwichter wegthun und sie zů hundtknechten machen, da sie denn kaum zů dienen und sollen prelaten der christlichen kirchen seyn. Das arm, gemeyne volck můß des geysts erinnerung pflegen und also lernen seufftzen, Rom. 8 [V. 23.26], und bitten und warten auff eynen newen Johannem, auff eynen gnadenreychen prediger.

[12] Entblößung, SuB 297, 8–12 (im Kontext von A. 11): Darumb můß eyner auffstehen, der die menschen weyse auff die offenbarung etc. Vgl. Vgl. Br. 61, an einen unbekannten Jeori, ohne Ort und Datum, SuB 424, 29–425, 6: Be-

als das Lamm Gottes offenbart. Im ewigen Gotteswort erfährt der Mensch ein „Urteil", d. h. eine absolut verbindliche Entscheidung über Gut und Böse, eine klare Willenskundgebung Gottes, die dem menschlichen Wollen die Richtung weist[13]. Johannes der Täufer hat seine figurative Bedeutung für Müntzer offenbar vor allem im Hinblick darauf, daß in strenger Heiligung durch Abkehr von Begierden und unechtem Glauben die Offenbarung des ewigen Gotteswortes unter der Leidensgestalt des Lammes vorbereitet wird. Was in dieser Weise jetzt der Prediger der sich erneuernden Christenheit zuallererst an sich selbst erfahren haben muß, das muß er dann seinem Predigtauftrag gemäß vor den anderen Menschen bezeugen. Damit ist die Elia-Konfiguration festgehalten und nicht beiseitegeschoben. Denn auch in der Konfiguration mit dem Täufer wird der reformatorische Prediger unter dem Bild der Sense oder Sichel zu einem Werkzeug Gottes, durch das an der Christenheit die endzeitliche Reinigung vollzogen wird[14].

Müntzers heilsgeschichtliche Konfiguration mit Elia und dem Täufer steht im Widerspruch zu Luthers Deutung der Maleachi-Weissagung 4, 5 (3, 23) von der Wiederkunft des Elia vor dem Gerichtstag des Herrn. Da Luther das Maleachi-Wort in der geschichtlichen Person des Täufers erfüllt sieht, kann er folgern, „das des Elias von Thesbi, der mit dem fewrigen wagen gen hymel gefaren ist, 4. Reg. 2 [V. 1. 11] gar nicht mehr zu wartten sey"[15]. Der Täufer ist „im Geist und in der Kraft des Elia" (Lc. 1, 17) aufgetreten; er mußte „zu trümern stossen alles was unßer ist und sagen: ‚Hütt euch vor dem tzukunfftigen tzorn, denn yhr seyt verdampt ynn den todt und hell', und predigen das wyr alleyn auff

---

wegung des glaubens kan keyner dem andern geben, wye Joannes der teufer anzeygt myt seyner tauf, das eyn prediger wirt ye stracksts naus weysen auf das todgeslagne lemleyn (a. R.: Joannis 1. [V. 29]; Ps. 43 (44) [V. 22 b oder V. 12–22]; Matt. 3 [V. 1–3]; Ro. 8 [V. 36]), welchs nach eylet dem verlornen scheffleyn yn der wustney. Also hab ich euch geweyset vom getichten glauben (a. R.: 1. Timo. 1 [V. 5]), welcher vorm wahrhafftigen muß heergehen und entplossen dye begyr, dye der heylige geyst gepflanzet hät, welche eynen durchbruch thuet durch alle vorzweyflung. – Die Identifizierung der Bibelstellen am Rande ist mir hier dadurch erschwert, daß ich nicht an der Handschrift nachprüfen konnte, ob sie im Druck in der richtigen Zeilenhöhe wiedergegeben sind. Beim ersten Satz steht im Druck noch am Rande Ps. 92 (93) [V. 3 f.] und Ps. 68 (69) [V. 2 f. oder V. 8 als Parallele zu Ps. 43, 22 b]; am Ende des Passus ist mir der Hinweis auf 2. Tim. 2 dunkel.

[13] Weitere Bedeutungsnuancen des Begriffes zeigt *Gottfried Maron,* Thomas Müntzer als Theologe des Gerichts. Das „Urteil" – ein Schlüsselbegriff seines Denkens, in: ZKG 83, 1972, H. 2, S. 1–31.

[14] S. o. A. 7.

[15] Wartburgpostille (gedruckt 1522) zu Joh. 1, 19–28, WA 10 I 2, S. 192, 12–14, vgl. 191, 31 ff. Annotationes in Mt. 17, 10–12 (1538) WA 38, 660, 19 f.: nullus est alius praeterea Elias ex Malachia expectandus, quam Iohannes.

Christum kommen mussen"[16]. Damit ist das Elia-Amt des Täufers als Predigt des Gesetzes verstanden. Johannes der Täufer und Christus als geschichtliche Personen und von ihnen sich ableitend Gerichtsverkündigung des Gesetzes und Gnadenverkündigung des Evangeliums bleiben die letzten heilsgeschichtlichen Determinanten. „Darumb bleyben wyr auch drauff, das die letzte predigt fur dem iungsten tage sey das Evangelion, durch wilchs Christus ist ynn alle wellt komen, und fur dißer prediget und tzukunfft ist Johannes komen, und hatt yhr den weg bereyttet... Und alßo beschließen wyr gewißlich, das keyn Elias mehr komen wirt, ßondern das Evangelion wirt weren biß an das ende der wellt"[17]. In der Sicht Müntzers drängt der spirituale Advent Christi in der Seele die Gläubigen hin auf eine bisher noch nicht erreichte heilsgeschichtliche — chiliastische — Manifestation in der ganzen Christenheit, so daß eine neue Konfiguration mit Elia und dem Täufer nötig ist. Zugunsten des spiritualen Adventes Christi haben Johannes der Täufer und Christus ihre geschichtlich personhafte Substanz weitgehend eingebüßt und sind zu Figuren für Momente des Prozesses der allgemeinen Menschwerdung des Gotteswortes geworden, was Müntzers Schriften durchweg erkennen lassen und in der Ausgedrückten Entblößung besonders deutlich wird. Inwieweit sich hier bei Müntzer mittelalterliche, keineswegs auf die eigentliche Mystik beschränkte Gedanken über den adventus spiritualis Christi auswirken und inwiefern diese Gedanken durch die Verkettung mit der ekklesiologischen Idee des geistlichen Leibes Christi eine chiliastische Komponente entwickeln konnten, muß offengelassen werden.

Müntzers reformatorisches Wollen ist spätestens seit seinem Prager Aufenthalt darauf gerichtet, eine endgültige Reinigung der Christenheit herbeizuführen. Jetzt sei die „Zeit" gekommen, verkündet er im Prager Manifest, „in welcher Got will absundern den weussen [= Weizen] von unkrauth, in dem das man wie im hellen mittag magk greiffen, wer dye kirche alßo lange vorfuret habe"[18]. Die „Büberei" in der Verführung der Kirche sei jetzt so offenkundig geworden, daß nun die Scheidung zwischen den Auserwählten und den Verdammten eintreten könne und müsse[19]. Im Gedanken an das Gleichnis vom Unkraut unter dem Weizen (Mt. 13, 24—30. 36—43) ist Müntzer überzeugt, daß die Zeit der Ernte da sei, wo der Herr seinen Knechten befiehlt, das Unkraut auszu-

---

[16] Pr. 24. 6. 1522 (gedruckt 1522) zu Lc. 1, 57 ff., WA 10 III S. 207, 16—19.

[17] WA 10 I 2, S. 194, 28—31, 195, 2—4 (s. A. 15).

[18] Prager Manifest b, SuB 504, 14—16. Der biblische Anklang ist Mt. 13, 30 (nicht 13, 26); vgl. Fassung c, SuB 510, 6—8.

[19] Ebd., SuB 504, 12—14: Solche yrthumer haben geschen musse, auff das aller menschen, der auserwelten und der vortumpten wercke haben alßo must ins wesen komen, wan zcu unser zceit [folgt Text oben bei A. 18]. Ebd. 504, 16 f.: Es hat alle buberey uff das allerhochst můst an tagk komen.

reißen und den Weizen in die Scheune zu sammeln. Mit diesem Zeitbewußtsein ist Müntzers eigenes Sendungsbewußtsein verkettet: „Dye zceyt der ernde ist do! Drumb hat mich Goth selbern gemit in seyn ernde. Ich habe meyne sichel scharff gemacht, denn meine gedancken seyn hefftig uff dye warheyt unde meine lippen, haut, händt, haer, seele, leip, leben vormalediegen dye ungleuben [lies: ungleubigen]"[20]. Die Reinigung der Kirche ist ein handgreiflicher Vorgang, das Ergebnis die irdische Gestalt einer „neuen, apostolischen Kirche".

Im Frühjahr 1523 unmittelbar vor seiner Allstedter Tätigkeit fühlt sich Müntzer wie in Prag dazu berufen, in der Christenheit das Unkraut vom Weizen zu sondern. „Lasth alles unkraut auffblosen [vgl. Mt. 13, 26] wye es wyl, es muß unter den dresflugel myt dem reynen weysen, der lebendige Got macht also scharf seyne sensen yn myr, das ich dar nach dye rothen kornrosen unde blauen blumleyn sneyden muge", schreibt er am 19. März 1523 an einen unbekannten Anhänger in Halle[21].

Wie ein roter Faden durchzieht Müntzers Protestation der Gedanke der Scheidung von Unkraut und Weizen. Das ist einerseits ein Geschehen im einzelnen, anderseits in der Kirche insgesamt. Müntzer vermengt das Gleichnis vom Unkraut unter dem Weizen mit dem Gleichnis vom vierfachen Acker (Mt. 13, 1–9. 18–23 = Mc. 4, 1–9. 13–20 = Lc. 8, 4–8. 11–15)[22]. Dabei haftet sein Interesse an dem Gegensatz zwischen dem guten Acker und dem dornigen, steinigen Acker oder dem für Samenaufnahme überhaupt ungeeigneten Boden („am Weg"). Wie das Wort Gottes als Same in den Acker, d. h. in die Herzen, kommt, steht für ihn in diesem Zusammenhang nicht so sehr zur Diskussion. In dieser Frage vermag das Gleichnis die Lehre von der unvermittelten Erfahrung der lebendigen Gottesstimme nicht umzuwerfen[23]. Der gute Acker sind die von Gottesfurcht erfüllten Herzen, in denen „Got nicht mit tinten, sundern mit seinem lebendigen finger schreibt dye rechte heilige schrifft, dye dy eusserliche biblien recht bezceugt. Und es ist auch kein gewisser gezceugnisse, das die biblie warmacht, dan dye lebendige rede Gots, do

[20] Ebd., SuB 504, 18–22; zum Bild der scharfen Sichel (s. o. A. 7) vgl. Joel 4, 13 (Mittite falces, quoniam maturavit messis), Apc. 14, 14–19.

[21] Br. 38, SuB 388, 3–6. Ein Jahr zuvor enthielt der Brief an Melanchthon (Br. 31, 27. 3. 1522) schon die Warnung vor Gemeinschaft mit den Verworfenen und die Forderung, nur solche Christen zum Abendmahl zuzulassen, die ein Verständnis des lebendigen Gotteswortes bekunden; SuB 381, 24 f. 13–19. Müntzer meint auch, die liturgische Salutatio „Der Herr sei mit Euch!" werde, da sie sich dem Wortlaute nach im Alten Testament als Gruß des Boas an seine Schnitter (Ruth 2, 4) findet, nun im Gottesdienst „zum reifen Weizen, den Söhnen Gottes" gesprochen; Ordnung u. Berechnung, SuB 209, 3 f.

[22] Mehrfach verweist Müntzer in seinen Schriften und Briefen gleichzeitig auf die drei synoptischen Parallelen (s. u. A. 25, 30, 59).

[23] Vgl. *H.-J. Goertz* in: KuD 20, 1974, S. 33.

der vater den szon anspricht [lies: ausspricht] im hertzen des menschen“[24]. Der Gottesfürchtige, der nicht träge geworden und dem Schlaf verfallen ist, achtet darauf, daß bei ihm kein Unkraut aufkeimen kann; er ist bereit, unter Anfechtungen sein Herz vom Unkraut der Lüste reinigen zu lassen[25]. Die Zeit solcher persönlichen Läuterung der Gläubigen ist nun durch die Situation erhöhter Bedrängnis in besonderer Weise gekommen. Auf die ganze Christenheit gesehen, sind die Erwählten, die an sich selbst die Reinigung geschehen lassen, der Weizen. Allerdings ist vielen Auserwählten noch nicht bewußt, daß die Situation der Läuterung und Absonderung von den Gottlosen herbeigekommen ist. In ihrer Trägheit unterscheiden sie sich kaum von den Gottlosen[26]. Sie müssen erst noch vom Schlaf aufgeweckt werden. Fast vom Unkraut überwuchert, ist dennoch in ihren Herzen ein Seufzen und Sehnen vorhanden; „dasselbige quillet aus den hartten felßen der lebendigen wasser zur ankunfft und ursprung der außerwelten“[27]. Da ist in der Tiefe des Herzens ein seufzendes Verlangen nach der unvermittelten Gotteserfahrung, die ihrerseits einen geheiligten Gottesgehorsam zur Folge hat. Dies Verlangen muß nun angerührt werden, damit es zum Durchbruch kommt, wie lebendiges Wasser hervorströmt, so daß unter der Macht dieses Verlangens die unvermittelte Gotteserfahrung heiligend den Menschen erfaßt und die Auserwählten zu ihrem wahren Wesen gebracht werden. So will aus dem geheimen „inbrünstigen Seufzen und Sehnen“ der Gottesfreunde, von dem Paulus Rom. 8, 23. 26 spricht, die „apostolische wahrhaftige Christenheit“ erweckt werden[28]. „Es kan und mag kein ander weg erfunden werden, der ellenden, armen, iamerlichen, durrftigen, groben, zurfallen christenheyt zu helffen, dann das die außerwelten auffs selbige“ — das Seufzen des Herzens nach der ungetrübten Gottessohnschaft — „mit emsiger begir, arbeit und ungespartem fleiß hingeweyset werden“[29]. Das Kreuz Christi aber lehrt, daß nur im Leiden der Weizen von den Dornen befreit werden kann[30]. Schon die Apostel und Propheten konnten Gottes Wort nicht mit Gewiß-

---

[24] Prager Manifest b, SuB 498, 23—29; vgl. 499, 3—5.

[25] Protestation § 12, SuB 233, 29—234, 2, am Rande: Mt. 13 (nicht 19), Lc. 8, Mc. 4 (die Ziffer ist im Urdruck abgesprungen); s. o. bei A. 22. Vgl. Protestation § 4, SuB 227, 20 f. und § 16, SuB 237, 5—12 (auch hier am Rande Mt. 13, Lc. 8, Mc. 4).

[26] Protestation § 1, SuB 226, 3—13.

[27] Ebd., SuB 226, 16 f.

[28] Ebd., SuB 226, 13—17. Das Bild der Fußstapfen fügt sich schwer in den Kontext, den ich nur in der oben ausgesprochenen Weise zu verstehen vermag. Schon bei Zl. 10 (s. o. A. 26) hat Müntzer zum Stichwort „seufzen“ am Rande Rom. 8 [V. 23.26] notiert.

[29] Ebd., SuB 226, 17—21.

[30] Protestation § 13, SuB 234, 26—29; am Rande: Contra tempus messis. Joan. 4 [V. 35], Matt. 13, Luce 8, Marci 4.

heit vor der Welt vertreten, „bis das alle unkraut und frecheit eines getichten glaubens muste außgerodt werden"[31]. Nach dem Muster der Apostel soll nun die ganze Christenheit apostolisch werden. Was die Apostel und ihre Schüler in den Anfängen der Christenheit begonnen hatten, als sie „mit wachendem Ernst" den Acker oder Weinberg Gottes vor dem „Feind" (vgl. Mt. 13, 25) bewahren wollten, geriet dann bald in Verfall, als man den Erwachsenenkatechumenat vernachlässigte und nicht mehr durch Lehre und Zucht auf einen bewußten, ernsthaften Glauben hinwirkte. So kam mit der Veräußerlichung des Glaubens in der Christenheit Unkraut unter den Weizen[32]. Durch das mangelnde Interesse an „des Glaubens Ursprung im Herzen" konnten sich auch Irrtümer und die Neigung zu gehässiger Verketzerung ausbreiten. Zugleich ist es Gottes Strafe, wenn er „seinen thewren acker mit so vil unkrauts, ya grossen klötzern" hat „lassen vorwusten"[33].

Müntzers Reformationsabsicht ist es aber nicht einfach, kirchliche Bräuche wie den Erwachsenenkatechumenat, die er für apostolisch ansah, wiederherzustellen. Der reformatorische Impetus sitzt tiefer und zielt auf etwas Höheres, was auch die Urchristenheit noch nicht erreicht hat. Die Christenheit soll auf den engen Weg von Leiden, Anfechtung und Zucht gebracht werden, wo man alle Lebensweisung dem „willen Gottes in seinem lebendigen wort" entnimmt[34], damit der reine Gotteswille in der Christenheit im ganzen Verwirklichung finde.

In der Fürstenpredigt (13. Juli 1524) hat Müntzer die sächsischen Fürsten, wenigstens den Bruder des Kurfürsten und seinen Sohn für eine Beteiligung an einer chiliastisch verstandenen Reformation der Christenheit zu gewinnen versucht[35]. Gewiß ging es Müntzer um die Rechtfertigung der von ihm veranlaßten Zerstörung der Mallerbacher Kapelle mit ihrem wunderkräftigen Marienbild (24. März 1524); gewiß lag ihm daran, seine kursächsischen Fürsten für eine entschiedene Unterstützung der Allstedter Reformation zu gewinnen gegenüber den reformationsfeindlichen Territorialherren – Herzog Georg von Sachsen und die Grafen von Mansfeld –, deren Herrschaften das Gebiet von Allstedt als Enklave umklammerten[36]. Diese Dinge liegen jedoch innerhalb eines

[31] Ebd., SuB 235, 13–15.

[32] Protestation § 5, SuB 227, 25–32. Für seine Vorstellung vom Verfall der Christenheit in der dritten Generation nach den beiden Generationen der Apostel und ihrer Schüler beruft sich Müntzer auf Hegesipp im Referat des Euseb von Cäsarea, Historia ecclesiastica 4 c. 22: SuB 161, 21 ff.; 243, 22 ff.; 494, 5 f.; 504, 3 f.; 509, 34 f.; zur Sache vgl. 245, 4 f.

[33] Protestation § 8, SuB 230, 20 (15)–27; vgl. Vorrede zum Kirchenamt, SuB 161, 2–7.

[34] Protestation § 13, SuB 235, 1–5; vgl. ebd. § 3, SuB 227, 4–8.

[35] Fürstenpredigt, SuB 260, 21 ff. 261, 2 ff.; Br. 50 (von Müntzer verfaßt) Rat u. Gemeinde Allstedt an Hg. Johann von Kursachsen, 7. 6. 1524, SuB 404 ff.

[36] Das Echo der Allstedter Reformation in den angrenzenden Territorien

viel weiteren, und zwar chiliastisch universalen Horizontes. Die Fürsten sollen, wenn sie wahrhaft christliche Regenten sein wollen, mit ihrem Schwert „die bösen, die das evangelion vorhindern, weckthun und absundern“[37]. Nur so, nicht bloß in der Sicherung bürgerlicher Einigkeit, können sie gemäß Rom. 13,4 „Diener Gottes“ (Dei minister) sein; andernfalls sind sie Teufel[38]. Eine neutrale Funktion kann Müntzer nach seinen apokalyptischen Voraussetzungen für diese Situation der weltlichen Obrigkeit nicht zuerkennen. Spätestens in der jetzt angebrochenen Zeit muß bei einer christlichen Obrigkeit die Ausübung der Schwertgewalt im direkten Einsatz für die Herrschaft Christi geschehen, da nach Müntzers Verständnis Christus selber in seinem Wort Mt. 10, 34 – „Ich bin nicht gekommen, Frieden zu senden, sondern das Schwert“ – das weltliche Schwert für die Aufrichtung seiner Herrschaft einsetzen will[39]. Aufgabe der christlichen Fürsten ist demnach die Reinigung der Christenheit von allen Gottlosen, von allen, die irgendwie – in der römischen oder lutherischen Weise – die Beseitigung des Schadens der Christenheit verhindern. Das fordert von den kursächsischen Fürsten zunächst in der Alternative Wittenberg oder Allstedt eine eindeutige Entscheidung und dann bei der Stellungnahme für Müntzer gegenüber altgläubigen Fürsten einen rücksichtslosen Einsatz weltlicher Machtmittel zugunsten der Reformation, genauer der Purifikation der Christenheit. Welchen schonungslosen „Eifer“ sie aufzubringen haben, sollen sie dem nicht auf Erbarmen gestimmten Geist der Johannes-Apokalyse entnehmen oder am Beispiel des israelitischen Königs Jehu (4. Reg. 9 f.) sehen, der genauso unnachsichtig wie der Prophet Elia gegen den Baalsdienst eingeschritten ist[40]. Das soll ihnen auch der „Eifer“ zeigen, mit dem Christus in der Geschichte der Tempelreinigung – Joh. 2 [V. 17]; Ps. 68 (69) [V. 10] – in Müntzers Sicht signalisieren wollte, daß er nicht

---

reformationsfeindlicher Herrschaften ist für die Herrschaft des Grafen Ernst von Mansfeld schon im Herbst 1523 vernehmbar (Müntzer an Graf Ernst von Mansfeld, 22. 9. 1523, und an Kf. Friedrich den Weisen, 4. 10. 1523, Br. 44.45, SuB 393 f. 395 ff.). Wenig später datiert die erste uns bekannte Reaktion des Herzog Georg (13. 2. 1524) an seinen Amtmann in Sangerhausen; Gess 1, S. 608 f.). Müntzer schreibt zwei Tage nach der Fürstenpredigt, am 15. 7. 1524, einen Brief an „alle Gottesfürchtigen“ in Sangerhausen (Br. 53, SuB 408 f.) und einen an die dortige herzoglich sächsische Obrigkeit (Br. 54, SuB 409 f.); vermutlich wenige Tage später ist der Brief an die verfolgten Christen in Sangerhausen verfaßt (Br. 55, SuB 411 ff.).

[37] Fürstenpredigt, SuB 258, 4 f.

[38] Ebd. 258, 5 f., vgl. 257, 30 f. Müntzers Ablehnung von Luthers wesenhaft neutraler Funktionsbestimmung der weltlichen Obrigkeit und seine andere Deutung von Rom. 13 (V. 4) erörtert *Carl Hinrichs*, Luther und Müntzer. Ihre Auseinandersetzung über Obrigkeit und Widerstandsrecht, Berlin 1952, S. 33 ff.

[39] Ebd. 258, 2 f.

[40] Ebd. 257, 12–15.

mit „Gütigkeit" die „Wurzeln der Abgötterei" beseitigen wolle[41]. „Solt yhr nw rechte regenthen sein, so müst yhr das regiment bey der wortzeln anheben und wie Christus befohlen hat. Treibt seyne feinde von den außerwelten, dann yhr seyt die mitler dozu"[42]. Die weltlichen Machthaber, sofern sie christlich sind, müssen ausführendes Organ der apokalyptischen Reinigung der Christenheit sein! Was Christus für diese Situation befohlen hat, findet Müntzer in Lc. 19, 27 ausgesprochen: „Nemet meyne feynde und wůrget mir sie vor meynen augen!"[43] Das muß man im Akkord der Apokalyptik hören. Dementsprechend taucht hier auch der Begriff der „Engel" auf als ein mögliches Prädikat der Fürsten; einerseits hat das, indem auf 2. Pt. 1 [V. 4] hingewiesen wird[44], den Sinn, daß sie durch Absage an welthaftes Begehren in der Heiligung die engelhafte Natur der Auserwählten gewinnen; anderseits ist das im Kontext mit einem Auftrag verbunden, wie er im Gleichnis vom Unkraut unter dem Weizen den „Engeln" als den Schnittern erteilt wird: sie sollen aus dem Reich Christi alles Anstößige und alle unrecht Handelnden beseitigen (Mt. 13, 41: mittet filius hominis angelos suos, et colligent de regno eius omnia scandala, et eos, qui faciunt iniquitatem). Die Engel, die diese apokalyptische Aufgabe zu erfüllen haben, sind sogar generell die Erwählten Gottes, die im Sinne des Gleichnisses eine Zeitlang geschlafen haben, so daß die Christenheit „verunreinigt" werden konnte, die nun aber den Schaden der Christenheit zu beseitigen haben[45]. Hat Christus in Mt. 18, 6 – so folgert Müntzer – schon schwerste Bestrafung für denjenigen angeraten, der ein einziges Kind am Glauben hindert, so muß erst recht gegen jene vorgegangen werden, die „die ganze Welt" am wahren Glauben der unvermittelten Gotteserkenntnis hindern und das Christus-Regiment verderben[46]. „Das thun die ertzbösewicht, die die gantze wellt ergern und abtrinnigk machen vom rechten christenglauben und sagen, es sol die geheimnis Gottis niemandt wissen"[47].

---

[41] Ebd. 260, 4–10; der Hinweis auf Col. 3 [V. 5 f.] läßt hier wieder den rigorosen Ernst der Heiligung aufblitzen.

[42] Ebd. 259, 1–4. Verfehlt ist A. 361 z. St.

[43] Ebd. 258, 14 f.

[44] Ebd. 258, 12 f.: Also seyt yr engell, wo yr recht thun wollet, wie Petrus saget, 2. Petri 1 [V. 4]. Es folgt der Text oben bei A. 43. Eine Querverbindung zu Mt. 13, 36–43 besteht allein äußerlich darin, daß Mt. 13, 42 gleichlautend ist mit Mt. 25, 30 b, dem Mt.-Schluß jener Perikope, deren lukanischen Schluß (Lc. 19, 27) Müntzer im folgenden SuB 258, 14 f. zitiert. Man muß bei Müntzer eine unkritische Harmonisierung der synoptischen Parallelen voraussetzen.

[45] Vorrede zum Kirchenamt, SuB 161, 2–7.

[46] Fürstenpredigt, SuB 258, 15–23. Der Begriff „ärgern" (scandalisare) meint hier die Verhinderung des Glaubens und des regnum Christi im Sinne Müntzers.

[47] Ebd. 258, 23–26.

Die Intention geht ins Universale. Damit die Christus-Herrschaft in einer vollkommenen Christenheit eindeutige Manifestation gewinnt, müssen alle Sünden, die dem im Wege stehen[48], und alle Personen, die das verhindern und in verstockter Weise davon auch nicht ablassen, aus der Christenheit ausgeschieden werden, ganz gleich, ob es sich um hartnäckige Sünder, um altgläubige Geistliche oder altgläubige Fürsten oder um die Vertreter der Wittenberger Reformation handelt. So faßt Müntzer von Fall zu Fall vordergründig unterschiedliche Verderber und Verderbnisse der Christenheit ins Auge. Das perspektivische Zentrum ist immer wieder im weitesten Horizont die Purifikation der Christenheit mit einer widerspruchsfreien Verwirklichung der Christus- oder Gottes-Herrschaft.

Um seine geschichtlichen Vorstellungen von Anfang und Vollendung der Christenheit mit biblischem Rückhalt vortragen zu können, hat Müntzer in seiner Fürstenpredigt Dan. 2 entsprechend interpretiert. In der prophetischen Vision wird das symbolische Gebilde des letzten Weltreiches von einem Stein zermalmt, der dann, zu einem großen Berg anwachsend, die ganze Welt erfüllt (V. 34 f.). Der Prophet hat selber schon die Deutung gegeben, daß das letzte Weltreich von Gottes eigenem, unzerstörbarem Königreich zerstört werden wird (V. 44: suscitabit Deus caeli regnum, quod in aeternum non dissipabitur, et regnum eius alteri populo non tradetur, comminuet autem et consumet universa regna haec et ipsum stabit in aeterum). Müntzer entnimmt der Daniel-Vision nicht nur ein Geschichtsschema von fünf Weltreichen mit dem christlich römischen Imperium als dem letzten[49]. Er verquickt damit, unbekümmert um die dabei auftretenden gedanklichen Spannungen, die Vorstellung von einer geschichtlichen Differenz zwischen dem Zeitpunkt, wo der Stein noch klein ist, und dem anderen, wo er als ein großer Berg die Welt erfüllt. Bei dem Stein hat er außerdem die Gedankenassoziation mit der biblischen Rede von dem Stein, der, obwohl ihn die Bauleute verworfen haben, durch Gottes Bewirken zum Eckstein geworden ist; Ps. 117 (118), 22 f., Mt. 21, 42, Mc. 12, 10, Lc. 20, 17, Act. 4, 11, 1. Pt. 2, 7; vgl. Is. 28, 16, Rom. 9, 33, 1. Pt. 2, 4. 6. Der Anfang der Christenheit ist für Müntzer durch die Vermischung der beiden Bilder dadurch gekennzeichnet, daß einerseits der von Gott zum Eckstein bestimmte Stein von den Bauleuten — „das ist von den regenten" — verworfen worden ist, und anderseits dieser Stein noch klein gewesen ist. Nun aber wird in unmittelbarer Zukunft — „gar bald" — dieser Stein die ganze Welt erfüllen[50]. Ja, er ist bereits groß geworden und wird unverzüglich zer-

---

[48] Von der Heiligung des auserwählten Menschen spricht die Fürstenpredigt, SuB 252, 10—30.

[49] Fürstenpredigt, SuB 255, 28 ff.; vgl. *Carl Hinrichs,* aaO. (s. o. A. 38) S. 40 ff.

[50] Ebd. 243, 15—22.

schmettern, was ihm entgegensteht[51]. Was ist dieser Stein, der als Eckstein eines Gebäudes (vgl. 1. Pt. 2, 4 ff.) und zugleich als ein das letzte Weltreich zerschmetternder Stein vorgestellt wird? Das ist Christus und mit Christus auch die wahre Christenheit, beides als Einheit zusammengeschlossen unter der Kategorie „Geist Christi"[52] oder — worauf im nächsten Kapitel einzugehen sein wird — unter der korporativen Idee von Christus als dem Haupt und der Christenheit als dessen Leib. Wie der unverfälschte Gotteswille in Christus als einem einzelnen innerhalb der Menschenwelt verwirklicht gewesen ist, so will der Gotteswille abschließend in der ganzen Christenheit eine die Welt erfüllende Verwirklichung finden. Die Verwerfung des Steins durch die Bauleute wird am Ende überboten, wenn dieser Stein, als Eckstein das neue Gebäude der heiligen Christenheit tragend, das letzte unheilige Weltreich zerschmettert und dann das Christus-Regiment in der reinen Christenheit die ganze Welt erfüllt. Darauf drängten, nach dem Urteil Müntzers, jene bewegten frühen Jahre der Reformation unmittelbar hin; „die armen Bauern und Laien" hätten das schon viel schärfer erkannt als etwa die sächsischen Fürsten[53].

Müntzers Deutung des visionären Bildes von Dan. 2 läßt die Geschichte auf einen chiliastischen Zustand hinauslaufen, in welchem eine ungebrochen den Geist Christi manifestierende Christenheit das letzte sündhafte Herrschaftsgebäude abgelöst hat. Das wird dadurch bestätigt, daß Müntzer diese Gedanken auch in der Fürstenpredigt eingeleitet hat mit seiner Deutung des Gleichnisses vom Unkraut unter dem Weizen[54]: Christus und die Apostel — vorbereitend schon die Propheten — haben „eine rechte reine Christenheit angefangen"; damals ist das „teure Wort Gottes" durch unvermittelte Geistbelehrung „in die Herzen der Auserwählten gepflanzt worden". Doch dann ist — unter „faulen, nachlässigen Dienern derselbigen Kirchen" — zwischen dem Weizen Unkraut emporgewuchert. Das hat begonnen, als der „Eckstein", zugleich der zerschmetternde Stein von Dan. 2, „noch klein gewesen ist". Das soll sich indessen nun ändern in einer Zeit der Fülle des heiligen Geistes und „der Veränderung der Welt", wenn die Christenheit durch die allgemeine unvermittelte Wirksamkeit des Geistes apostolisch werden soll[55]. „Es ist war und [ich] weiß vorwar, das der geist Gottis itzt vilen außerwelten frumen menschen offenbart, eine treffliche, unuberwintliche zukünfftige reformation von grossen nöthen sein, und es muß volfüret werden. ... das werck geht itzdt im rechten schwangke vom ende des

[51] Ebd. 256, 20—39.
[52] Ebd. 244, 15—246, 10.
[53] Ebd. 256, 20 f. Vgl. SuB 448, 23 f., 450, 21 f., 454, 12 f.
[54] Ebd. 243, 6—16.
[55] Ebd. 255, 10—22. Die Träume und Gesichte sind nur partieller Ausdruck dessen, was „im ganzen im Abgrund des Herzens" in der unvermittelten Geisterfahrung geschieht; SuB 252, 41 f. Vgl. Kap. I A. 7.

funfften reichs der welt"[56]. Daß die christliche Kirche wieder „zu ihrem Ursprung" kommen soll[57], meint die Durchdringung, Heiligung und Reinigung der Christenheit durch den Geist Christi als ihr Prinzip (principium = Ursprung), nicht eine imitierende Neubelebung eines anfänglichen, in Müntzers Sicht noch unvollkommenen Zustandes. Darum: „Man muß das unkraut außreuffen auß dem weingarten Gottis in der zceyt der erndten, dann wirt der schöne rothe weytz bestendige wortzeln gewinnen und recht auffgehn, Mt. 13 [V. 24 ff.]. Die engel aber, wilche yre sicheln darzu scherffen [vgl. Mt. 13, 41 und Apc. 14, 14 ff.], seint die ernsten knechte Gottis, die den eyfer götlicher weyßheit volfüren, Malachie 3 [V. 1–6]"[58].

Die verschiedenen Elemente in Müntzers Bild von der verderbten, jedoch im Zuge der angelaufenen Reformation uneingeschränkt zu reinigenden Christenheit kehren in seiner Ausgedrückten Entblößung wieder[59]. Er spricht hier sogar seine Überzeugung aus, daß jetzt, wenn die „rechte christliche Kirche" durch die Absonderung der Gottlosen von den Auserwählten ans Licht treten wird[60], das Evangelium „viel höher ins Wesen kommen" wird als zur Zeit des Urchristentums. „Es werden von vilen landen und frembden nation manigfeltige außerwelten unß faulen, nachlessigen christen hoch überlegen seyn"[61]. Das wird abgestützt mit der Weissagung Mt. 8, 11. Wenn die unvermittelte Geistbelehrung als eine allgemeine Möglichkeit nicht mehr geleugnet werden wird und alle ihre Behinderungen beseitigt sein werden, dann wird das „Evangelium", die lebendige Gottesstimme zwar nicht inhaltlich „höher ins Wesen" gekommen sein als in der Urchristenheit, da ja schon die Apostel ihren Glauben auf die direkte Geistbelehrung gegründet haben. Das Evangelium der lebendigen Gottesstimme wird aber in der erneuerten Christenheit in größerer, sogar allgemeiner Ausbreitung vernommen werden. Da die Verhinderungen des Glaubens der unvermittelten Geistbelehrung ausgeräumt sein werden, da man sich allgemein als Christ durch persönliche Rechenschaft von der eigenen Gotteserfahrung ausweisen wird, werden auch in anderen Ländern und Nationen zahlreiche

[56] Ebd. 255, 23–30. [57] Ebd. 261, 27 f. [58] Ebd. 261, 28–262, 4.

[59] Der u. a. mit Mt. 13, Mc. 4, Lc. 8 belegte Gegensatz zwischen den „rechten Wurzeln des unbetrüglichen Glaubens" und den „schädlichen Wurzeln" des Unglaubens, die ausgerottet werden sollen (276, 6–33); die Absonderung der Gottlosen von den Auserwählten nach Mt. 13 durch „engel, weliche sind rechte boten, zůkünfftig (Malachias sagts [3, 1–5]) die gůten von den bösen zu scheiden" (289, 25–290, 3); die Überzeugung, daß die jetzige Kirche aus dem Zustand ihrer Verderbnis mit „inbrünstigem Eifer" herausgeführt werden muß, weil die Zeit der Ernte da ist, wo „das Unkraut die Wurfschaufel erdulden muß" (vgl. Mt. 3, 12), und weil „die rechte jetzige Christenheit" „den rechten Schwank nach allem Ärgernis gewinnen" wird (310, 28–311, 9).

[60] Entblößung, SuB 310, 20–23.

[61] Entblößung (= Gezeugnis), SuB 311, 10–16.

Auserwählte hervortreten, die den nachlässigen Christen der bisherigen Kirche „hoch überlegen" sein werden. Die unvermittelte Gotteserkenntnis ist ja nicht grundsätzlich auf den Umkreis des christlichen Überlieferungsraumes beschränkt. So kann sich die erneuerte, apostolisch gewordene Christenheit ohne einen Prozeß der Vermittlung plötzlich ins Universale ausweiten. In dem Maße, wie sich die Christenheit von den Gottlosen und dem Scheinglauben reinigt, werden sich die Auserwählten des alten christlichen Überlieferungsbereiches mit denen der außerchristlichen Menschheit zusammenfinden. Das ist die chiliastische Erwartung einer Christenheit, die schlechthin alle Auserwählten in sich schließt. Damit hängt meines Erachtens Müntzers Forderung zusammen, vor einem universalen Forum, zu dem auch Juden, Türken, Heiden gehören können, von seiner Theologie Rechenschaft geben zu dürfen[62].

In Müntzers Hochverursachter Schutzrede erscheint seine reformatorische Zielvorstellung als ein Bestandteil seiner Lehre vom Gesetz, die er hier zum Hauptthema seiner theologischen Polemik gegen Luther gemacht hat. Sein schwerster Vorwurf gegenüber seinem theologischem Gegner liegt darin, daß er das Gesetz Gottes nicht ernst nimmt und es für aufgehoben erklärt durch das Evangelium[63]. Müntzer will gerade das Gesetz mit seinem ganzen Ernst predigen. Es ist durch Christus nicht aufgehoben; vielmehr ist Christus der Erfüller des Gesetzes, das heißt der Vollstrecker des reinen Gotteswillens. Mit Christus müssen alle Glieder seines geistlichen Leibes, alle Auserwählten zu Vollstreckern des Gotteswillens werden. Sollen der Wille und das Werk Gottes bis auf den Grund („zů podem") „durch Betrachtung des Gesetzes vollführt werden", so geht es Müntzer um die Versenkung in den Gotteswillen, wie er dem Menschen ins Herz geschrieben ist; eine rein äußerliche Befolgung des geschriebenen (alttestamentlichen) Gesetzes – „wie die juden mit irem sabath und schrifft thaten" – hält er für verfehlt. Durch die Erkenntnis und Vollstreckung des Gotteswillens wird die echte Absonderung des Glaubens vom Unglauben möglich[64]. Unter dem Aspekt der

---

[62] Br. 52, 13. 7. 1524 an Hg. Johann, SuB 407, 23. Br. 64, 3. 8. 1524 an Kf. Friedrich, SuB 431, 3 ff. (vgl. 430, 29 ff., 278, 23 ff. und 312, 6 ff.: Drumb sind ir vil, die von wilden, fremden heyden sollen auffgenomen werden). Mit dem Rückgriff auf die Cornelius-Geschichte Act. 10, 1 ff. (SuB 278, 28 ff., 431, 2 f.) setzt sich Luther in einer Pfingstpredigt vom 9. 6. 1538 zu Act. 2, 17 ff. WA 46, 413, 15 ff. auseinander (vgl. WA 46, 466, 15 ff.).

[63] Z. B. Schutzrede, SuB 325, 22–30. Vgl. Br. 49, an Christoph Meinhard 30. 5. 1524, SuB 403, 24 ff.

[64] Schutzrede, SuB 327, 11–17: Ich setze Christum mit allen seinen gelidern zum erfüller des gesetzs, Psalm. 18 (19), denn es můß der wille Gottes und sein werck zů podem durch betrachtung des gesetzes volfüret werden, Psalm. 1 [V. 1 f.], Roma. 12 [V. 2], sonst würde nyemandt den glauben vom unglauben absundern, den mit getichter weyse, wie die juden mit ihrem sabath und schrifft thaten, iren grundt nymmer nicht zů vernemen. Vgl. ebd. 325, 24 f. das

Absonderung des Glaubens (in Müntzers Glaubensverständnis wurzelhaft identisch mit der reinen Gottesfurcht) von allem Unglauben und Scheinglauben erscheint hier der reformatorische Wille zur Reinigung der Christenheit. Das ist wieder nicht nur individuell gemeint, sondern gleichzeitig korporativ auf die ganze Christenheit bezogen. Der Ernst des Gesetzes fordert die Strafe der „geistlosen Übertreter", selbst wenn es „Regenten" sind. Als Übertretung muß nun jedes Abweichen von dem im Geist erfahrbaren Gotteswillen gelten und jedes Widerstreben gegen Gottes Willen. So interpretiert Müntzer den Begriff der „gesunden Lehre" (sana doctrina, 1. Tim. 1, 10) im Sinne seiner Geist- und Gesetzeslehre, wobei Geist und Gesetz im Gotteswillen zusammenfallen. Gottes Wille dringt darauf, daß alle ihm Widerstrebenden bestraft und aus dem Gottesvolk ausgeschieden werden. Unter den Bedingungen des Alten Testamentes findet das Müntzer in Dtn. 13 ausgesprochen, wo in drei Konkretionen [V. 1–5 (2–6). 6–11 (7–12). 12–18 (13–19)] die härteste Strafe bei Verführung zu falscher Gottesverehrung angeordnet wird; Paulus hat beispielhaft in 1. Cor. 5, 1–5 ein solches Urteil des Ausschlusses und der Bestrafung über einen Unzuchtsünder gefällt[65]. „Kurtzumb die ubertretung můß gestrafft werden, es kann weder der groß noch der klain darvon kommen"[66].

Es ist deutlich, Müntzer denkt nicht an die strenge Handhabung der Kirchenzucht in einer auf freiwilligem Zusammenschluß beruhenden Bekennergemeinde. Seine Gedanken sind weit entfernt etwa von denen Balthasar Hubmaiers über Kirchenzucht und Bann. Müntzer erstrebt die „Rechtfertigung" als Gerechtmachung der ganzen Christenheit[67]. Das muß „durch das Gesetz" geschehen und betrifft alle, die durch die Verfehlung Adams zu Übertretern des Gotteswillens geworden sind. Die Auserwählten lassen die Strafe des Gesetzes an sich geschehen[68]; sie

Gesetz müsse „recht erklert" werden, „wie es im hertzen geschriben 2. Corint. 3. [V. 3], und wie man durch anweysung desselbigen achtung haben můß, zů betrachten die richtigen genge zum ursprung, Psalm. 36 (37) [V. 23 (?). 31]".

[65] Ebd. 328, 8–18.

[66] Ebd. 328, 21–23; dazu ein Verweis auf Num. 25 [V. 4 f.: die Vernichtung derer, die sich zur Verehrung des Baal-Peor – Vulg.: Beelphegor – verführen ließen].

[67] Ebd. 330, 14–18: Alle ubelthäter der ursprünglichen mißhandlung der gemaynen christenheyt müssen durch das gesetz gerechtfertigt werden, wie Paulus saget, auff daß der ernst des vatters die gotloßen christen auß dem wege rawme, die der haylbaren lere Christi widerstreben [vgl. 1. Tim. 1, 10], auff das die gerechten weil und raum haben mögen, Gottes willen zů lernen. Der Hinweis auf Paulus ist nicht eindeutig; doch könnte Rom. 2, 12 gemeint sein.

[68] Ebd. 330, 7–13: Die gütigkeyt Gottes strebet uber alle werck seiner hende, Psalm. 144 (145) [V. 9]. Sie wirt nit verruckt durch die peyn des gesetzs, welcher der außerwelte nit begeret zů entfliehen, wie Hieremias [10, 24] saget und Psalmo 6 [V. 2]: Er wil „mit urteyl und nit im grymm gestrafft" sein,

widerstreben nicht dem Strafurteil Gottes über den Ungehorsam und ertragen dieses Urteil in den Bedrängnissen, durch die Gott ihr Herz von allem Kreatürlichen entleert. „Nach aller Pein" führt Gott sie „in seine Ewigkeit". So steht der Ernst Gottes im Dienste seiner „Gütigkeit". Gottes strenger Wille fordert Strafe für die Übertretung des Gesetzes, für den Ungehorsam. Der auf Strafe drängende Ernst Gottes ist durch das Evangelium nicht aufgehoben, sondern sogar ins Licht gerückt und durch die dahinter hervortretende „Gütigkeit" „erklärt" worden[69]: Die Auserwählten, die vor dem Ernst Gottes nicht zurückweichen und mit dem gekreuzigten Christus gleichförmig werden, empfangen in der „Gütigkeit" Gottes die Fülle des heiligen Geistes und die Vergottung. Erleidet der Auserwählte und Gerechte Gottes Strafe für den Ungehorsam in den Bedrängnissen, die bei ihm zugleich läuternd wirken, so entsetzen sich die Gottlosen, die am Kreatürlichen hängen, vor der gottgewollten Strafe. Aus dem gleichen inneren Grunde ihrer Verhaftung an das Kreatürliche widerstreben sie der Lehre Christi. Deswegen will nun der Ernst des Vaters „die gottlosen Christen aus dem Wege räumen", so daß zum einen Gottes strafender Gerechtigkeitswille die ganze Christenheit in den Zustand objektiver Gerechtigkeit versetzt und zum andern die Gerechten selber nicht mehr durch die Gottlosen an der Erkenntnis und Ausführung von Gottes reinem Willen gehindert werden[70]. Solange es in der Christenheit noch Gottlose gibt, die sich selber der „Pein des Gesetzes", der Bestrafung ihres Ungehorsams entziehen und zugleich die Auserwählten an der Durchsetzung des Gotteswillens in der Christenheit hindern, hat die Christenheit nicht den ihr bestimmten vollkommenen Zustand erreicht, in den sie jetzt durch die Reformation gebracht werden soll.

Solange aber gottlose Christen in der Christenheit geduldet werden und solange sie sogar beherrschende Ämter innehaben, befinden sich die auserwählten Gerechten unter einer Tyrannei, weil sie an der uneingeschränkten Hingabe an den Willen Gottes gehindert werden und das „Übel" nicht nach dem Ernst des Gesetzes gestraft wird[71]. Der gottlose

---

welchen Got von ewigkeyt nye gehat, sonder er entspreußt aus der verkerten forcht der menschen gegen Got, die sich von der peyn wegen entsetzen und nit ansehen, wie sy Got durch drugnuß [= Bedrängnis] in seine ewigkeyt nach aller peyn füre.

[69] Ebd. 330, 6: Christus hat im evangelio durch seine gütigkeyt des vaters ernst erklert.

[70] Ebd. 330, 16–18, s. o. A. 67.

[71] Ebd. 330, 18–25 (Fortsetzung des Textes A. 67): es wer nymmermer möglich, daß ein ayniger christ bey sölcher tyranney könte seyner betrachtung warnemen, so das ubel durchs gesetz zů straffen [attributiv zu „ubel", nach Art eines Gerundivs] sölte frey seyn, und der unschuldige solte sich also lassen peynigen, darumb daß sich der gotloße tyranne behilfft wider den frummen, sagende: „Ich můß dich marteren, Christus hat auch geliten, du solt mir nit widerstreben, Mathei am 5. [V. 39]." Das wer ein groß verderbnuß. Es můß

Tyrann will sich vom einfachen, ernsthaften Christen nicht zurechtweisen lassen; er hält ihm sogar die Mahnung der Bergpredigt entgegen, dem Übel nicht zu widerstreben (Mt. 5, 39: non resistere malo). Konkret heißt das: reformatorisch gesonnene Christen, die sich für ihre eigene Person nicht dem ernsten, heiligenden Willen Gottes entziehen, sind nach Müntzers Ansicht befugt[72], sich gegen eine Obrigkeit zu erheben, die sich zwar christlich nennt, jedoch mit Strafmandaten gegen die mit der Reformation sympathisierenden Untertanen einschreitet[73]. Ohne entschlossenes Vorgehen gegen die Gottlosen würde nach Müntzers Urteil das Verderbnis der Christenheit noch größer. Denn für ihn hat die Reformation gerade die Manifestation des heiligen Gotteswillens an der ganzen Christenheit zum Ziel. Deshalb wird eine gottlose Obrigkeit für wahrhafte Christen jetzt unerträglich. Eine Unterscheidung zwischen Christenheit und weltlicher Rechtsgemeinschaft kennt Müntzer nicht; sie hat in seinem chiliastischen Konzept keinen Platz.

Ein Faktor, der im nächsten Kapitel behandelt werden soll, kommt hier mit ins Spiel: die gottlosen Tyrannen haben mit ihrer Herrschaft über weltlichen Besitz („zeitliche Güter") auch Herrschaftsrechte über den gemeinen Mann. Indem sie sich mit ihren Begierden an ihren Besitz klammern, kommt es zu Rechtsverweigerungen gegenüber dem gemeinen Mann. Der Reichtum bildet bei ihnen die Disteln und Dornen, die den Samen des Wortes Gottes nicht aufkeimen lassen, während beim gemeinen Mann die Sorge um die zeitlichen Güter in gleicher Weise wie die Dornen und Disteln auf dem Acker wirken[74]. Auch in dieser Hinsicht muß in der Christenheit eine Reformation die uneingeschränkte Voraussetzung schaffen für die reine Gotteserkenntnis und für eine Verwirklichung von Gottes unwandelbarem Willen[75].

Wie die Antriebe und Absichten von Müntzers Sendungsbewußtsein und Aktivität nur im Lichte einer chiliastischen Idee der Purifikation der Kirche voll verständlich werden, so war schon die innerste Bewegungskraft der chiliastischen Taboriten auf eine Reinigung der Kirche gerichtet. Das soll in einigen Punkten zusammengefaßt werden.

---

höchlich undterschaiden werden, nachdem die verfolger die pesten christen sein wöllen.

[72] Müntzers Sendbrief „unfuglichen Aufruhr zu meiden" (Br. 41, SuB 21 ff.) nennt indirekt die Voraussetzungen für einen befugten Aufruhr.

[73] Luther forderte, veranlaßt vor allem durch die Situation im Herzogtum Sachsen, in seiner Schrift Von weltlicher Obrigkeit den Mut zum Bekenntnis des reformatorischen Glaubens bei gleichzeitiger Bereitschaft zum Erleiden von Verfolgung, sofern man nicht die Möglichkeit der Emigration ergreifen könne.

[74] Br. 84, 9. 5. 1525 an die Eisenacher, SuB 463, 19–22.

[75] Schutzrede, SuB 331, 15–24; vgl. 331, 4–10 (Zl. 4 „welichem" etc. ist auf den folgenden Hauptsatz Zl. 8 „Der verachtet" etc. zu beziehen), 332, 20–23, 339, 5–10.

1.) Die ecclesia militans soll in einen neuen Zustand ihrer irdischen Existenz versetzt werden (pro statu viationis reparabitur). Sie bleibt die ecclesia viatorum (oder viantium) und wird noch nicht zur ecclesia triumphans verklärt[76]. Die Vaterunser-Bitte (Mt. 6, 10) „Adveniat regnum tuum" erbittet nach taboritischer Ansicht die erwartete chiliastische Vollendung der Kirche, die demnach als die eigentliche „Ankunft" der Christusherrschaft verstanden wird[77]. Die Christusherrschaft ist nach dieser Überzeugung erst dann in der irdischen Kirche angebrochen, wenn sie sich in einer sündlosen Reinheit der Kirche manifestiert.

2.) Die innere Voraussetzung für den irdischen Vollendungszustand der Kirche sehen die Taboriten in einem verborgenen Advent Christi, der von dem letzten Advent Christi zum Endgericht über Lebende und Tote unterschieden wird[78]. Es bleibt unklar, inwieweit man in taboritischen Kreisen einen geistlichen, inneren Advent Christi gemeint und darüber noch weiter nachgedacht hat. Die Möglichkeit, einen geistlichen Advent Christi vorauszusetzen[79], darf nicht ausgeschlossen werden angesichts der weit verbreiteten kirchlichen Vorstellung von einem dreifachen Advent Christi (bei der Menschwerdung, zur Einwohnung im Herzen der Gläubigen, zum Endgericht). Dann wäre angenommen worden, daß der verborgene, geistliche Advent Christi in den Herzen der Erwählten sich ereignet, wenn nun die Erwählten dem Ruf zur Reinigung der Kirche folgen. Damit wäre ein Ansatzpunkt für die bei Müntzer eingetretene Verbindung der chiliastischen Apokalyptik mit der Geistlehre gegeben. Dem steht entgegen, daß an anderer Stelle eine sichtbare Herabkunft Christi auf den Wolken erwartet wird in der Vorstellung von 1. Thess. 4, 16 f.[80], gekoppelt mit der Vorstellung, daß Christus kommen werde, um sein Reich auf dieser Erde in Besitz zu nehmen und um das Hochzeitsmahl mit seiner Braut, der Kirche zu feiern[81].

3.) Dem Anbruch des Vollendungszustandes der Kirche wird eine universale Dimension zugeschrieben durch den Begriff der consummatio

---

[76] 76er-Reihe a. 26 (72er-Reihe a. 16): iam ecclesia militans longe ante adventum Christi novissimum ad finale iudicium duratura per alium adventum Christi, qui iam futurus [72er-R.: factus] est, in regnum Dei pro statu viationis reparabitur et reparatur.

[77] 20er-Reihe a. 1 (Goll, S. 413): iam in praesentis saeculi consummatione adveniet Christus occulte, sicut fur [vgl. Mt. 24, 43 par., Apc. 3, 3 16, 15], novo adventu ad regnum suum reparandum, pro quo oramus [Mt. 6, 10 par.] „Adveniat regnum tuum!"

[78] Vgl. A. 76 f. 91er-Reihe a. 27: Schon jetzt in der Zeit der Beendigung des Weltzeitalters [čas skonánie věku = tempus consummationis saeculi], welche Zeit Tag der Rache [den pomsty = dies ultionis, Is. 34, 8 u. ö.] heißt, ist Christus heimlich wie ein Dieb gekommen etc.

[79] Die Tendenz des Traktates II könnte dazu passen.

[80] 20er-Reihe a. 19 (Goll, S. 416); 91er-Reihe a. 30; vgl. Kap. III bei A. 38.

[81] 20er-Reihe a. 10; vgl. Kap. III A. 38.

(praesentis) saeculi, der Beendigung und Vollendung der gegenwärtigen Weltzeit. Der Traktat I erläutert den auch in den Artikelreihen vorkommenden, biblischen Begriff der consummatio saeculi, ausgehend von seinem Vorkommen in der synoptischen Apokalypse Mt. 24 [V. 3.14] und in dem Gleichniskapitel Mt. 13 [V. 39.40.49][82]. Aus verschiedenen, vor allem alttestamentlichen Bibelstellen, wird der Schluß gezogen, die consummatio saeculi bedeute für die einen – die „Guten" – eine Veränderung zum Besseren, für die anderen – die „Bösen" – deren Vernichtung[83].

4.) Für den Umbruch der gegenwärtigen Weltzeit wird der biblische Ausdruck „dies Domini" herangezogen. Es ist der Tag der Strafe und Vergeltung[84], nicht der Gnade. Denn alle Feinde des Gesetzes Christi sollen durch die sieben apokalyptischen Plagen, insbesondere durch Feuer und Schwert, zugrundegehen[85].

5.) Christus bedient sich seiner auserwählten Gläubigen, um das Werk der Bestrafung und Vernichtung seiner Feinde auszuführen[86]. In dieser Zeit steht darum die Christus-Nachfolge im Zeichen des Eifers und des Zornes, nicht der Milde und des Erbarmens[87]. Daß ein Hinweis auf Elias Strafgericht an den Baalspriestern fehlt, dürfte nicht schwer ins Gewicht fallen, da diese Ideenassoziation sich leicht einstellen konnte. Als etwas Eigentümlicheres hebt sich jedoch von dem taboritischen Vergeltungseifer ab, wie Müntzer eine dialektische Verschränkung zwischen dem

[82] Traktat I (Goll, S. 417 f.).

[83] Traktat I (Goll, S. 418): Quorundam tamen peccata tantum consummabuntur et sancti efficientur ex gentibus... Consummationem igitur saeculi appello bonorum in melius commutationem et malorum exterminationem, quia scriptum est: „quia faciam consummationem in cunctis gentibus, te autem non faciam in consummationem", Jeremiae 30. [V. 11].

[84] Traktat I (Goll, S. 417 f.): Iam nunc in consummatione saeculi venit Christus, in die quae „dies Domini" appellatur [Is. 13, 6 u. ö.], ut debellata domo exasperante [vgl. Ez. 2, 5. 8 u. ö.] consummationem in ea faciat et ut ecclesiam reparando „ponat" eam „laudem in terra" [Is. 62, 7]. ... „Diem Domini" appello „diem ultionis" [folgen Zitate aus Is. 63, 4; 61, 1 f.].

[85] 76er-Reihe a. 27 (72er-Reihe a. 2): iam nunc „dies ultionis" et „annus retributionis" [Is. 63, 4], in quo omnes immundi [72er-R.: mundi] peccatores et adversarii legis Dei, ita quod nullus relinquatur, peribunt et perire debent igne et gladio et septem plagis novissimis, Ecclesiastici 3. ex. [statt: 3. ex lies mit 72er-R.: 39.] dictis [V. 35 f.; vgl. Apc. 15, 1], scil. igne, gladio, fame, bestiarum dentibus, scorpionibus et serpentibus, grandine et morte. 91er-Reihe a. 2 f. Vgl. A. 86.

[86] 20er-Reihe a. 1: Et in hoc adventu non erit tempus gratiae, sed ultionis et retributionis in igne et gladio, ita quod omnes legis Christi adversarii debent perire septem plagis novissimis [vgl. Apc. 15, 1], ad quarum executionem sunt fideles provocandi.

[87] 20er-Reihe a. 2: in isto tempore ultionis Christus in sua mititate et miseratione non est imitandus ad ipsos peccatores, sed in zelo et furore et iusta retributione. Ähnlich 76er-Reihe a. 29 f., 72er-Reihe a. 3 f., 91er-Reihe a. 4.

freundlichen Ernst des Gesetzes und der ernsten Gütigkeit Christi herstellt und wie sich ihm durch den Primat des göttlichen Gesetzeswillens die Geduld des Sohnes dem Ernst des Vaters unterordnen muß[88].

6.) Die Taboriten verstehen sich in der Vollstreckung des Gotteszornes an den Gottlosen als Gottes Engel, deren Aufgabe gleichzeitig darin besteht, die Erwählten Gottes zu sammeln[89]. An die Engel wird erinnert, die Lot aus Sodom herausführten[90]. Außerdem identifizieren sich die Taboriten mit den Schnitter-Engeln in der Deutung des Gleichnisses vom Unkraut unter dem Weizen: Sunt [scil. fratres Taborienses] exercitus a Deo per totum mundum missus ad tollendum „omnia scandala de regno" Christi [Mt. 13, 41], quod est ecclesia militans, et ad eiciendum „malos de medio iustorum" [Mt. 13, 49] et „ad faciendum vindictam et plagas in nationes" [Ps. 149, 7] adversariorum legis Christi et eorum civitates, villas et munitiones[91].

7.) Die Kirche soll von jedem gereinigt werden, der seine Bosheit nicht ablegen will[92]. Sie soll frei sein von aller Sünde, Lüge, Befleckung, frei von allem Anstößigen und Verabscheuungswürdigen: in ea nullum erit peccatum, nullum scandalum, nulla abominatio, et nullum mendacium, nec aliquid coinquinatum [vgl. Apc. 21, 27][93]. In den beiden Traktaten wird wenigstens angedeutet, daß die Auserwählten selber noch eine Reinigung erleben werden, entweder weil ihr Glaube wie durch Feuer geläutert werden wird, oder weil Gott ihre Sünden von ihnen abwaschen

[88] Schutzrede, SuB 330 f.

[89] Traktat I (Goll, S. 420): „Alias oves habeo", inquit Christus, „quae non sunt ex hoc ovili, et illas oportet me adducere et vocem meam audient", Iohannis 10 [V. 16]. „Mittet enim angelos suos et colligent electos a quattuor ventis", Matth. 24 [Mc. 13! V. 27]. Traktat II (Sbornik 5, S. 586): Item venit ecclesiam liberare et ad unum ovile perducere. Mittet enim angelos suos et congregabit electos de terris universis, ad quas eiecit eos in sua ira et in indignatione gravi [Jer. 32, 37] ... declarat et apostolus Paulus [1. Thess. 4, 15]: „ipse Dominus in iussu" – ut rogat David [Ps. 7, 7]: „exurge, Domine in praecepto" – „et in voce archangeli", quam Marcus dicit [Mt. (!) 24, 31] vocem magnam, „et in tuba Dei descendet de caelo", cum qua angelos mittet [Mt. 24, 31].

[90] 20er-Reihe a. 6 (Goll, S. 414): fratres Thaborienses isto tempore ultionis sunt angeli missi ad educendum fideles de omnibus civitatibus, villis et castellis ad montes sicut Loth de Sodomis [Gen. 19, 1 ff.)]. Vgl. 91er-Reihe a. 14.

[91] 20er-Reihe a. 6 (Goll, S. 414). Vgl. 91er-Reihe a. 15.

[92] 76er-Reihe a. 28 (72er-Reihe a. 18): in praedicto regno reparato hominum viantium nullus malus poterit corporaliter permisceri bonis, nisi prius deponat suam malitiam.

[93] 76er-Reihe a. 26 (72er-Reihe a. 16), fast gleichlautend auch 20er-Reihe a. 12 mit dem Zusatz: sed omnes erunt electi filii Dei, omnes passiones Christi et membrorum eius cessabunt. Vgl. 91er-Reihe a. 29. 36 f. und Traktat I (Goll, S. 417): venit [Christus] regnum in hoc mundo assumere et omnia scandala de eo eicere et omnes qui faciunt iniquitatem [Mt. 13, 41], nec quidquam coinquinatum ad illud admittere, nihil faciens mendacium aut abominationem [Apc. 21, 27].

wird[94]. Prophetische Verheißungen von der Umwandlung toter Herzen in lebendige Herzen eines selbstverständlichen Gottesgehorsams, Verheißungen von einem völligen Erlöst- und Befriedetsein des Gottesvolkes werden auf den chiliastischen Zustand der Kirche so gedeutet, daß eine Freiheit von Erbsünde und Aktualsünde durchschimmert[95]. Daß das Gesetz Christi oder Gottes (Jer. 31, 33) allen Gliedern des gereinigten Gottesvolkes ins Herz geschrieben sein wird, ist auch in den längeren Artikelreihen zu lesen[96]. Doch fehlen Ausführungen über den individuellen Heilsprozeß, wie sie für Müntzer so charakteristisch sind.

8.) Die Herrlichkeit der erneuerten Gottesherrschaft in der Kirche wird größer sein als zur Zeit der Urkirche; so sagt man in Anlehnung an Agg. 2, 10 (Magna erit gloria domus istius novissimae plus quam primae). Und unter Berufung auf Ez. 36, 11 (bonisque donabo maioribus quam habuistis ab initio) schreibt man der Kirche des irdischen Vollendungszustandes größere Gottesgaben zu als der Urkirche[97]. Damit ist der künftige Gesamtzustand der Kirche gemeint, speziell ihre Reinheit nach Ausscheidung der Gottlosen. Es wird nicht zur Begründung ange-

[94] Traktat I (Goll, S. 421): Permundabit namque Christus aream suam, Matth. 3 [V. 12 par.], et omnem palmitem in Christo fructum facientem, cum malae tollentur palmites, purgabit pater, ut plus fructum afferat, Iohann. 15 [V. 2]. Ecce meritum tangit adhuc, quia cum mali male perdentur Domino veniente, vinea reddentibus fructum committetur [vgl. Mt. 21, 41]. Effundetur quippe super electos aqua munda et purgabuntur ab omnibus inquinamentis, Ezech. 36 [V. 25]. Et probati in fide, velut per ignem cum probatur aurum, apparebunt mundi in die revelationis, 1. Petri 1 [V. 7].

[95] Traktat II (Sbornik 5, S. 589): In quo regno existentibus peccatis propitiabitur et iniquitatum amplius non memorabitur [Jer. 31, 34]; quia cum de diversis terris fuerint congregati, effundetur super eos aqua munda et ablato corde lapideo novum atque carneum cor dabitur illis. Et ipsi ambulantes in praeceptis et iudicia custodientes in terra suorum patrum habitabunt et recordabunt[ur] viarum pessimarum et displicebunt eis iniquitates ipsorum [Ez. 36, 24—28.31]. Patet igitur, quod in regno hoc non erit aliquid peccatum, de quo omnia scandala eicientur [Mt. 13, 41] et ad quod nihil intrabit coinquinatum [Apc. 21, 27]. Si autem erit in aliquo parvulo aut adulto originale vel actuale peccatum, non erit in hoc regno, in quo erit pax „nec ultra audietur iniquitas in terra, vastitas et contritio in terminis suis" [Is. 60, 18]. Es folgt noch Jer. 32, 39—41. Vgl. 7er-Reihe a. 1.

[96] 76er-Reihe a. 51 (72er-Reihe a. 27): lex [72er-R. +: Christi] omnibus superscribetur in cordibus [72er-R. +: eorum] et non opus erit doctore. 91er-Reihe a. 38 [zákon boži = lex Dei].

[97] Traktat I (Goll, S. 423) in dem Abschnitt „De maiori gloria domus novissimae": ... Haec cum praecedentibus iuncta ostendunt gloriam domus novissimae maiorem plus quam primae, Aggaei 2. [V. 10], et notum faciunt, quod maioribus donis donabuntur, quam ab initio habuerunt, Ezch. 36 [V. 11]. Beide Teilgedanken in dieser Reihenfolge auch 76er-Reihe a. 48 f., 72er-Reihe a. 24 f., 7er-Reihe a. 3 f. sowie Jan Příbram, Das Leben der Taboritenpriester (Macek S. 272) und, verflochten mit anderen biblischen Wendungen, Traktat II (Sbornik 5, S. 589). Die 20er-Reihe a. 15 hat nur den ersten Teilgedanken.

führt, daß die Kirche dann in höherer Weise als in urkirchlicher Zeit mit den Gaben des heiligen Geistes (Is. 11, 2) erfüllt werden wird, die noch höher zu werten wären als die Tugendkräfte der bisherigen kirchlichen Sakramentsgnade.

9.) Die Differenzen zwischen Müntzer und den Taboriten sind bei diesem Komplex am allerdeutlichsten daran zu erkennen, daß die Taboriten zu einer räumlichen Sammlung der Auserwählten im Gebirge (vgl. Mt. 24, 16 par.) und in fünf ausgesonderten Städten (vgl. Is. 19, 18) aufrufen, während alle anderen befestigten Städte zerstört werden sollen[98]. Den Priestern wird ausdrücklich auferlegt, auch sie sollten sich mit dem Schwert oder anderen Waffen an dem Reinigungswerk beteiligen[99]. Nicht nur solche handgreiflichen programmatischen Anweisungen fallen in Müntzers neu geprägtem Chiliasmus weg, auf der anderen Seite unterbleiben auch die taboritischen Ankündigungen, daß in der gereinigten Kirche die lex gratiae dahinfallen[100], daß es keine Gotteshäuser mehr geben[101], daß eine Wassertaufe nicht mehr notwendig sein[102] und die Eucharistie als Siegesmahl und nicht mehr zum Gedächtnis des Leidens Christi oder überhaupt nicht mehr in sinnenhafter, sondern in engelhafter Weise gefeiert[103] werden wird. Hier ergeben sich für Müntzers reformatorischen Chiliasmus Akzentverschiebungen, die aus den inneren Modifikationen und aus den veränderten äußeren Konstellationen zu erklären sind. Als etwas Gemeinsames bleibt die chiliastische Purifikation der Kirche.

Ist es terminologisch angemessen, bei Müntzer von einem reformatorischen Chiliasmus oder einem chiliastischen Reformationswillen zu sprechen? War es damals historisch möglich, den Begriff der reformatio mit chiliastischen Vorstellungen zu füllen? Die Frage muß bejaht werden. Wir begegnen nicht nur bei Müntzer selber dem Begriff Reformation[104],

---

[98] 76er-Reihe a. 33–37; 72er-Reihe a. 7–11; 20er-Reihe a. 4–7 (Goll, S. 414); 91er-Reihe a. 8–14. 23.

[99] 76er-Reihe a. 32; 72er-Reihe a. 6; 20er-Reihe a. 3; vgl. 91er-Reihe a. 5.

[100] 7er-Reihe a. 7 lex gratiae ... [ein Zusatz des widersprechenden Tradenten] evacuabitur et cessabit quoad actum et executionem. 76er-Reihe a. 52; 72er-Reihe a. 28; 20er-Reihe a. 17. Vgl. 1. Cor. 13, 10: Cum autem venerit, quod perfectum est, evacuabitur quod ex parte est.

[101] 20er-Reihe a. 18 (Goll, S. 418): iam templa non erunt, Apc. 21 [V. 22]: „Dominus enim omnipotens templum illius est." Sicut enim fides et spes destruentur, sic et templa.

[102] 20er-Reihe a. 20 (Goll, S. 418): Nec tunc erit opus baptismate fluminis, quia in spiritu sancto baptisabuntur.

[103] 20er-Reihe a. 20 (Goll, S. 418): nec ibi erit sanctae eucharistiae sensibile sacramentum, quia novo modo angelico pascentur, non in memoriam passionis Christi, sed eius victoriae. 91er-Reihe a. 37.

[104] Fürstenpredigt, SuB 255, 23–26: Es ist war und [ich] weiß vorwar, das der geist Gottis itzt vilen außerwelten frumen menschen offenbart, eine

der bei ihm nach der eben vorgelegten Analyse chiliastisch geprägt ist[105]. Ebenso taucht der Begriff in den taboritischen Quellen auf, die allerdings überwiegend das Wort reparare verwenden[106]. Im chiliastischen Sinne hat das Wort reformare am Vorabend der Reformation auch der Inquisitor Jakob Lilienstayn aus dem Munde des Seniors der Böhmischen Brüder vernommen[107]. Wir haben es auf dieser Linie mit einem chiliastischen Reformationsbegriff zu tun, der sich in antirömischer Frontstellung herausgebildet hat.

Damit ist der chiliastische Gebrauch des Begriffes noch nicht erschöpft. Selbst auf der anderen, der pro-römischen Seite, kann man eine chiliastische Rede von Reformation entdecken. Giovanni Nanni, der bereits in anderem Zusammenhang erwähnt wurde[108], hat 1480 die Johannes-Apokalypse mit der Erwartung gedeutet, daß die römische Kirche in allernächster Zukunft mit einem Sieg über die Türken den Antichrist überwunden haben werde, daß danach gemäß Apc. 20 die außerchristlichen Völker den christlichen Glauben annehmen werden und daß ganz Israel sich dem Christentum zuwenden werde, und daß sodann eine in Apc. 21 und 22 angekündigte reformatio ecclesiae eintreten werde, gepaart mit einer reformatio principum laicorum. Er erwartet dabei mehr als den strukturellen Wandel der Kirche zu einer wirklich die ganze Menschheit umfassenden Kirche; die reformatio wird auch Leben und Sitten (vita et mores) erfassen[109]. Es wird also eine umfassende Reformation

---

treffliche unuberwintlich zukünfftige reformation von grossen nöthen sein, und es muß volfüret werden.

[105] Die universale Intention der „Reformation" Müntzers ist so eklatant, daß es nicht aus der Luft gegriffen ist, wenn in der 1525 anonym publizierten, von Johannes Agricola verfaßten Flugschrift „Ein nützlicher Dialog zwischen einem müntzerischen Schwärmer und einem evangelischen Bauern" (Flugschriften der Bauernkriegszeit, hg. Adolf Laube, Hans Werner Seiffert, Berlin 1975, S. 527) der Schwärmer sagt: Ey ich hing darumb so fest an yhm [scil. Müntzer], denn er sprach einmal zu mir zu Alsteth ich solt mir nicht grawen lassen, denn Gott hett yhm befolhen, er solt die gantze Christenheit reformieren.

[106] Vgl. z. B. A. 76 f., 84. Der Begriff reformatio begegnet vereinzelt: 20er-Reihe a. 18 (Goll, S. 416) und Traktat II (Sbornik 5, S. 585: Sequitur de ecclesiae reformatione et liberatione).

[107] S. o. Einleitung bei A. 32.

[108] Einleitung bei A. 27, Kap. III A. 9.

[109] Zu Apc. 21 lautet die Überschrift (Köln 1507 Bl. J3v): De reformatione ecclesiae ... ac de reformatione principum laicorum; zu Apc. 22 (Bl. L1v): De vita et moribus ecclesiae iam reformatae. Mehrmals begegnen in diesen Kapiteln die Worte reformare und reformatio. Zu Apc. 21 [vgl. V. 27] heißt es u. a. (Bl. K4r/v): destructo Gog nullus inquinatus scismate erit in ecclesia reformata neque faciens abominationem Maumethanam aut loquens mendacia Iudaica, quia omnes erunt conversi qui scripti sunt in libro fidei, ceteris cum Magog occisis ... Et ita sequitur quod ultima ecclesiae reformatio quoad mores erit instar primitivae tempore missionis spiritussancti, quinimmo melior ex-

sein, bei der sich die römisch abendländische Kirche in eine neue weltweite, chiliastisch vollendete Kirche verwandelt. Eine eingehendere Analyse dieser Reformationserwartung und eine Beantwortung der Frage, ob dieser pro-römische Chiliasmus nicht den joachitischen Ideen nähersteht als der antirömische, muß aufgespart bleiben. Es genügt zunächst zu erkennen, daß im Ausgang des Mittelalters neben dem vorherrschenden Begriff von reformatio – im Sinne einer begrenzten Reform der vorhandenen kirchlichen oder weltlichen Strukturen und Lebensordnungen – ein doppeltes chiliastisches Verständnis von reformatio möglich war. Die von Wittenberg ausgehende Reformation gab dem Begriff dann noch eine weitere Füllung: Reformation der Lehre und von ihr abhängig Reformation der kirchlichen Strukturen und Lebensordnungen, insofern sie die Reformation der Lehre verhindern; Reformation der Lehre in der Weise, daß die Vermittlung der Glaubenswahrheit ganz in das Medium der Geschichte hineingestellt wurde, während zugleich die Glaubenswahrheit selber als eine endzeitliche Wahrheit verstanden wurde.

In der Reflexion des historischen Befundes kann man fragen, ob der chiliastische Begriff von reformatio sich nicht selbst aufhebt. In den Begriff der reformatio wurde die Idee der Perfektibilität hineingetragen, die Vorstellung, daß eine Reformation die Kirche oder die Christenheit – 250 Jahre später hieß es: das Christentum – in einen Zustand bringen könnte und müßte, wo keine Reformation mehr nötig wird, wo die Christenheit keiner geschichtlichen Relativität und Widersprüchlichkeit mehr unterworfen ist. Dahinter verbirgt sich der Glaube, die Geschichte könnte an einen Punkt kommen oder gebracht werden, wo sie aufhört Geschichte des Menschen unter den bisher wirksamen fundamentalen anthropologischen Bedingungen zu sein, wo die Geschichte praktisch aufhört Geschichte zu sein. In ungeschichtlichem Wirklichkeitsverständnis wird die Reformabilität der Kirche verwechselt mit einer illusionären Perfektibilität.

---

tensive, quia non erit in ea Simon Magus et faciens iniquitatem. Et ideo reducetur ad conformitatem status innocentiae, ut uni viro exhibeatur sponsa virgo [2 Cor. 11, 2] non habens maculam neque rugam [Eph. 5, 27].

V. DIE HERRSCHAFTSGEWALT DES GOTTESVOLKES

In den Mai-Tagen des thüringischen Bauernkrieges schrieb Müntzer seinen Glaubensbrüdern in der Gemeinde zu Eisenach, die Situation deutend, jetzt werde „dye ganze welt" von Gott in besonderer Weise sehr in Bewegung gesetzt für die Erkenntnis göttlicher Wahrheit, und diese Wahrheitserkenntnis erweise sich in dem „aller ernsten eifer uber dye tyrannen" gemäß der Daniel-Prophetie (7, 27), „das die gewalt soll gegeben werden dem gemeinen volk", was ebenso im Einklang stehe mit der Ankündigung in Apc. 11, 15, „das das reych dieser welt soll Christo zustendigk sein"[1]. Parallel dazu hat er wenige Tage später „seine herzlieben Brüder der ganzen Gemeinde zu Erfurt" aufgefordert, tatkräftig mit dem Einsatz von Leuten und Waffen mitzuhelfen, um nach Gottes prophetischem Befehl in Ezechiel 34 und 39 den Kampf zur Befreiung von der „Tyrannei" zu führen. Und wieder erinnert er mit den gleichen Worten an Dan. 7, 27: „das dye gewalt sol gegeben werden dem gemeinen volck"[2]. Auch den beiden Grafen Ernst und Albrecht von Mansfeld hat er in jenen Tagen (am 12. 5.) Dan. 7, 27 zur Warnung vorgehalten, ob sie wohl noch in letzter Stunde erkennen wollten, „wie Gott die gewalt der gemeyne gegeben hat"[3]. Mit dem Rückgriff auf Dan. 7, 27 und die

[1] Br. 84, 9. 5. 1525, SuB 463, 8–13.

[2] Br. 91, 13. 5. 1525, SuB 471, 15–22. Ergänzend zu Ez. 34 [V. 25] und 39 [V. 4. 17–19] erinnert Müntzer noch an Apc. 18 [V. 6–8] und 19 [V. 17 f.], wo der gleiche Ton angeschlagen wird wie Ez. 34 und 39.

[3] Br. 88, 12. 5. 1525 an Ernst von Mansfeld, SuB 468, 25–31: Der ewigke lebendige Got hatz geheissen, dich von dem stull mit gewalt uns gegeben zu stossen [vgl. Lc. 1, 52]; dann du bist der christenheit nichts nutze, du bist ein schadlicher staubbessem der freunde Gottis. Got hat von dir und von deines gleichen gesaget, Ezechielis am 34. [V. 25] und am 39. [V. 4. 17–19], Danielis 7. [V. 27], Michee 3. [V. 1–4]. Abdias der prophet sagit [V. 4]: dein nest muß zerrischen und zerschmettert werden. Br. 89, 12. 5. 1525 an Albrecht von Mansfeld, SuB 469, 11–16 + 470, 4 f. 7 f.: Meynstu, das Gott der herr seyn unverstendlich volk nicht erregen konne, die tyrannen abzusetzen yn seynem grym, Osee am 13. [V. 10 f.] und 8. [V. 4. 10]? Hat nicht die mutter Christi aus dem heyligen geyst gered von dyr und deynes gleichen weyssagende Luce 1 [V. 52]: „Die gewaltigen hat er vom stuel gestossen und die niddrigen (die du verachst) erhaben"? ... Meynstu, das Gotte nicht mehr an seynem volk denn an euch tyrannen gelegen? ... Wiltu erkennen, Danielis 7 [V. 27], wie Gott die gewalt der gemeyne gegeben hat. Auch diesem Adressaten hat Müntzer Ez. 34 [V. 25] und 39 [V. 4. 17–19] in Kombination mit Apc. 18 [V. 6–8] und 19 [V. 17 f.]

ergänzenden Bibelstellen hat Müntzer den Bauernaufstand über die gewöhnlichen geschichtlichen Dimensionen hinausgehoben und ihm einen endgeschichtlichen Rang zugesprochen. Es handelt sich für ihn nicht um einen beliebigen Akt der Selbstbefreiung des „gemeinen Volkes" von einer Tyrannei, gar um so etwas wie die Konstitution von Demokratie im neuzeitlichen Sinne. Vielmehr ergreift das „Volk" in einer außerordentlichen Situation, was ihm von Gott „gegeben" wird[4]. So ist der Bauernaufstand ein Handeln nach Gottes Willen und Gebot für diese Stunde, kein eigenmächtiges Handeln. Und mehr noch: es ist ein Akt der endgeschichtlichen Aufrichtung der Christus- oder Gottesherrschaft auf Erden. Das „gemeine Volk" im soziologischen Sinne zu begreifen, reicht nicht zu; es ist zugleich das Gottesvolk, die „Gemeine" im christlich qualifizierten Sinne[5]. Auf der anderen Seite sind die Inhaber obrigkeitlicher Gewalt, gegen die sich der Aufstand richtet, nicht einfach nach innerweltlich politischen Maßstäben als Tyrannen verstanden. Das muß auch bei dem häufig zitierten Aufruf Müntzers an die Allstedter am Vorabend des thüringischen Bauernkrieges beachtet werden[6]. Das Tyrannische der Obrigkeiten liegt darin, daß sie Furcht vor ihrer Gewalt in einer solchen Weise erzeugen, daß diese menschliche Furcht die Gottesfurcht verdrängt und damit dem Menschen die Möglichkeit nimmt, Gottes Wort zu vernehmen. Denn Gotteserkenntnis kann nur bei der Gottesfurcht ihren Anfang nehmen[7]; sie ist unmöglich, solange die Gottesfurcht durch Menschenfurcht niedergehalten wird. Die endzeitliche Freisetzung der unvermittelten Gotteserkenntnis auf dem Boden reiner Gottesfurcht ist das Ziel der ganzen reformatorischen Aktivität Müntzers und so auch das Ziel dieses Aufrufes, dessen biblisch apokalyptische Begründung am Schluß leicht übersehen wird. Hier treten neben Dan. 7 und Ez. 34 noch drei weitere apokalyptische Texte: Mt. 24, 4. Esd. 16, Apc. 6[8]. Diese

---

zu bedenken gegeben; SuB 469, 16–470, 4 (469, 18 muß in Analogie zu 455, 20, 468, 29 und 471, 16 Ez. 34 statt 37 gelesen werden).

[4] Das „dari" von Dan. 7, 27 wird von Müntzer immer festgehalten, sofern er nicht bloß die Stelle angibt wie SuB 468, 29.

[5] SuB 470, 7 f., vgl. 328, 28 und 505, 3.

[6] Br. 75, 1525 (ca. 26./27. 4.), SuB 455, 14–19.

[7] Zu SuB 455, 16–18 vgl. 246, 23–247, 7 und 411, 22–33 mit der Anwendung von Ps. 110 (111), 10 und Prov. 1, 7!

[8] Bei Mt. 24 denkt Müntzer vermutlich an V. 48–51 oder an V. 29–31 (mit Deutung der Gestirne auf die irdischen Machthaber?) und bei Apc. 6 an V. 15–17 (vgl. SuB 329, 1). Oder muß es eigentlich heißen Apc. 11 im Gedanken an Apc. 11, 15 (vgl. SuB 463, 13)? Bei 4. Esd. 16 (so muß es entgegen SuB 455 A. 20 heißen!) hat Müntzer entweder V. 1–4 oder V. 53 oder V. 75 im Sinn. Peter Riedemann zitiert in seiner Ersten Rechenschaft (hg. Robert Friedmann: Glaubenszeugnisse oberdeutscher Taufgesinnter, Bd. 2, QFRG 34, Gütersloh 1967, S. 43, 15 ff.) in einem anderen Sinnzusammenhang aus 4. Esd. 16 V. 73 f.

biblischen Ankündigungen einer apokalyptischen Aufhebung tyrannischer Obrigkeitsgewalt müssen nach Müntzer auch die Interpretation von Rom. 13 bestimmen[9]. – Wie kommt Müntzer dazu, im Bauernaufstand ein endgeschichtliches Ereignis zu sehen, das gemeine Volk mit dem Gottesvolk als dem Träger biblischer Endzeitverheißungen zu identifizieren und den sich widersetzenden Gewalten den Charakter religiös gewerteter Tyrannei zuzuschreiben?

Die Erwartung des endgeschichtlichen Ereignisses von Dan. 7, 27 (Apc. 11, 15) hatte Müntzer schon vor 1525. Bereits im Prager Manifest läßt er sie anklingen: „yhm kortzen" werde Christus „das reich dysser welt geben seinen auserwelten in secula seculorum"[10]; die Schlußwendung muß als eine biblisch-liturgische Floskel gewertet und darf nicht so interpretiert werden, als sei der Anbruch der absoluten, himmlischen Ewigkeit gemeint. Es geht um die Herrschaft im regnum huius mundi! Mit größerer Bestimmtheit äußert Müntzer diese Erwartung im Herbst 1523 (4. 10.) in einem Brief an seinen Landesherrn Friedrich den Weisen, als er wegen seiner Allstedter Reformation mit dem Grafen Ernst von Mansfeld aneinandergeraten war und deswegen auch beim sächsischen Kurfürsten in Verruf zu kommen drohte. Wenn die Fürsten „myt menschlichen gepotten das evangelium . . . aufhalten" wollten, so werde man „das volk yrre machen"; denn eigentlich sollten nach Rom. 13, 3 f. die Frommen sich vor den Fürsten nicht fürchten müssen, weil die Fürsten die Frommen als die Guten in Schutz nehmen müssen gegenüber den Gottlosen als den Bösen. Da Müntzer die Begriffe des Guten und Bösen in Rom. 13, 3 f. gleichsetzt mit Frömmigkeit und Gottlosigkeit, und da es für ihn Frömmigkeit nur auf der Seite seines reformatorischen Evangeliums gibt, während jede Behinderung dieses Evangeliums durch menschliche Gebote dem Gottlos-Bösen Vorschub leistet, werden Fürsten, die sich der Allstedter Reformation in den Weg stellen, ihrem göttlichen Auftrag untreu. Darum wird es zu einem Umbruch kommen: den Fürsten „wirt das swert . . . genommen werden und wirt dem ynbrunstigen volke" – dem von wahrer Frömmigkeit ergriffenen Volk – „gegeben werden zum untergange der gotlosen, Danielis 7 [V. 27]; do wyrt das eddel kleynot, der fride, aufgehaben werden von der erden, apocalipsis 6: ‚Der auf dem weysen [= weißen] pferde sitzt', wil uberwinden, und es geburt yhm nicht"[11]. Woran Müntzer denkt, paßt nicht in die Begriffe von einem

---

[9] SuB 455, 21. Zu Müntzers Verständnis von Röm. 13 vgl. *C. Hinrichs*, aaO., S. 35 f.

[10] Prager Manifest b, SuB 505, 2–4. Zu der Floskel in saecula saeculorum ist auch der unten bei A. 28 erwähnte taboritische Text zu beachten.

[11] Br. 45, SuB 396, 23–397, 4. Bei der Bezugnahme auf Apc. 6 (SuB 397, 2–4) ist Müntzer anscheinend ein Versehen unterlaufen; denn von dem Reiter auf dem roten Pferd heißt es (V. 4): datum est ei ut sumeret pacem de terra, jedoch von dem Reiter auf dem weißen Pferd (V. 2): exivit vincens ut vinceret

Widerstandsrecht oder einem Revolutionsrecht des Volkes, so wenig er die öffentliche Rechtsgewalt zu rein ethischen Begriffen des Guten und Bösen in Beziehung setzt. Ein endgeschichtlicher Umbruch wird eintreten, wie er in Dan. 7, 27 angekündigt wird für den Zeitpunkt, an dem die Abfolge der Weltreiche zu ihrem Ende gekommen ist. Der von menschlichen, aber gottlosen Gewalten gesicherte Friede wird „aufgehoben werden von der Erden", wenn die Zeit apokalyptischer Gottesstrafen an den Gottlosen anbrechen wird. Indem er das seinem Landesherrn vor Augen hält, hat er noch die Hoffnung, der sächsische Kurfürst möge zur Einsicht kommen und sich nicht in seiner fürstlichen Gewalt verstocken, damit es für ihn und sein Fürstentum einen gnädigen, gütlichen Wandel gibt, wenn Christus selber die Herrschaft über die Seinen übernehmen wird: „O hochgeborner, gutiger churfurst, hye ist vliß vorzuwenden [= an den Tag zu legen], das unser heylant zur gerechten Gots [= zur Rechten Gottes] am tage seyns grimmes (wan er dye schaff selbers weyden wil und vortreiben dye wilden thyre von der herde) das ehr gnediklichen zurbreche dye kunige, ps. 109 (110) [V. 5], Ezechielis 34 [V. 23. 25]"[12].

Müntzer hat also im Herbst 1523 eine bestimmte, auf Dan. 7, 27 gestützte chiliastische Erwartung. In seinen Augen handelt Graf Ernst von Mansfeld als ein gottlos tyrannischer Fürst, wenn er seinen Untertanen den Besuch der Allstedter Gottesdienste verbietet, noch dazu ohne vorher Müntzer wegen seiner Lehre verhört und der Ketzerei überführt zu haben, wenn er sich vielmehr, was Müntzer für ungerechtfertigt hält, auf ein Mandat des Reichsregiments vom 6. 3. 1523 zur Steuerung der Reformationsbewegung beruft[13]. Will sich Friedrich der Weise nicht als ein Fürst von gleichem Geist aufführen, so soll er Müntzer „nach göttlichem Recht" verhören lassen. Denn solange Müntzer nicht in einem öffentlichen Verhör überwunden worden ist, kann er nicht zurückweichen, kann er nicht das eigene prophetische Bewußtsein preisgeben, daß er selber von Gott zum „Wächter über das Haus Israel" (Ez. 3, 17) gesetzt sei und sich unter seinem Evangelium die Auserwählten Gottes als Glieder der wahren Kirche Christi sammeln[14]. Fürsten, die mit reinen Machtgeboten das Evangelium unterdrücken und damit rechnen, daß man nur aus Furcht ihnen gehorcht, dekouvrieren sich als evan-

---

(von Müntzer sehr frei wiedergegeben: wil uberwinden, und es geburt yhm nicht).

[12] Ebd. 397, 4–8. Bei Ez. 34 kommt (statt des SuB 397 A. 29 genannten V. 10) V. 23. 25 in Frage: suscitabo super eas pastorem unum qui pascat eas, servum meum David; ipse pascet eas et ipse erit eis in pastorem ... (25) cessare faciam bestias pessimas de terra. Ps. 109 (110) V. 5: Dominus ... confregit in die irae suae reges.

[13] Ebd. 396, 17 ff. Vgl. Br. 44, 22. 9. 1523 an Ernst von Mansfeld, SuB 393 f.

[14] Br. 45, SuB 397, 9 ff.

geliumsfeindliche Machthaber, denen die prophetisch apokalyptischen Warnungen der Bibel gelten. Von apokalyptischem Endzeitbewußtsein ist alles durchdrungen: Müntzer ist überzeugt, daß sein Evangelium die Wahrheit ist, angesichts deren es zur endgeschichtlichen Scheidung kommt; einerseits sammelt Christus unter diesem Evangelium die Schar seiner Auserwählten, anderseits demaskieren sich in der Bekämpfung dieses Evangeliums die Gottlosen. Daß der Widerstand gegen das Evangelium zunächst vor allem von den Fürsten ausgeht, während das Evangelium zuerst beim Volk Glauben findet, steht für Müntzer in Entsprechung zu prophetischen und apokalyptischen Bibeltexten, in denen Gott seinem „Volk" die Befreiung von feindlichen „Fürsten" und „Königen" zusagt. Nicht alle Fürsten müssen unweigerlich gottlos, evangeliumsfeindlich sein. Müntzer hält es bei seinem Landesherrn oder auch bei anderen Fürsten durchaus für möglich, daß sie von der Wahrheit des Evangeliums überzeugt werden und dann dem Evangelium nichts mehr in den Weg legen, sondern — wie er 1524 in seiner „Fürstenpredigt" dem Bruder des Kurfürsten und seinem Sohn aufs Gewissen bindet — selber alles für das Evangelium und die Gemeinde der Auserwählten einsetzen, und zwar auch mit Waffengewalt gegen die Gottlosen zu kämpfen bereit sind[15]. Sie werden nicht mehr Fürsten sein, die ihre Herrschaft auf Furcht gründen.

Im Spätsommer 1524 verteidigt Müntzer in seiner Hochverursachten Schutzrede seine Sätze der Fürstenpredigt, „daß ein gantze gemayn gewalt des schwertz hab wie auch den schlüssel der auflösung" (d. h. der Absolution), und verweist dazu erneut auf Dan. 7, 27 (+ 18)[16]. Auch seien die Fürsten nicht Herren, sondern Diener des Schwertes; „sye sollens nicht machen, wie es yenen wol gefellet, Dtn. 17 [V. 18 ff.], sye sollen recht thůn." Um die Schwertgewalt der Gemeinde zu rechtfertigen, rekurriert Müntzer dann auf den alten Rechtsbrauch, daß eine ordnungsgemäße Urteilssprechung die Anwesenheit des Volkes erfordert; denn falls „die oberkait das urteyl wölte verkeren, Esaie 10 [V. 17 f.], so söllen dye umbsteenden christen das verneynen und nit leyden, dann Got wil rechenschafft haben vom unschuldigen blůt, Ps. 78 (79) [V. 10]"[17].

[15] SuB 261, 18 f.; vgl. Br. 57, 22. 7. 1524 an Hans Zeiß, SuB 417, 23—25 im Hinblick auf die reformationsfeindlichen Obrigkeiten: Dan es ist clerlich am tage, das sye vom christenglauben ganz und gar nichts halten. Do hat yhr gewalt auch eyn ende, sye wyrt in kurzer zeyt dem gemeinen volk gegeben werden.

[16] SuB 328, 27—329, 4 (die beiden Nebensätze sind parallelgeschaltet: a) „daß ein gantze gemayn gewalt des schwertz habe" etc.; b) „daß die fürsten keine herren, sonder diener des schwerts sein" etc.). Zu dem Verweis auf 1. Reg. 8 beim ersten Nebensatz vgl. Entblößung SuB 284, 32 ff. und Br. 41 B, 18. 7. 1523 an die Stolberger, SuB 22, 32 ff.; beide Male wird damit Os. 13, 11 kombiniert (s. o. A. 3).

[17] SuB 329, 6—9.

Der Rechtsbrauch ist verbindlich, weil er sich mit einer Forderung des biblischen Gottesgesetzes in Num. 15 deckt[18]. Da das alte Recht in dieser Sache mit dem biblischen Gottesrecht übereinstimmt, ist gewährleistet, daß der alte Rechtsbrauch nach Gottes Willen ist. Was aber Gottes Wille fordert, das wird im zukünftigen Vollendungszustand der Christenheit seine uneingeschränkte Erfüllung finden. Dieser Zustand wird alles in sich aufnehmen, was vom alten Recht im Einklang mit dem göttlichen Recht gefordert wird. Müntzers Rekurs auf das alte Recht ist deshalb kein Fremdkörper, sondern ein echter Bestandteil in seinen chiliastischen Zukunftsvorstellungen. Im alten Rechtsbrauch und dementsprechend im Rechtsbewußtsein des gemeinen Volkes sind seines Erachtens Forderungen lebendig, die mit göttlichem Recht übereinstimmen und somit einerseits nicht in Mitleidenschaft gezogen worden sind durch den Einbruch von Sünde, Unrecht und Gottlosigkeit in die Menschheitsgeschichte und anderseits im endgeschichtlichen Vollendungszustand ungetrübt zur Geltung kommen werden.

Für Müntzers Zeitbewußtsein spitzt sich die Situation „jetzt" zu auf die große apokalyptische Wende, in der Gott den gottlosen Fürsten das Schwert entreißen und die Schwertgewalt dem gläubigen Volk übergeben wird, damit das Gottesvolk zum Vollzug von Gottes Zorn die Gottlosen vernichten kann. Ein anderes Bild für dasselbe Ereignis besagt, Christus werde, wenn die tyrannischen Fürsten durch Gottes Zorn vom Stuhl gestürzt sind (vgl. Lc. 1, 52), selber unmittelbar über die Seinen die Herrschaft ausüben, was zugleich bedeutet, daß er seinen Auserwählten eine unverrückbare Herrschaft überträgt. Beides — unmittelbare Christusherrschaft (vgl. Apc. 11, 15) und Herrschaft der Auserwählten (vgl. Dan. 7, 27) — liegt im chiliastischen Zustand ineinander. Nach dem Grundzug von Müntzers Vorstellungswelt darf man nicht davon ausgehen, daß etwa Christus in individuell leiblicher Personhaftigkeit die irdisch vollendete Herrschaft innehat, sondern der Christus des ewigen, lebendigen Gotteswortes wird herrschen, indem er sich unvermittelt den Auserwählten mitteilt. Und die Auserwählten wiederum üben ihre vollkommene Herrschaft aus, indem sie, geleitet vom lebendigen Gotteswort, den unwandelbaren Gotteswillen vollstrecken, keinen Gottlosen mehr über das Gottesvolk regieren lassen und überhaupt das Gottesvolk von aller Gottlosigkeit reinigen. Nur in einem reinen Gottesvolk kann durch die Herrschaft der Erwählten die unvermittelte Christusherrschaft sich verwirklichen. Hier wirkt sich aus, daß Müntzer so sehr die Einheit zwischen Christus als dem Haupt und den Auserwählten als den Gliedern seines

---

[18] Ebd. SuB 329, 4—6: Darumb můß auch auß altem gůtem brauch das volck darneben sein, wenn einer recht verrichtet wirdt nach dem gesetz Gottes, Num. 15. Der ganze Abschnitt Num. 15, 32—36 ist zu berücksichtigen.

Gemeinschaftsleibes betont, indem er die Idee vom corpus Christi mysticum mit ungewöhnlichen Akzenten der Heilsverwirklichung versieht[19].

Hat Müntzer Dan. 7, 27 und verwandte Stellen wirklich chiliastisch verstanden oder werden etwa diese Bibelstellen im größeren Kontext seiner Gedanken unchiliastisch ausgedeutet? Darauf ist zu antworten: Alle seine Aussagen im Umkreis seiner Erwähnungen von Dan. 7, 27 etc. bewegen sich in einem Einklang mit diesen apokalyptischen Bibelstellen; nirgendwo kritisiert Müntzer ein chiliastisches Verständnis der von ihm angeführten Bibelstellen; nirgendwo distanziert er sich von chiliastischen Vorstellungen überhaupt. Nur eine gewaltsame Exegese kann aus Müntzers Sätzen etwas herauslesen, was dem chiliastischen Tenor seiner Schriftzeugnisse widersprechen könnte. Die begründende Funktion der Bibelstellen innerhalb von Müntzers Darlegungen kann aber nicht geleugnet, nur übersehen werden. Ein unchiliastisches oder gar antichiliastisches Verständnis der Schriftstellen hätte von ihm zumindest angedeutet, wenn nicht offen ausgesprochen werden müssen. Das ist jedoch nicht der Fall.

Die in Dan. 7, 27 sich bündelnden Erwartungen haben zusammen mit der chiliastischen Deutung dieser Stelle in der geschichtlichen Überlieferung einen starken Rückhalt bei den Taboriten. Alle drei langen Artikelreihen enthalten den Satz, daß im chiliastischen regnum reparatum die Gläubigen sich keinen König mehr wählen werden — ad vindictam malorum, laudem vero bonorum (1. Pt. 2, 14) —, weil der Herr allein regieren und die Herrschaft dem Volk übergeben werden wird. Eine weltliche Obrigkeit mit dem Auftrag, die Übeltäter zu strafen und die Rechtschaffenen zu belohnen, wird nicht mehr nötig sein, da ja alle Übeltäter aus der Gemeinschaft der Vollkommenen ausgeschlossen sein werden[20].

---

[19] Br. 46, 2. 12. 1523 an Hans Zeiß, SuB 397, 21 ff.

[20] 20er-Reihe a. 11 (Goll, S. 415): in adventu Christi isto secundo ante diem iudicii cessabunt reges et principes ac omnes ecclesiarum praelati, nec erit in regno sic reparato tributum et exactor [vgl. Is. 14, 4], quia filii Dei „calcabunt colla regum“ [Dtn. 33, 29, Jos. 10, 24] et omnia regna sub caelo dabuntur eis, Sapiencie 7. [lies: Danielis 7, V. 27]. 76er-Reihe a. 47 (ohne bemerkenswerte Abweichungen 72er-Reihe a. 23): quod modo non licet fidelibus regni regem sibi fidelem ad vindictam malorum, laudem vero bonorum [1. Pt. 2, 14] eligere pro eo, quia solus Dominus regnabit et regnum tradetur populo terrae [sinngemäß müßte es lauten: regnum terrae tradetur populo]. 91er-Reihe a. 31; Chronik der Taboritenpriester (Macek S. 68). Jan Příbram, Das Leben der Taboritenpriester (Macek S. 265): Item, daß alle von Gott Erwählten mit dem Herrn Christus sichtbar und deutlich 1000 Jahre auf der Erde als Könige herrschen werden. Ebd. (Macek S. 270): Item predigten sie, daß es sich nicht mehr zieme, einen König zu ernennen, nicht einmal sich ihn zu wählen; denn Gott, der Herr, will schon selbst über die Menschen herrschen, und die Königsherrschaft soll dem Volk insgemein übergeben werden. Das belegten sie mit dem Propheten Daniel [7, 27].

Omnis principatus et saecularis dominatio cessabit[21]. Im Zusammenhang damit wird gemäß der Logik der Sache unter Aufnahme von Is. 14, 4 auch angekündigt, daß es keinen Tribut und keinen Eintreiber mehr geben wird[22].

Es überrascht nicht, wenn der Wegfall von Obrigkeiten auf die kirchlichen Vorgesetzten ausgedehnt wird[23]. In derselben Quelle, wo das geschieht, wird ausdrücklich auf die Verheißung von Dan. 7 (V. 27) hingewiesen, während die Wende beim Eintritt des neuen Zustandes als Analogon zur israelitischen Landnahme angedeutet wird: die Gottessöhne werden ihre Füße auf den Nacken der Könige setzen[24]. Die Landnahme präfiguriert, was auch bei Müntzer einmal anklingt[25], die universale Herrschaftsübernahme durch das Gottesvolk.

Der taboritische Traktat II behandelt in einem eigenen Abschnitt den Anbruch der universalen Christus-Herrschaft, die sich als Herrschaft des Gottesvolkes realisiert. Für die weltweite Christusherrschaft werden außer Apc. 11, 15 noch Zach. 14, 9 und Obadja V. 8 als Schriftzeugnisse herangezogen[26]. Daß aber die in Christus verfaßte Universalherrschaft Gott den Christen nach deren reparatio anvertrauen wird, findet der anonyme Traktat-Autor in Dan. 7 (V. 22. 26—27) bezeugt[27]. Auf Dan. 7,

---

21 76er-Reihe a. 46; 72er-Reihe a. 22; vgl. 91er-Reihe a. 40.

22 76er-Reihe a. 46; 72er-Reihe a. 22; 20er-Reihe a. 11 (s. o. A. 20); 7er-Reihe a. 6; 91er-Reihe a. 40. Traktat I (Goll, S. 422): „Reges“ enim „ministrabunt“ eis et „gens, quae non servierit illis, peribit“, Isaiae 60 [V. 10. 12]. Exactor cessabit, quiescet tributum, Isaiae 14 [V. 4]. — Is. 14, 4 (Quomodo cessavit exactor, quievit tributum?) wird von Müntzer nicht angeführt.

23 20er-Reihe a. 11 (s. o. A. 20). Traktat I (Goll, S. 420).

24 20er-Reihe a. 11 (s. o. A. 20). Vgl. Traktat I (Goll, S. 424): scriptum est: „daboque terram tibi et semini tuo peregrinationis tuae omnem terram Canaan in possessionem aeternam, eroque Dominus eorum“, Gen. 27 [lies: 17, V. 8] et item Daniel. 7 [V. 27]: „regnum quod subter omne caelum est, detur populo sanctorum.“

25 Fürstenpredigt, SuB 261, 9 ff.

26 Traktat II (Sbornik 5, S. 587): Christus Dominus, qui dixit ante Pilatum [Joh. 18, 36]: „nunc autem regnum meum non est hic [Vulg.: hinc]“, ex fide est regnaturus, quemadmodum scriptum est [Zach. 14, 9]: „et erit Dominus rex super omnem terram“, et item [Abd. V. 8]: „et erit Domino regnum.“ Unde et Johannes [Apc. 11, 15]: „et factum est regnum huius mundi regnum Domini nostri Jesu Christi“, pro quo oramus in Mattheo [6, 10], quod necdum generaliter advenit. Unde de eo apostoli etiam [post] resurrectionem quaestionem faciebant [Act. 1, 6].

27 Ebd.: Hoc [scil. regnum] post reparationem electorum „pusillo gregi dare pater complacuit“ hic in terra [Lc. 12, 32], quemadmodum scriptum est [Dan. 7, 22. 26 f.]: „et tempus advenit et regnum obtinuerunt sancti“, et infra: „et iudicium sedebit, ut auferatur potentia et conteratur et dispareat [Vulg.: dispereat] usque in finem, regnum autem et potestas et magnitudo regni, quae est super [lies mit Vulg.: subter] omne caelum, detur populo sanctorum altissimi.“ Unde et Apostolus [1. Cor. 15, 25]: „oportet illum regnare“, inquit etc. [ergänze: „donec ponat omnes inimicos sub pedibus eius“].

27 nimmt der Traktat II noch einmal Bezug, wenn er gleich anschließend die Frage nach der Dauer der vollendeten irdischen Christus-Herrschaft stellt und mit Lc. 1, 32, Is. 9, 7 und Dan. 7, 27 diesem künftigen regnum eine nicht menschlicher Berechnung unterworfene und insofern unbegrenzte Dauer (in aeternum, sempiternum) zuschreibt[28].

Für die Taboriten steht die endzeitliche Geschichtswende im Zeichen der vindicta, des Strafgerichtes, das Gott selbst durch seine Heiligen an den Feinden des Gottesvolkes vollstrecken läßt. Haben die Gottlosen das Gottesvolk mit Füßen getreten, vor allem in der von Gott bemessenen Zeit der antichristlichen Bedrängnis, so werden sie dann selber sich den Heiligen unterwerfen müssen. Sie werden erniedrigt werden zum Fußschemel für die endzeitlichen Heiligen, die gewissermaßen die „Füße" sind an dem geistlichen Leibe Christi[29]. Darum heißt es in dem Traktat I: Reges enim ministrabunt eis et gens, quae non servierit illis, peribit; Is. 60 [V. 10.12][30].

Die Verfolgung der Auserwählten wird ein Ende nehmen; das erwähnen die meisten Artikelreihen[31]. Diese Erwartung wird getragen von dem Gedanken der Einheit Christi mit seinem geistlichen Leib. Die Leiden Christi und seiner Glieder gehören zusammen, sie haben ihr eigenes Maß zu erfüllen. Möglicherweise hat man sich auf das pseudo-paulinische Wort Col. 1, 24 gestützt: adimpleo ea, quae desunt passionum Christi, in carne mea pro corpore eius, quod est ecclesia[32]. — Im Blick auf Müntzer und gerade hinsichtlich seiner Kreuzestheologie ist die bei den Taboriten anzutreffende Auffassung vom Gemeinschaftsleib Christi be-

---

[28] Ebd. S. 588.

[29] Traktat I (Goll, S. 423): Iam laetabuntur videntes vindictam, immo et vindictam facientes, Lucae 19 [18 (!), V. 7 f.]. Quoniam illi, qui calcaverunt ecclesiam mensibus 42, Apoc. 11 [V. 9. 11], erunt „pedibus" i. e. novissimis sanctis, in scandalum [lies: scabellum; vgl. Ps. 109 (110), 1 und dessen mehrfache neutestamentliche Zitation: donec ponam inimicos tuos scabellum pedum tuorum].

[30] Traktat I (Goll, S. 422).

[31] 76er-Reihe a. 45 (72er-Reihe a. 21): quod in supradicto regno Christi sicut praemittitur, per praedictas plagas reparato, nulla erit amodo [72er-R.: omnino] hominibus [72er-R.: in omnibus] viantibus persecutio, quod omnis Christi persecutio et passio membrorum eius [cessabit; vgl. 72er-R.: Christi passio et membrorum cessabit]. 20er-Reihe a. 11: electi non ulterius patientur persecutionem sed reddent retributionem; ebd. a. 12: omnes erunt electi filii Dei, omnes passiones Christi et membrorum eius cessabunt. 7er-Reihe a. 2. Traktat I (Goll, S. 417): postquam completae fuerint omnes passiones Christi a spiritu sancto per prophetas praedictae, tunc in tota domo generaliter, et non ante posteriores gloriae prophetatae [1. Pt. 1, 11] apparebunt.

[32] Ausdrücklich wird in den vorliegenden Taboritentexten nicht auf Col. 1, 24 Bezug genommen, jedoch bei Müntzer in einer grundsätzlichen Äußerung Br. 46, 2. 12. 1523 an Hans Zeiß, SuB 397, 31 ff.: vgl. die Marginalie zu Protestation § 12, SuB 234, 15 ff.

merkenswert. Wie bei Christus, dem Haupt, auf die Leiden der Sieg gefolgt ist, so wird es auch bei seinen Gliedern sein, und zwar in der irdischen Realität eines Kollektivzustandes[33].

Obgleich Müntzer den Wegfall von Zins und Fron nicht direkt voraussagt, darf man in dieser Frage keinen Gegensatz zwischen ihm und den Taboriten vermuten. Er hat zwar bei seinem Bund, dem Zusammenschluß der Auserwählten, die Freiheit von Fronleistungen nicht zum ausgesprochenen Programmpunkt gemacht[34], doch muß man dabei das seelsorgerliche Interesse Müntzers beachten, mit dem er die Belange des gemeinen Mannes bedacht hat. Es war ihm daran gelegen, daß die Forderungen und Erwartungen des gemeinen Mannes nicht von Eigennützigkeit motiviert sind, sondern von der Idee der Gottesherrschaft[35]. Er hatte gewiß nicht im Sinn, einen Kompromiß auf der Grundlage des bisherigen Zustandes der Christenheit herbeizuführen. Wenn es in der von Grund auf erneuerten Christenheit noch so etwas wie Frondienste gibt, dann können das nicht mehr von tyrannischer Gewalt erzwungene Dienste sein, sondern nur freiwillige, selbstverständliche Leistungen zu gemeinem Nutzen. Das verträgt sich mit seinem grundsätzlichen Urteil, daß Wucher, Schoß und Zinsen den Glauben verhindern[36], weil eben mit Gewalt eingetriebene Abgaben mit Menschenfurcht und der Sorge verkettet sind, ob sich diese Leistungen ohne Gefährdung des täglichen Auskommens werden aufbringen lassen, während auf der anderen Seite der tyrannische Zinsherr bei seinen Ansprüchen nur auf sein Recht pocht, das er in seiner Macht nach Willkür handhabt[37], und selbstzufrieden in seinem Wohlleben den Bauch für seinen Gott (Phil. 3, 19) hält. Die

---

[33] Traktat I (Goll, S. 417), s. o. A. 31. Die gloria des Vollendungszustandes wird in allen Texten in unterschiedlichem Zusammenhang erwähnt.

[34] Br. 59, 25. 7. 1524 an Hans Zeiß, SuB 422, 28–34: Auch muste das sunderlich der fronden halben ym bunde hoch vorfasset werden, das dye bundgenossen nit dorfen denken, das sye durch das solten gefreyet werden, yren tyrannen nichts zu geben, sundern sollen sich halten, wye der son Gottis mit Petro than hat, Matth. am 17. [V. 24–27], auf das etliche bose menschen nit dorfen gedenken, das wyr uns umb der creaturn willen zu behalten vorbunden hetten. Vgl. Br. 66 B [August 1524] an die Allstedter, SuB 434, 11–13: wisset yhr doch wol, [ergänze: daß] das eynscreyben widder keine herschaft angericht, allein widder dye unvorschempte tyranney. Ich teile die Ansicht von *Rolf Dismer,* aaO. A. 3 zu S. 82, daß die SuB 434, 11 vorgenommene Konjektur: meyn schreyben statt: eynscreyben verfehlt ist, weil Müntzer das Einschreiben in das Bundesregister meint (vgl. Bekenntnis, in der Güte a. 6, SuB 545, 6–8: Ist dye verbuntnus widder dye, so das ewangelium verfolget, gewest, und das register, so dye bundgenossen eyngeschriben, haben dye zwene obengenant bey sich gehapt.).

[35] Vgl. SuB 303, 29 ff., 462, 2 f., 473, 9 ff.

[36] Entblößung, SuB 303, 20–22: es kan vor dem wůcher und vorm schoß und zinsen niemandt zum glauben kumen.

[37] Schutzrede, SuB 329, 9–11.

Wurzel in den Mißverhältnissen der Abgabepflichten sieht Müntzer in den Eigentumsansprüchen der grundbesitzenden Herren „an allen Kreaturen", zunächst an dem „Gewächs auf Erden", nämlich an Wald und Wiesen, dann an Vögeln und Fischen und schließlich, wenn er es auch nicht ausdrücklich nennt, an Jagdwild in Feld und Wald[38]. Unter dieser Voraussetzung können Müntzers Vorstellungen von den künftig nach Gottes ewigem Willen geordneten Lebensverhältnissen nur dahin gehen, daß die „Kreaturen" allen gemeinsam gehören[39]. Das ist Bestandteil jener Freiheit, die das Gottesvolk erlangen wird, wenn es, der gottlosen Obrigkeiten entledigt, unter einer unmittelbaren Gottesherrschaft leben wird, so daß „das reine Wort Gottes aufgehen" kann[40].

Man könnte auch geneigt sein, den Satz „die Kreaturen müssen frei werden" direkt auf die Freigabe von Gewächs, Wild, Vögeln und Fischen[41] zum Allgemeinbesitz und damit auf das Ende tyrannischer Abgabeforderungen zu beziehen. Eine solche Freiheitshoffnung lassen die taboritischen Quellen durchschimmern. Man hofft, gestützt auf Is. 62, 8 f., Gott werde sein Getreide und seinen Wein „befreien", so daß nur jene, die das Getreide geerntet, es auch verzehren und nur jene, die den

---

[38] Ebd. 329, 18–26.

[39] Bekenntnis, peinlich a. 8, SuB 548, 14–16.

[40] Br. 91, 13. 5. 1525 an die Erfurter, SuB 471, 22–24: Es beczeugen fast alle ortheyl in der schrifft, das dye creaturn mussen frey werden, sol sunst das reyne wort Gottis auffgehn. Schutzrede, SuB 343, 13 f.: das volck wirdt frey werden und Got will allayn der herr daruber sein. – Daß ein chiliastischer Zustand der Lebensverhältnisse eintreten wird, wenn die Christenheit sich ausschließlich auf das lebendige, geisthafte Gotteswort gründet, deutet auch der neben Müntzer in Allstedt tätige und von ihm beeinflußte Prediger Simon Haferitz an; Sermon vom Fest der heiligen drei Könige, 1524, Bl. b1v: wo die rechte christenheit mit dem lebenden wort gotis erbawet wirt / do kan die Herodische welt mit all yrer tyranney und wollust nit bestehn / sonder do muß fallen aller abgottischer gotisdinst durch falsche Pfaffen und bischoffe auffgericht. Do wirt auch ein ende nemen alles wucher / schinden / schaben / unkeuscheit / mörderey etc. und alle wollust der welt zugrundt gehn. Ja man darff wider [= weder] stürmen nach [= noch] schiessen / wider messer nach schwert rügken / wider büchssen nach hellebarten brengen / sonder das lebendige wort gottis / wilchs die freund gotis mit hocher verwunderung werden empfahen / wirt aller welt wollust zu bodem stossem. Unklar bleibt hier, ob „Tyrannei und Wollust" im entscheidenden Akt der Konstituierung der rechten Christenheit mittels der Schwertgewalt zu Boden gestoßen werden sollen (so Müntzer, SuB 261, 5 ff.), oder ob sie unter der Macht des lebendigen Gotteswortes „ohne Hand zerbrochen" werden (Dan. 8, 25), was Luther als einzige Wirkungsweise des Gotteswortes anerkannt wissen wollte. (WA 8, 677, 20 ff., 683, 12, WA 10 II, 140, 23 ff.; WA 11, 378, 31 ff. u. ö.).

[41] Vgl. Schutzrede, SuB 329, 18–21: die grundtsuppe des wůchers, der dieberey und rauberey sein unser herrn und fürsten, nemen alle creaturen zum aygenthumb. Die visch im wasser, die vögel im lufft, das gewechß auff erden můß alles ir sein, Esaie. 5 [V. 8]. Vgl. Kap. VI A. 65 das Zitat aus den 12 Artikeln der Bauernschaft.

Wein in der Weinlese eingesammelt haben, ihn auch trinken werden. Dann werde die Schöpfung nicht mehr der Nichtigkeit unterworfen sein (Rom. 8, 20). Das wird im Traktat II mit einem Fortbestehen der heilsnotwendigen Sakramente, speziell des Eucharistiesakramentes, in Zusammenhang gebracht. Denn bei solcher Freiheit der Kreaturen wird man Brot und Wein in den Vorhöfen von Gottes Heiligtum (Is. 62, 9) genießen, wird Gott über seinen neuen Schöpfungsgütern loben und des Vergangenen nicht mehr gedenken[42]. Die Eucharistie wird dann nicht mehr ad memoriam passionis Christi gefeiert werden, sondern ad memoriam victoriae Christi. Die Gerechten des Herrn werden voll Freude sein, weil sie nach der Zeit der Leiden den Sieg Christi im Untergang der Sünder erlebt haben[43]. Der Ausblick der synoptischen Abendmahlsberichte auf eine neue Mahlgemeinschaft mit dem Herrn in einem zukünftigen Regnum wird mit den chiliastischen Vorstellungen verbunden, wobei die endzeitliche Geschichtswende von der gegenwärtigen Leidenszeit zur künftigen Freudenzeit auch in diesem eucharistischen Kontext im Zeichen der vindicta steht.

Den chiliastischen Vorstellungen Müntzers und der Taboriten, die mit der Erfüllung von Dan. 7, 27 und Apc. 11, 15 zusammenhängen, kann noch schärfere Kontur gegeben werden durch die Feststellung, daß die Übernahme der Herrschaftsgewalt durch die Gemeinde der Erwählten auf die Wiederherstellung der Herrschaftsverhältnisse des Urstandes hinausläuft. In der logischen Verknüpfung mit dem vorigen Kapitel heißt das: Wenn die Christenheit von allem Bösen gereinigt ist, treten die Herrschaftsverhältnisse des Urstandes wieder ein und umgekehrt müssen

---

[42] Traktat II (Sbornik 5, S. 590 f.): in tempore suo liberabit triticum suum et vinum suum et non dabit illud comedere filiorum inimicis, prout iuravit in Isaia [62, 8 f.], sed tantum qui congregant illud, comedent et laudabunt Dominum, et qui comportant illud, bibent in atriis sanctis eius ... Unum tantum comedent et bibent modo novo in exultatione, priorum immemores, quae recedent, nec ultra illorum recordabuntur – unde [Is. 43, 18]: „ne memineritis priorum et antiqua ne intuemini“ – sed „gaudebunt et exultabunt usque in sempiternum in hiis“ novis, „quae creantur“ [Is. 65, 18]. Vgl. ebd. (S. 589): apostoli ... gloriam futuram mirabilem expectabant, paratam in novissimo tempore in nobis revelari, cui non possunt condignae praesentes comparari passiones, in qua omnes creaturae a servitute liberabuntur corruptionis [Rom. 8, 18. 21]. – Die Idee des Gemeineigentums ist in den Artikelreihen nur in der 91er-Reihe a. 24 ausgesprochen. In den erzählenden Quellen wird sie teilweise wohl im Hinblick auf die Splittergruppe der Adamiten vergröbert; Chronik der Taboritenpriester (Macek S. 68); Jan Příbram, Das Leben der Taboritenpriester (Macek S. 265).

[43] Traktat II (Sbornik 5, S. 591): non facient hoc ad memoriam passionis Christi, ut facere consueverant, sed ob memoriam victoriae Christi. 20er-Reihe a. 20: nec ibi erit sanctae eucharistiae sensibile sacramentum, quia novo modo angelico pascentur, non in memoriam passionis Christi, sed eius victoriae. 91er-Reihe a. 37.

sie, wenn gottlose Tyrannen die Purifikation der Christenheit zu verhindern suchen, „mit füglicher Empörung“[44] herbeigeführt werden, damit die Christenheit wirklich in den Zustand ihrer Reinheit versetzt wird. Eine Differenzierung zwischen Christus-Gemeinde und den menschlichen Gemeinschaften wird von Müntzer in der Opposition gegen Luther letztlich aus dem Grunde abgelehnt, weil die Christus-Gemeinde erst dann ihre Identität gefunden hat, wenn noch unter irdischen Bedingungen die universale Christus-Gemeinde alle menschlichen Gemeinschaftsverhältnisse in den ursprünglichen status integritatis zurückverwandelt. Christus bringt die Glieder seines geistlichen Leibes durch die Erfüllung des göttlichen Gesetzeswillens wieder in die ursprünglichen Gemeinschaftsverhältnisse. Weil die Auserwählten durch Christus objektiv gerecht gemacht werden, wird in der purifizierten Christenheit die Gottesentfremdung des Menschen bis in die Konsequenzen des irdischen Lebens aufgehoben. Die theologische Problematik liegt an den Wurzeln, im Verständnis von Sünde und Gottesentfremdung sowie im Verständnis der Heilsbedeutung Christi.

Das mittelalterliche Einheitsverständnis des Geistlichen und des Weltlichen wird in diesem Chiliasmus auf die Spitze getrieben. Von der Christenheit als dem geistlichen Leib Christi sollen alle weltlichen Gemeinschaftsverhältnisse erfaßt sein; die ecclesia ist die societas perfecta im universalen und exklusiven Sinne. Der Gemeinschaftsleib Christi manifestiert sich in einer ungebrochenen Identität und Integrität des Geistlichen und Weltlichen; die Christus-Gemeinde ist im Besitz sowohl der Absolutions- als auch der Schwertgewalt. Im Unterschied zur Bulle Unam Sanctam Bonifaz' VIII. (1302), die ebenfalls auf der Idee des einen Gemeinschaftsleibes Christi fußt, gibt es im chiliastischen Gottesvolk weder Repräsentation noch Delegation der geistlichen und weltlichen Gewalt. Die neuplatonisch areopagitischen Strukturen hierarchischer Gewaltenvermittlung sind ausgeschlossen. Im chiliastischen Gemeinschaftsleib Christi haben alle Glieder unmittelbar Anteil an der weltlichen wie an der geistlichen Gewalt. Hier können und müssen alle Mittelinstanzen dahinfallen.

Als das Antichristliche ist in gewissen spätmittelalterlichen Überlieferungen, die auch Müntzer beeinflußt haben können, gerade die mittelalterliche zwiespältige Verquickung von geistlicher und weltlicher Gewalt, von Papsttum und Kaisertum angesehen worden[45]. Müntzers Antichrist-Vorstellung ist im einzelnen schwer durchschaubar; doch scheinen mir Anzeichen dafür vorhanden zu sein, daß er zumindest strecken-

[44] Schutzrede, SuB 335, 26.

[45] Peter Chelčický († 1460) war ein wichtiger Vertreter dieser Ansicht im böhmischen Überlieferungsraum.

weise diese Antichrist-Vorstellung geteilt hat[46]. Im Gegensatz zum regnum Antichristi soll es im etablierten regnum Christi keine zwiespältige Verquickung der beiden Gewalten mehr geben, sondern ungeschiedene Einheit. Die sündlose Integrität der gereinigten Christenheit ermöglicht die Identität des Geistlichen und des Weltlichen.

In den Reflexionen mittelalterlicher Theologen über den Urstand werden die Herrschafts- und Besitzverhältnisse ungefähr in den Grundstrukturen gezeichnet, wie sie von Müntzer und den Taboriten für die gereinigte Christenheit entworfen werden. Ich ziehe zur Erläuterung vor allem die Summa theologica des Alexander Halesius heran. Aus Gen. 1, 26 und 28 wird die Herrschaft, das dominium des Menschen über die belebte und unbelebte Schöpfung abgeleitet. Die Herrschaft erstreckt sich in erster Linie auf das Recht, die Schöpfung in Besitz und Gebrauch zu nehmen zum eigenen Nutzen und nach eigenem Belieben: dicitur quis dominari alicui creaturae, cum super eam habet ius in possidendo et eadem uti potest pro voto in sua utilitate et commodo, ita quod nihil ipsius rei utibilis adversetur voluntati utentis[47]. Der Definition des Herrschaftsrechtes als eines Besitzrechtes scheint der im Urstand verwirklichte Grundsatz des Naturrechtes vom Allgemeinbesitz aller Dinge zu widersprechen. Isidor von Sevilla († 636) hatte in einer für das Mittelalter maßgeblichen Umschreibung des ius naturale unter dessen Bestandteilen die communis omnium possessio genannt[48]. Mit Rücksicht auf diesen Grundsatz des Naturrechts wird aus dem ursprünglichen Besitzrecht des Menschen an den Kreaturen ein Eigentumsrecht eines einzelnen ausgeschieden. Die Herrschaft über die Kreaturen ist nicht Adam als einem einzelnen für sich übertragen worden. Wäre er nicht in Sünde gefallen, so hätte er das Herrschaftsrecht nicht nur für sich behalten, sondern seinen Nachkommen wäre es mit zugefallen, allerdings unter Wahrung eines Vorranges für Adam, wovon noch unter dem Gesichtspunkt der ursprünglichen zwischenmenschlichen Herrschaftsverhältnisse zu reden sein wird. Das Besitzrecht an den Kreaturen sollte sich demnach auf alle Glieder der menschlichen Gemeinschaft in einem untereinander ge-

46 Fürstenpredigt, SuB 256, 5 ff. die Charakteristik des 5. Reiches, „das wir vor augen haben, das auch von eysen ist und wolte gern zwingen, aber es ist mit kothe [= Ton] geflickt ... eytell anschlege der heucheley ... Do haben sich die reich des teufels mit tone beschmiret.

47 Alexander Halesius STh 1 II n. 523 co. Nach diesem weiten Verständnis von dominium ist auch die unbelebte Kreatur dem Menschen unterworfen; ebd.: hoc modo homo dominabatur creaturis insensibilibus, quae homini deserviebant in suis actibus, et homo sine repugnantia et difficultate poterat eis uti valde libere.

48 Isidor von Sevilla, Etymologiae 5 c. 4 n. 1; an beherrschender Stelle in das Decretum Gratiani aufgenommen, D. 1 c. 7 (Corpus Iuris Canonici, ed. 2. Lipsiensis, hg. E. L. Richter, E. Friedberg, 1879, Bd. 1, Sp. 2).

ordneten Wollen erstrecken[49]. Es sollte ebenso sehr in sich schließen, daß der Mensch über die Kreaturen Gewalt hat, wie daß er sie in seinen fürsorglichen Schutz nimmt[50]; so hatte sich Hugo von St. Victor geäußert: Quae propter hominem creata erant, ab illo regenda et disponenda erant; curam etenim boum et providentiam ceterorumque animalium Deus homini reliquit, ut dominationi illius subicerentur et ratione illius regerentur, ut a quibus debuerat obsequium accipere, sciret etiam illis necessaria providere[51].

War in den Verhältnissen des Urstandes eine Herrschaft des Menschen über andere Menschen mitgesetzt, wenn doch das ius naturale die Bestimmung der unteilbaren Freiheit aller – omnium una libertas – enthält[52]? Die Antwort der mittelalterlichen Theologie besagt: zu den Urstandsverhältnissen gehört keine Herrschaft des Menschen über andere nach Art eines Besitzrechtes und einer Verfügung über den Willen eines anderen. Vorausgesetzt werden aber Relationen von Vorrang und Würde einerseits und Verehrung und Gehorsam anderseits auf Grund von Herkunft, Alter, Wissen, Tüchtigkeit. Wie man jemanden schon wegen eines solchen Vorranges „Herr" nennt, kann entsprechend weit gefaßt von zwischenmenschlicher Herrschaft gesprochen werden[53]. Gehorsam geschieht dann aus Achtung vor dem Vorrang des anderen und in Freiheit, in einem Verhältnis der Freiwilligkeit und Zuneigung innerhalb der gegebenen Abstufungen von Alter, Wissen und Tüchtigkeit[54]. Dieses

[49] Alexander Halesius STh 1 II n. 522 ad 1: illud dominium in nullo praeiudicabat illi communioni [scil. der communis omnium possessio]. Non enim datum fuit hoc dominium solummodo homini primo, sed illi et posteris eius, si stetissent, illi tamen tamquam primo et principali patrifamilias in domo generis humani; unde unusquisque usus fuisset illis secundum beneplacitum voluntatis ordinatae.

[50] Alexander Halesius ebd. mit Berufung auf das oben folgende Zitat aus Hugo: Dominium illud non fuit proprietatis possessoriae, sed praesidentiae potestativae et providentiae regitivae.

[51] Hugo von St. Victor, De sacramentis fidei 1 p. 6 c. 13, MPL 176, 271, zitiert von Alexander Halesius STh 1 II n. 522 co.

[52] Isidor von Sevilla, Etymologiae 5 c. 4 n. 1 (s. o. A. 48), zitiert von Alexander Halesius STh 1 II n. 521 arg. a.

[53] Alexander Halesius STh 1 II n. 521 co: ... dominium praelationis sive praeexcellentiae dignitatis, quae est digna veneratione et obsequio, vel ratione scientiae vel virtutis, et hoc modo loquendo maiores a minoribus „domini" appellantur. Vgl. zum Ganzen Thomas STh I q. 96 a. 4; Bonaventura Sent. 2 d. 44 a. 2 q. 2.

[54] Alexander Halesius STh 1 II n. 521 co: Hoc modo duplici sumendi dominium dupliciter dicitur servitus respondens, scil. obsequium reverentiae et libertatis, et ab hac servitute nomine extenso dicitur servus, qui maiori se ex liberalitate et amore obsequium exhibet honoris et ministerii. Aus Augustin Super Gen. (3, 16) ad litteram 11 c. 37, MPL 34, 450 wird die Unterscheidung zwischen servitus liberalitatis sive dilectionis und servitus contradictionis sive violentiae abgeleitet.

Herrschafts- und Dienstverhältnis kennt keine Menschenfurcht, während schon die ursprüngliche Herrschaft des Menschen über die Kreaturen Furcht der Tiere vor den Menschen eingeschlossen hat. Furcht der Menschen voreinander hätte im Widerspruch gestanden zu ihrer ursprünglichen Gleichheit[55].

In einem konstitutiven Verhältnis der Unterordnung hat sich der Mensch im Urstand nur gegenüber Gott befunden; zu ihm hatten aber alle Menschen ein Verhältnis der Unmittelbarkeit. An Gott allein sollte der Mensch in freiwilligem Gehorsam sein Bonum haben, Grund und Ziel seines Lebens. Alles andere war zur Unterordnung unter den Menschen geschaffen, nicht damit der Mensch hier sein Bonum suchen sollte[56].

Ein zwischenmenschliches Herrschaftsverhältnis erzwungenen Gehorsams und inneren Widersprechens ist erst die Folge der Sünde des Menschen in seiner Abkehr von Gott; es ist eine Strafe, die Gott mit demselben Gesetzeswillen verhängt, mit dem er den Menschen auf die natürliche Ordnung verpflichtet hatte. Nullus natura, in qua prius Deus hominem condidit, servus est hominis aut peccati. Verum et poenalis servitus ea lege ordinatur, quae naturalem ordinem conservari iubet, perturbari vetat; quia si contra eam legem non esset factum, nihil esset poenali servitute coercendum[57].

Unter diesen Voraussetzungen mittelalterlicher Theologie ist es begreiflich, daß im Chiliasmus Müntzers ein Zustand anvisiert ist, dessen Hauptbestimmung die Freiheit des Menschen von Menschenfurcht und die unmittelbare Bindung des Menschen an Gott in der Gottesfurcht ist. Daß Müntzer darauf am meisten bestanden hat, erweist seinen theologischen Ansatz auch in diesem Bereich. Angesichts der traditionellen Bestimmungen über gewisse zwischenmenschliche Vorrangverhältnisse im Urstand ist es nun erklärlich, daß Müntzer in der Zeit des Bauernauf-

---

[55] Alexander Halesius STh 1 II n. 521 arg. c: Gregorius (Moral. 16 c. 15 n. 23. 22, MPL 76, 203) et habetur in Glossa (ordinaria) super illud Gen. 9, 2 „Terror ac tremor vester sit super cuncta animalia“: „Homo non rationabilibus, sed irrationabilibus praelatus est natura; ideo dicitur ei ut ab animalibus, non ab hominibus, timeatur; quia contra naturam superbire est ab aequalibus velle timeri; omnes ergo homines natura aequales genuit.“

[56] Alexander Halesius STh 1 II n. 521 ad 3 (in Anlehnung an Hugo von St. Victor De sacramentis fidei 1 p. 6 c. 6, MPL 176, 268): solus Deus erat bonum hominis, quem cultus obsequio erat assecuturus.

[57] Augustin, De civitate Dei 19 c. 15; zitiert von Alexander Halesius STh 1 II n. 521 co. Aus demselben Kapitel von De civitate Dei zitieren Alexander Halesius (STh 1 II n. 521 arg. b), Thomas (STh I q. 96 arg. 1) und verkürzt Bonaventura (Sent. 2 d. 44 a. 2 q. 2 arg. b) noch den Satz: Rationalem factum ad imaginem suam noluit nisi irrationabilibus dominari; non hominem homini, sed hominem pecori.

standes einzelnen Adligen noch einen Ehrenrang zubilligen[58] und sich gegen eine uneingeschränkte Verweigerung von Frondiensten[59] wenden konnte. Um die Freiheit von Menschenfurcht ging es ihm ebenso sehr wie um die Freiheit von Eigennutz. Von denen, die noch einen gewissen Vorrang haben sollten, konnte man im Sinne augustinischer Gedanken über den Urstand fordern, daß sie selbstloses Ratgeben und väterliche Fürsorge für ihre Aufgabe ansehen. In domo iusti viventis ex fide et adhuc ab illa caelesti civitate peregrinantis etiam qui imperant serviunt eis, quibus videntur imperare. Neque enim dominandi cupiditate imperant, sed officio consulendi, nec principandi superbia, sed providendi misericordia. Das hatte Augustin geschrieben (De civitate Dei 19 c. 14 Ende) und hatte hinzugefügt (c. 15 Anfang): Hoc naturalis ordo praescribit, ita Deus hominem condidit[60]. Unter diesen theologischen Voraussetzungen mußte Müntzer nicht den Sturz aller Fürsten fordern, sondern nur der gottlosen; bei den christlichen Fürsten, die womöglich noch in letzter Minute[61] zu einem ungetichten Glauben durchstießen und davon Rechenschaft zu geben wußten, war für ihn darin eingeschlossen, daß sie als echte Glieder der Christus-Gemeinschaft handeln und ihr Obrigkeitsamt nur noch gemäß dem ordo naturalis handhaben würden. So erklärt sich mir Müntzers werbendes oder warnendes oder aggressives Verhalten zu den verschiedenen Obrigkeiten in den Jahren 1523–25. In der Christenheit, die sich nun durchweg in den status integritatis erheben sollte, sollten sich die Herrschafts- und Besitzverhältnisse des Urstandes erneuern. Unter gewaltsamer Ausscheidung der Gottlosigkeit mußte das überall dort geschehen, wo man in dieser Zeit der Entscheidung in Verstocktheit verharrte. Die Forderung nach gemeinschaftlichem Güterbesitz hingegen mußte Müntzer nicht betont propagieren, weil es ihm vielmehr auf die chiliastische Vollendung der Christenheit im ganzen ankam. Eine Verwirklichung der communis omnium possessio als eines Bestandteiles des Naturrechts war dann gewissermaßen selbstverständlich, so daß die Aussage im Verhör, man habe das „Omnia sunt communia“ [vgl. Act. 2, 44 f.; 4, 32–35] „uff dye wege richten wollen“[62],

[58] Bekenntnis, in der Güte a. 5, SuB 545, 1 f.: das dye fursten mit 8, eyn grave mit 4 und eyn edel man mit 2 pferden reyten sol und daruber nit. Vgl. A. z. St.

[59] S. o. A. 34.

[60] Alexander Halesius STh 1 II n. 521 arg. 1 zitiert das als ein zusammenhängendes Stück; vgl. Thomas STh I q. 96 a. 4 co. Alexander ebd. ad 1 erläutert: verbo illo non exprimitur hominem conditum ut homini dominetur, proprie sumendo dominium, sed notantur duo in omni statu convenire parenti sive praelato respectu inferioris, scil. officium instructionis ... et condescensus benignitatis.

[61] So hat Müntzer seine beiden Briefe an die Grafen Ernst und Albrecht von Mansfeld am 12. 5. 1525 „zur bekerunge geschrieben“; Br. 88 f., SuB 467 ff.

[62] Bekenntnis, peinlich a. 8, SuB 548, 14 f.; vgl. [Johannes Agricola] Ein

nicht überrascht. Eine Berufung auf die Apostelgeschichte brauchte für Müntzer nicht von Gewicht zu sein, da sein Ziel im ganzen über die Wiederherstellung urchristlicher Zustände hinausging.

Bei der Suche nach den Quellen für die Forderung der Gütergemeinschaft bei den Münsterischen Täufern ist Hans von Schubert auf eine jahrhundertealte Überlieferung gestoßen[63]. Schon zur Zeit der Alten Kirche war in den pseudo-clementinischen Texten die in platonischem, pythagoreischem und stoischem Gedankengut auftauchende Maxime der Gütergemeinschaft unter gleichgesinnten Freunden christlich verbrämt und ihre Verwirklichung in der Jerusalemer Urgemeinde auf Grund von Act. 2, 44 und 4, 32 ff. angenommen worden. Das ist in der frühmittelalterlichen Fälschung der pseudo-isidorischen Dekretalen mit der Übernahme pseudo-clementinischer Texte erneut aufgegriffen, aber auf den Mönchs- und Priesterstand eingeschränkt worden[64]. Da diese pseudoisidorischen Texte dann in das Decretum Gratiani eingingen, wurden sie zum Bestandteil der allgemein anerkannten Überlieferung des kanonischen Rechts[65]. Im Blick auf Sebastian Franck und die Täufer von Münster hat Hans von Schubert dargelegt, wie die mittelalterliche Beschränkung der Gütergemeinschaftsmaxime auf den Mönchs- und Priesterstand in der Situation des 16. Jahrhunderts aufgebrochen werden konnte, weil man die pseudo-clementinischen oder pseudo-isidorischen Texte in Allgemeingültigkeit verstand, und weil man im Verlangen nach einer Kirchenreform das vermeintliche Vorbild der Urgemeinde für nachvollziehbar hielt oder sogar auf einen chiliastischen Zustand hindrängte. Dabei konnten noch humanistische Geschichtsbetrachtung auf der einen und

---

nützlicher Dialog zwischen einem müntzerischen Schwärmer und einem evangelischen Bauern; aaO. S. 519: hatt doch Gott alle zeitliche gutter gemein gemacht. [Philipp Melanchthon] Die Historie Thomas Müntzers, ebd. S. 535: Er leret auch das alle guter gemeyn solten seyn, wie in Actis Apostolorum [2, 44 f.] geschriben steet, das sie die guter zusamen gethon haben. Hans Hut, Ain Christliche Unterrichtung, Bl. B3r (s. o. Kap. I A. 64): Da ist alles gemain / nichts aigens Act. 2 [V. 44], 3 [V. 21?], 4 [V. 32].

[63] *Hans von Schubert,* Der Kommunismus der Wiedertäufer in Münster und seine Quellen, SHAW-PH 10, 1919, 11. Abh.

[64] Es handelt sich um einen gefälschten 5. (nach anderer Zählung 4.) Brief, der dem Clemens von Rom zugeschrieben wurde und im Zusammenhang der pseudoisidorischen Fälschung entstand (Decretales Pseudo-Isidorianae, ed. Paul Hinschius, Leipzig 1863, S. 65 f.). Sein hier interessierender 1. Teil basiert auf den altkirchlichen pseudo-clementinischen Recognitionen (10, 5). Eine pseudoisidorische Fälschung mit gleichem Interesse ist ein Urban I. untergeschobener Brief (Decretales Pseudo-Isidorianae, S. 143 ff.).

[65] Decretum Gratiani p. 2 C. 12 (nicht 13, wie Hans von Schubert S. 42 angibt) q. 1 c. 2 (Richter-Friedberg 1, 676 f.); vgl. ebd. c. 9 (Richter-Friedberg 1, 679) den angeblichen Text Urbans I. und c. 8 (Richter-Friedberg 1, 678) ein authentisches Briefstück Gregors I.

mystisches Wirklichkeitsverständnis auf der anderen Seite stimulierend wirken.

Es muß nun aber wenigstens darauf hingewiesen werden, daß schon im Bereich des Hussitismus die pseudo-clementinische (bzw. pseudo-isidorische) Forderung des communis usus omnium und das Vorbild urchristlicher Gütergemeinschaft für eine antirömische Kirchenkritik in Anspruch genommen wurde. So hat Nikolaus von Dresden, um der Kirche seiner Zeit vorzuhalten, wie sie vom echten apostolischen Zustand abgeglitten ist, den Kontrast sowohl mit den bekannten biblischen Zeugnissen über die ecclesia primitiva (Act. 2, 1–4.46, 4, 32) als auch mit Texten des Corpus Iuris Canonici gezeichnet. Unter die ersten Stücke der Kirchenrechtsüberlieferung stellte er die mit apostolischer Autorität auftretende pseudo-clementinische Aufforderung zur Gütergemeinschaft[66]. Es bleibt noch zu erkunden, inwieweit sonst noch in den hussitischen (und möglicherweise schon in den wyclifitischen) Kreisen das Reformverlangen nach einer Armutsgestalt der Kirche neben der Apostelgeschichte den beachtenswerten pseudo-clementinischen Text sich zu eigen gemacht hat, einen Text, in dem auch die Vorstellung enthalten ist, daß der usus communis aller Güter in einem ursprünglichen Zustand bei allen Menschen bestanden hat, und daß erst durch iniquitas Besitzansprüche aufgekommen sind und dadurch Trennung unter den Menschen entstanden ist.

Noch eine weitere Überlegung muß kurz berührt werden. Im Hinblick auf eine chiliastische Aufhebung des ius humanum zugunsten einer ausschließlichen Geltung des ius divinum oder des ius naturale ist zweierlei von Gewicht. Erstens zählte nach allgemeiner mittelalterlicher Ansicht zu den Grundsätzen des ius naturale (in Kongruenz mit dem ius divi-

[66] Consuetudo et ritus primitivae ecclesiae et modernae seu derivativae, hg. Howard Kaminsky u. a.: Master Nicholas of Dresden: The old color and the new. Selected Works Contrasting the Primitive Church and the Roman Church, TAPhS, N.S. vol. 55 part 1, Philadelphia 1965, S. (5–86) 66–85. Die Schrift ist aus dem Jahre 1417. In Teil I § 7 (S. 67) wird der pseudo-clementinische Text nach Decretum Gratiani p. 1 C. 12 q. 1 c. 1 zitiert: ... Communis vita omnibus est necessaria, fratres, et maxime hiis, qui Deo irreprehensibiliter militare cupiunt et vitam apostolorum eorumque discipulorum imitari volunt. Communis enim usus omnium, quae sunt in hoc mundo, omnibus esse hominibus debuit, sed per iniquitatem alius hoc dixit esse suum, et alius istud, et sic inter mortales facta est divisio. [Einige folgende Sätze läßt Nikolaus von Dresden aus.] Quapropter haec vobis cavenda mandamus, et doctrinis et exemplis apostolorum oboedire praecipimus, quia hii qui eorum mandata postponunt non solum rei sed etiam extorres fiunt. Quae non solum vobis cavenda, sed etiam omnibus praedicanda sunt. – Auf Deutsch als Exzerpt aus Sebastian Franck bietet der hutterische Taufgesinnte Peter Walpot (1519–1578) den pseudo-clementinischen Text; Das große Artikelbuch (1577) a. 3 § 147, in: Glaubenszeugnisse oberdeutscher Taufgesinnter, Bd. 2, hg. Robert Friedmann, QFRG 34, Gütersloh 1967, S. 235 f.

num) sowohl der Gütergemeinbesitz (communis omnium possessio) als auch die gemeinsame Freiheit aller Menschen (omnium una libertas), d. h. die unmittelbare Bindung aller Menschen an Gottes eigenen unwandelbaren Gesetzeswillen unter Ausschluß menschlicher Gesetzesgewalt, mit anderen Worten die Bindung aller Menschen an Gott in der reinen Gottesfurcht unter Ausschluß aller Menschenfurcht[67]. Nach der scholastischen Urstandslehre waren beide Grundsätze im ursprünglichen Zustand der Menschheit verwirklicht. Zweitens ist von Belang, daß die Realisierungsmöglichkeit dieser beiden Grundsätze auch nach dem Sündenfall nicht prinzipiell bestritten wurde. Und das wiederum aus einem doppelten Grunde. Zum einen konnte man das Axiom der Unwandelbarkeit des ius naturale in seiner Übereinstimmung mit dem ius divinum nur einschränken, nicht völlig in Frage stellen, da von vornherein dem Zustand vor dem Sündenfall gleicher, quasi geschichtlicher Wirklichkeitscharakter zugeschrieben wurde wie dem Zustand nach dem Sündenfall. Darin, daß es post lapsum generell unmöglich ist, die beiden uns hier interessierenden Naturrechtsforderungen zu verwirklichen, weil Gott durch menschliches Recht Eigentums- und Herrschaftsrechte legitimiert, sah man eine strafende und erzieherische Maßnahme Gottes, hervorgerufen durch den Sündenfall[68]. Hier liegen Schwächen vor im mittelalterlichen Verständnis der Fundamentalsünde, deren radikalere Betrachtung in der reformatorischen Theologie den Sinn hatte, den Begrenzungshorizont der geschichtlichen Möglichkeiten des Menschen im ganzen eindeutiger zu bestimmen.

Zum anderen wurde der Ansicht Nahrung gegeben, daß sogar noch nach dem Sündenfall, wenngleich nur kurze Zeit, ein von menschlicher Gesetzgebung freier Zustand fortbestanden habe. Augustin hatte in der Auseinandersetzung mit den Donatisten, als beide Parteien sich gegenseitig ihre öffentlichen Vermögensansprüche streitig machten, Äußerungen getan, die isoliert den Eindruck erwecken konnten, es gäbe eine echte geschichtliche Möglichkeit für einen Zustand, in welchem die im ius humanum begründeten Eigentumsansprüche nicht vorhanden sind. Unter der Überschrift „Iure divino omnia sunt communia omnibus; iure vero constitutionis hoc meum, illud alterius est“ zitierte das Decretum Gratiani auf einer seiner ersten Seiten[69] einen von Augustin selber ganz mit Zustimmung zu den kaiserlichen Vermögensgesetzen abgefaßten Passus[70], wo nun zu lesen war: Divinum ius in scripturis divinis habemus, humanum in legibus regum. Unde quisque possidet, quod

[67] S. o. A. 55 f. und Kap. VI A. 59. Aufschlußreich ist der Traktat des Alexander Halesius De lege naturali, STh III n. 241—258 mit den beiden Erörterungen: Utrum de lege naturali sit communis omnium possessio (n. 257), Utrum de lege naturali sit omnium una libertas (n. 258).

[68] Vgl. Alexander Halesius STh III n. 247.

[69] D. 8 c. 1 (Richter-Friedberg 1, 12 f.).

[70] In Ev. Joh. 1, 32 f. tr. 6 n. 25.

possidet? Nonne iure humano? Nam iure divino „Domini est terra et plenitudo eius“ [Ps. 23 (24), 1]. Pauperes et divites Deus de uno limo fecit, et pauperes et divites una terra supportat. Iure ergo humano dicitur: haec villa mea est, haec domus mea est, hic servus meus est. Iura autem humana iura imperatorum sunt; quare? Quia ipsa iura humana per imperatores et reges saeculi Deus distribuit generi humano. Tolle iura imperatoris, et quis audet dicere: haec villa mea est, meus est iste servus, haec domus mea est? . . . Per iura regum possidentur possessiones. Dixisti, quid mihi et regi? Noli dicere possessiones tuas, quia ipsa iura renuntiasti humana, quibus possidentur possessiones[71]. Gratian selber suggerierte im Kontext seiner grundlegenden Aufstellungen über die verschiedenen Rechtsgenera die Vorstellung, daß das ius consuetudinis, das den Grundbestand des ius humanum bildet, erst nach der Sintflut unter dem tyrannischen Nimrod (Gen. 10, 8 ff.) seinen eigentlichen Anfang genommen hat, nachdem es anfänglich vor der Sintflut bei Cains Städtebau aufgekommen war[72]. Nimrod, der sagenhafte Gründer Babylons und Erbauer des babylonischen Turms, war in den Augen des Mittelalters der Urtyp des Tyrannen, der andere unterdrückt[73]. Wenn die Bibel (Gen.

---

[71] Nikolaus von Dresden, Consuetudo et ritus primitivae ecclesiae et modernae, p. I § 6 (hg. H. Kaminsky, S. 67) hat dieses Stück ebenfalls aus dem Corpus Iuris Canonici exzerpiert, aber noch mehr gekürzt, indem er sich auf den 3.–5. und den 8.–11. Satz der obigen Wiedergabe beschränkte. In noch stärkerer Verkürzung begegnet der Augustin-Text bei Alexander Halesius STh III n. 257 arg. 1. Vgl. die Augustin-Zitation bei Peter Walpot, Das große Artikelbuch a. 3 § 147 (hg. R. Friedmann, S. 236), wo außer der obigen Stelle noch – mit dem Satz: „Und aus göttlichen rechten sollen alle ding gmain sein“ – Augustin ep. 93 (vet. 48) n. 50, CSEL 34, 493, 15 ff. frei verwendet wird; auch diese Augustin-Stelle steht im Corpus Iuris Canonici (Decretum Gratiani p. 2 C. 23 q. 7 c. 1, Richter-Friedberg 1, 950).

[72] Dictum Gratiani D. 6 c. 3, Richter-Friedberg 1, 11: Naturale ergo ius ab exordio rationalis creaturae incipiens, ut supra dictum est, manet immobile. Ius vero consuetudinis post naturalem legem exordium habuit, ex quo homines convenientes in unum coeperunt simul habitare; quod ex eo tempore factum creditur, ex quo Cain civitatem aedificasse legitur [Gen. 4, 17], quod cum diluvio propter hominum raritatem fere videatur exstinctum, postea postmodum a tempore Nemroth reparatum sive potius immutatum existimatur, cum ipse simul cum aliis alios coepit opprimere; alii sua imbecillitate eorum ditioni coeperunt esse subiecti, unde legitur de eo [Gen. 10, 9]: „Coepit Nemroth esse robustus venator coram Domino“, i.e. hominum oppressor et exstinctor; quos ad turrim aedificandam allexit. – Auf Gratian basieren offenbar auch Sebastian Francks Nimrod-Vorstellungen; vgl. *H. von Schubert*, Der Kommunismus der Wiedertäufer in Münster und seine Quellen, S. 14. Es lag nahe, Gratians Äußerung über den Ursprung des ius consuetudinis unter Nimrod mit jenem kurz danach bei Gratian zu lesenden Augustin-Text zu kombinieren, in welchem die partikularen Besitzansprüche auf die iura imperatorum zurückgeführt werden (s. o. bei A. 69 f.).

[73] Isidor von Sevilla, Etymologiae 7 c. 6 n. 22: Nembroth interpretatur

10, 9) ihn einen „gewaltigen Jäger" nennt, so wurde das im Anschluß an Gratian auf eine Unterdrückung der Armen bezogen, und Unterdrückung wurde mit dem Ausdruck venatio oppressiva belegt im Unterschied zur Tierjagd in der Arena oder auf freier Wildbahn im Wald[74]. Das wirft ein Licht auf Müntzers Neigung, kirchliche oder weltliche Machthaber mit Nimrod zu apostrophieren, um sie dadurch als „tyrannisch" zu kennzeichnen[75].

Die von Gratian gestützte Einschätzung des ius humanum sozusagen als eines Nimrod-Produktes konnte der chiliastischen Idee Vorschub leisten, das Heil wolle sich innerzeitlich dergestalt vollenden, daß die Herrschafts- und Besitzverhältnisse nur noch vom unwandelbaren ius naturale oder divinum und nicht mehr vom „tyrannischen" ius humanum bestimmt werden. Das in Christus verkörperte Heil wird dabei für die Erneuerung jenes ursprünglichen Heils gehalten, welches bei Adam — in bezug auf die Rechtsordnungen womöglich sogar bis auf Nimrod — schon in einer ersten innerzeitlichen Form Realität gewesen ist. Bei Müntzer liegt dieses chiliastische Heilsverständnis vor, wenn er die Zeit des irdisch vollendeten Heils für gekommen hält, so daß das Gottesvolk die Herrschaftsgewalt übernehmen kann, da jetzt bei einer Vielzahl von Auserwählten, vor allem auch einfachen Leuten, die vollkommene, geisthaft unvermittelte Heilserfahrung sich eingestellt hat. Daß wir Müntzers Heilsvorstellung so aufzufassen haben, wird sich nun noch in der Analyse seiner Rede von der „Ordnung" im Verhältnis des Menschen zu Gott und den Kreaturen bestätigen.

---

tyrannus. Iste enim prior arripuit insuetam in populo tyrannidem, et ipse adgressus est adversus Deum impietatis aedificare turrem. Vgl. ebd. 15 c. 1 n. 4.

[74] Gabriel Biel, Sent. 4 d. 16 q. 4 dub. 2 U (entlehnt aus Alexander Halesius STh IV q. 109 m. 1, der sich auf die oben genannte Gratian-Stelle zurückbezieht): triplex venatio [oppressiva, arenaria, saltuosa] ... oppressiva est qua opprimuntur pauperes, de qua Gen. 10, 9 „...", i. e. hominum oppressor et exactor. Vgl. Luther WA 8, 475, 27 561, 28; 24, 221 f.; 42, 400 ff.; WAB 2, 408, 86.

[75] Prager Manifest b, SuB 497, 17 (mit A. 46!); Br. 72 an Anhänger in Allstedt, März 1525, SuB 451, 19 f.: Die falschen Propheten mit yrem Nimrot yn kurzer zeit schwimmen mossen [scil. im feurigen Pfuhl von Apc. 19, 20 20, 10]. Br. 75 an die Allstedter 1525 [ca. 26./27. 4.], SuB 455, 15 f.: Schmidet pinkepanke auf den anbossen Nymroths, werfet ihne den thorm zu bodem! Vgl. die Notiz der Chronik der Stadt Mühlhausen (zitiert SuB 571, A. 1), derzufolge Müntzer und Pfeiffer nach Heiligenstadt schrieben, „man sollte ihnen aller pfaffen und edelleute (die sie Baals und Nimrods geschlecht nannten) güter aus der stadt geben".

VI. RÜCKKEHR DES MENSCHEN IN DAS URSPRÜNGLICHE VERHÄLTNIS ZU GOTT UND DEN KREATUREN

In den Kreis der chiliastischen Vorstellungen Müntzers soll nun noch seine Rede von der Ordnung Gottes und der Kreaturen einbezogen werden, obwohl gerade an diesem Punkte H.-J. Goertz die Abhängigkeit Müntzers von der Mystik verankert gesehen hat[1]. Zugegeben, in den mir bekannten taboritischen Texten begegnet nicht dieser Begriff der Ordnung. Doch bin ich der Meinung, daß der von Müntzer gemeinte Sachverhalt sich, richtig verstanden, sehr wohl in seine chiliastischen Vorstellungen einfügt, während die Zusammenhänge mit der Mystik an diesem Punkte keineswegs so evident sind, wie angenommen worden ist. Wie in anderen Dingen, so muß Müntzer auch hier zunächst einmal so sorgfältig, wie nur irgend möglich, aus sich selbst interpretiert werden unter Beachtung der im Kontext auftauchenden biblischen Verweise[2]. Erst dann kann der Frage nach den Überlieferungszusammenhängen nachgegangen werden. Der Begriff der Ordnung, des ordo, ist ein viel zu komplexer Begriff, als daß man unbesehen vom bloßen Wortgebrauch auf bestimmte Vorstellungstraditionen schließen dürfte.

Die Stelle des Prager Manifestes, von der Goertz und Rochler[3] ausgehen, ist nicht sprechend genug, um der Interpretation die Richtung zu weisen. Aussagekräftiger ist eine Passage in der Ausgedrückten Entblößung. In der handschriftlichen Fassung, dem „Gezeugnis des 1. Cap. des Euangelion Lucae“, schreibt Müntzer: „Ich sag es euch, ir lieben bruder, es ist mir nit zu verschweigen, ich wolt ehr heiden, Turcken und Juden underrichten von der besizung Gottes uber uns und von unser uber die creaturen, dan uns cristen.“[4] Den elementaren, von den Heiden, Türken

[1] *Hans-Jürgen Goertz*, Innere und äußere Ordnung in der Theologie Thomas Müntzers, Leiden 1967. *Ders.:* Der Mystiker mit dem Hammer. Die theologische Begründung der Revolution bei Thomas Müntzer, in: KuD 20, 1974, S. 23–53. *Wolfgang Rochler*, Ordnungsbegriff und Gottesgedanke bei Thomas Müntzer. Ein Beitrag zur Frage „Müntzer und die Mystik“, in: ZKG 85, 1974, S. 369–382.

[2] Die exegetische Verankerung in Gen. 1 erkannte schon *Rolf Dismer*, aaO., S. 7–17.

[3] SuB 491, 12 (vgl. 496, 11; 505, 16) und 494, 7 (vgl. 504, 12; 510, 3). *H.-J. Goertz*, Innere und äußere Ordnung, S. 40 f. *W. Rochler*, ZKG 85, 1974, S. 372 f.

[4] SuB 314, 3–11. Entgegen der Auffassung von Carl Hinrichs (Hg.): Tho-

und Juden eher als von den Christen verstandenen Inhalt seiner Lehre sieht Müntzer also in einem doppelten Besitzverhältnis, der „Besitzung" Gottes über uns und unserer „Besitzung" über die Kreaturen. Diese Bemerkung ist in der Druckfassung von Müntzer in dem Sinne erweitert worden, daß man von dem doppelten Besitzverhältnis Rechenschaft zu geben weiß, indem man „von Gott und seiner Ordnung" redet, und zwar „mit dem allergeringsten Wort"[5]. Denn bei den Christen habe er die Erfahrung gemacht, daß er von seinen Widersachern der Schwärmerei bezichtigt wurde, wenn er, freundlich vermahnend, auf den Anfang der Bibel hingewiesen habe, damit man Einsicht in das doppelte Besitzverhältnis gewönne[6]. Wer aber den Anfang der Bibel, d. h. Gen. 1[7], „nicht recht lernen" wolle, der werde „weder Gott noch Creaturen recht (zum Preis seines rechten Namens) verstehen und verordnen"[8]. Der Mensch muß also Gott und die Kreaturen „recht verstehen und verordnen"; er muß sich zu ihnen dank zutreffender Erkenntnis in das richtige Verhältnis setzen; das ist jenes doppelte Besitzverhältnis. Dafür hat Gen. 1 Müntzer zum Schlüssel gedient. Daß ihm gerade wegen seiner Deutung von Gen. 1 Schwärmerei vorgeworfen worden sei, liegt für uns im dunkeln, da uns bis jetzt nichts bekannt ist von Diskussionen über Gen. 1 zwischen Müntzer und irgendwelchen Kontrahenten[9]. Was Müntzer mit dem Begriff der Ordnung in bezug auf Gott und die Kreaturen meint, muß folglich einerseits durch sein Verständnis von Gen. 1, anderseits durch seine Anspielungen auf ein doppeltes Besitzverhältnis des Menschen eruiert werden. Dann wird zu prüfen sein, ob auf dieser Basis auch die Stellen verständlich werden, an denen Müntzer den Begriff Ordnung ohne ausdrückliche Verknüpfung mit Gen. 1 oder dem doppelten Besitzverhältnis verwendet.

Es klingt sehr grundsätzlich, bleibt aber im einzelnen unerklärt, wenn

---

mas Müntzer, Politische Schriften mit Kommentar, Halle 1950, S. 30, und Günther Franz (SuB 266) ist das „Gezeugnis" die ursprüngliche Fassung, der Müntzer für den Druck dann die erweiterte Gestalt der „Entblößung" gegeben hat.

[5] SuB 314, 3–10 (die beiden Verben „zu reden" und „zu rechnen" stehen parallel).

[6] SuB 314, 10–25.

[7] „Anfang" darf SuB 314, 22 f. und 327, 1 nicht von „anfassen" abgeleitet werden, wie das Franz SuB 314 A. 292 a und 327 A. 102 tut, verleitet durch die irrtümliche Kommentierung der 2. Stelle bei C. Hinrichs (Hg.): Thomas Müntzer, Politische Schriften, S. 78 zu Z. 123.

[8] SuB 314, 26–31: Drumb sag ich, wölt ir den anfang der biblien nit recht lernen, so werdt ir weder Got noch creaturn recht (zum preyß seynes rechten namens) verstehen und verordnen. — Im Gezeugnis muß sinngemäß Z. 27 die Negation „nit" ergänzt werden. Statt des Doppelausdrucks „verstehen und verordnen" steht hier nur das Verb „vernehmen".

[9] Schon das Gezeugnis hat die kurze Bemerkung, SuB 314, 21–26: Wan ich ein wort davon sage, so spricht man, der mensch schwermet.

Müntzer in seiner Hochverursachten Schutzrede behauptet, er errege bei Luther gerade dadurch Anstoß, daß er wegen der „Ordnung" des 1. Kapitels der Bibel „nach der Reinigkeit göttlichen Gesetzes" „strebe" und — gestützt auf alle Aussagen der Schrift — Klarheit schaffen wolle über das Erfülltwerden mit dem Geist der Furcht Gottes, also über jene messianische Verheißung von Is. 11, 2: replebit eum (den Sproß aus der Wurzel Jesse) spiritus timoris Domini[10]. Inwiefern konnte Gen. 1 Müntzer dazu dienen, auf der Reinheit des göttlichen Gesetzes zu insistieren? Welche gedankliche Beziehung bestand für ihn zwischen Gen. 1 und dem von ihm herangezogenen Ps. 18 (19), der in V. 8 a die Reinheit von Gottes Gesetz erwähnt (Lex Domini immaculata convertens animas)? In den uns erhaltenen Schriften hat sich Müntzer nirgendwo sonst über eine Verklammerung von Gen. 1 und Ps. 18 geäußert. Ps. 18 gehört aber zu den von ihm am häufigsten erwähnten Psalmen, über den er sich auch in einer eigenen kleinen Auslegung in seinem Brief an Christoph Meinhard vom 30. 5. 1524 ausgelassen hat[11]. Im Kontext dieses Psalms wird auch die Furcht Gottes gerühmt, V. 10 a: Timor Domini sanctus permanens in saeculum saeculi. Dem „Geist der rechten reinen Furcht Gottes" wird nach Müntzers Interpretation von Ps. 18 durch das Gesetz Gottes zur Klarheit verholfen, so daß „ein Mensch seinen Hals für die Wahrheit setzt, wie Christus sagt Lucae 12" (V. 4 f.)[12]. Die Verklammerung von Gen. 1 über Ps. 18 (V. 8—10) hinaus mit Is. 11, 2 zeichnet sich ab: Das Gesetz Gottes fordert in seiner Klarheit und Reinheit, mit der es in Christus die Augen der Auserwählten erleuchtet[13], jene Gottesfurcht, die sich mit keiner Menschenfurcht verträgt und die den Mut verleiht, das leibliche Leben für die Wahrheit einzusetzen. Wer sich von Gottes Gesetz zur reinen Gottesfurcht läutern läßt, der ist im Sinne von Is. 11, 2 erfüllt vom Geist der Furcht Gottes. Die Intention des Gesetzes trifft zusammen mit der Jesaja-Verheißung. Demnach geht es Müntzer in Gen. 1 und in der von Gen. 1 vorgezeichneten „Ordnung" um die Bindung des Menschen an das untadelige Gottesgesetz im Geist der reinen Gottesfurcht[14]. Was von Christus als dem Träger der messianischen

---

[10] SuB 326, 25—327, 4.

[11] Br. 49, SuB 402 ff.

[12] SuB 403, 28—32: Das gesetze Gottes ist klar [V. 8a], erleuchtet die augen der ausserweleten [V. 9a], macht starblint die gottlosen, ist eyn untadliche lere [V. 10 b, vgl. V. 8 a], wenn der geyst der rechten reynen forcht Gottes dadurch ercleret wirdt, welchs geschicht, wenn eyn mensche seynen hals für die warheyt setzet, wie Christus sagt, Luce 12 [V. 4 f.].

[13] Schutzrede, SuB 326, 13 f.: Christus fing an von ursprung wie Moses [Gen. 1!] und erklert das gesetz vom anfang piß zum ende. Darumb sagte er [Joh. 8, 12]: „Ich pin ein liecht der welt."

[14] Hingegen hindert die Menschenfurcht an der Erkenntnis göttlichen Willens: Br. 67, 15. 8. 1524 an die Allstedter, SuB 435, 28—31 (vgl. 434, 28 f., 435, 9 f.).

Verheißungen gilt, wird von Müntzer auf alle Glieder seines geistlichen Leibes, also auf alle Auserwählten ausgedehnt nach dem hier im Kontext ausgesprochenen Grundsatz seiner Theologie: „Ich setze Christum mit allen seinen gelidern zum erfüller des gesetzs, Psalm 18“[15]. Wenn der Geist der Furcht Gottes die Auserwählten erfüllt, dann ist die messianische Vollendungszeit angebrochen. Die Auserwählten sind dann zum irdischen Gerichtsakt an den Gottlosen ermächtigt. In Is. 11, 3 ff. wird ja auch ein Gerichtsakt durch den Träger der messianischen Verheißung angekündigt. Eine Wendung dieser Gerichtsankündigung (Is. 11, 4 d) ist in dem apokalyptischen Text 2. Thess. 2, 8 aufgegriffen worden[16]. – In seiner Deutschen Messe hat Müntzer als Epistellesung im Advent Is. 11, 1–5 vorgesehen; dabei richtet sich seine Adventshoffnung jetzt nach der individuellen Menschwerdung des Gottessohnes auf den korporativen Anbruch der messianischen Zeit[17].

Welches Verständnis von Gen. 1 und welcher Sachverhalt von „Ordnung“ erschließt sich nun aber rückblickend von der Läuterung des Menschen zur Gottesfurcht durch das Gesetz Gottes (Ps. 18) und von der messianischen Erfüllung der Auserwählten mit dem Geist der Gottesfurcht? Um vorschnelle Rückschlüsse zu vermeiden, sollen noch andere Texte Müntzers betrachtet werden.

Müntzer hat Gen. 1 auch in seiner Schrift „Von dem getichten Glauben“ dort am Rande notiert, wo er von der „Ordnung“ spricht, „die in Got und creaturn gesatzt ist“[18]. Gen. 1 ist für Müntzer nicht nur von Moses verfaßt, es gibt auch den unüberhörbaren Auftakt für das ganze Moses-Gesetz. Es ist Reflex dessen, was für Moses zur Grundlage seiner gesamten Lehre geworden war. Wie andere, z. B. Abraham[19] oder Zacharias, Elisabeth und Maria nach der Erzählung von Lc. 1[20], so hat Moses erst den beschwerlichen Weg zum ungetichten Glauben gehen müssen. Auch bei ihm gab es zunächst Unglaube; er „wolte der lebendigen tzusage Gots nicht gleuben“. Er mußte erst durch Anfechtung und Betrübnis zur vollen Erkenntnis seines Unglaubens oder Scheinglaubens gebracht werden; dann konnte er sich „ungeticht“ auf Gott verlassen mit der Gewißheit, daß er nicht in trügerischem Glauben einer teuflischen

---

[15] Schutzrede, SuB 327, 11 f.; vgl. SuB 234, 14 ff., 397, 21 ff., 399, 2 ff., 404, 10 f.

[16] Is. 11, 4 d: spiritu labiorum suorum interficiet impium. 2. Thess. 2, 8: tunc revelabitur illi iniquus, quem Dominus Jesus interficiet spiritu oris sui.

[17] SuB 169, 15–27.

[18] Get. Glaube § 4, SuB 219, 23–26: Möchte doch Moses Got fur einen teuffel haben gehalten, wen er der creatur hinderlist und Gotis einfeltigkayt nicht erkant hette nach der ordenung, die in Got und creaturn gesatzt ist.

[19] Get. Glaube § 3, SuB 219, 4–17.

[20] Ebd. § 4 Marginalie zu SuB 219, 20–23; vgl. Entblößung/Gezeugnis passim mit Bezug auf Lc. 1 (z. B. SuB 280, 35 ff., 287, 18 ff.).

Verführung erliegt oder Gott für den Teufel hält[21]. Seinen eigenen Unglauben konnte er in dem Maße durchschauen, wie er den Unterschied zwischen Gott und den Kreaturen erkennen lernte. So hat Moses einerseits die „Hinterlist" der Kreaturen und anderseits die „Einfältigkeit" Gottes erkannt, „nach der ordenung, die in Got und creaturn gesatzt ist"[22]. Darum gibt Gen. 1 als Anfang der Moses-Bücher die grundlegenden Aussagen über Gott und die Kreaturen.

Um in diesem Zusammenhang die Ausdrücke Hinterlist der Kreatur und Einfältigkeit Gottes besser zu verstehen, muß ein Passus der Hochverursachten Schutzrede beachtet werden, wo Müntzer angesichts der Polemik Luthers seine eigenen Anhänger in Anlehnung an Paulus (2. Cor. 11,3) warnt: „Sehet, daz ewre synne nit verruckt werden von der eynfeltigkeyt Christi"[23]. Mit ausdrücklicher Ablehnung einer anderen Deutung des Paulus-Wortes betont Müntzer: die „Einfältigkeit Christi", von der sich die wahrhaft Gläubigen nicht abbringen lassen sollen, besteht auf Grund der Paradieses-Geschichte in Gottes „einigem Gebot", mit welchem Gott den Menschen an sich binden und vor dem Verderben bewahren wollte, damit er sich nicht „durch der Kreaturen Lüste" „vermannigfaltige", sondern seine Lust allein an Gott habe gemäß Ps. 36 (37), 4: Delectare in Domino, von Müntzer wiedergegeben mit den Worten: „In Got soltu dich belustigen"[24]. Das „einige Gebot" Gottes ist das einfache Gebot von Gen. 2, 16, durch das – nach vorherrschender Ansicht der lateinischen Theologie – der Mensch zum elementaren Gehorsam gegenüber Gott verpflichtet werden sollte[25]. So kommt in diesem Gebot der unbedingte Wille Gottes zum Ausdruck. Da in Christus, dem ewigen Gotteswort, der ganze Wille Gottes beschlossen liegt, kann nun

---

[21] Ebd. 219, 19–22: Moses ... wolte der lebendigen tzusage Gots nicht gleuben. Dan in yme muste der unglaube gantz höchlich zuvorn erkent werden, solt er anderst ungeticht sich auff Got verlassen.

[22] Man darf den Begriff der Ordnung mit dem folgenden Relativsatz nicht aus dem Kontext herauslösen.

[23] SuB 334, 19–21; Vulg.: Timeo autem, ne sicut serpens Hevam seduxit astutia sua, ita corrumpantur sensus vestri et excidant a simplicitate, quae est in Christo. Luthers Übersetzung von 1522 (WADB 7, 164): Ich furchte aber, das nicht, wie die schlange Heva verfurte mit yhrer teuscherey, also auch ewre synn verruckt werden von der eynfeltickeyt ynn Christo.

[24] SuB 334, 21–26. Wenn Z. 23 bei „Genesis 3." nicht 3 für 2 verdruckt worden ist, muß von der Verführung in Gen. 3, 1–5 natürlich auf das Gebot Gottes in Gen. 2, 16 f. zurückgegangen werden.

[25] Petrus Lombardus, Sent. 2 d. 20 c. 6 § 166 zitiert aus Hugo von St. Victor, De sacramentis fidei 1 p. 6 c. 27, MPL 176, 284: Ad illius [scil. boni temporalis] autem custodiam quod dederat, et ad illud [scil. bonum aeternum] merendum quod promiserat, naturali rationi in creatione animae hominis inditae, qua poterat inter bonum et malum discernere, praeceptum addidit oboedientiae [Gen. 2, 17], per cuius observantiam datum non perderet et promissum obtineret, ut per meritum veniret ad praemium.

auch die „Einfältigkeit Christi“ (simplicitas Christi) Ausdruck sein für den einfachen, unbedingten Willen Gottes. Statt aber an Gott und seinem schlechthin verbindlichen Willen seine „Lust“ zu haben, hat sich der Mensch zur „Lust“ an den Kreaturen verführen lassen. Er hält sich bei den vielfältigen Dingen der geschöpflichen Welt auf und läßt nicht Gottes ungeteilten Willen Grund und Ziel seines Lebens sein. Daß der Mensch durch die Lust an den Kreaturen „vermannigfaltigt“, zerstreut und seiner Identität beraubt werde, verrät den Einfluß der neuplatonischen Ontologie des Einfachen und Vielfachen, des Einfältigen und Mannigfaltigen. Das einfache, unwandelbare Sein Gottes kontrastiert mit dem mannigfaltigen, wandelbaren Sein der Kreaturen. Müntzer zeigt sich auch an anderen Stellen beeinflußt von der neuplatonischen Ontologie. Der Begriff des unbeweglichen Gottes ist die Grundlage seines Gottesbegriffes, die die Christen mit den Nichtchristen verbindet. In diesem Gottesbegriff unterstreicht Müntzer den unwandelbaren Willen Gottes, der sich in dem ewigen Christus-Wort ausspricht. Daß der Mensch zur Vereinigung mit diesem ewigen Gotteswillen nur durch Leiden und Verzicht auf alle Kreaturenlust gelangt, findet Müntzer im Kreuz Christi angezeigt. Am traditionellen christlichen Glauben kritisiert er den Mangel an Kreuzesnachfolge in seinem Verständnis, wobei er wiederum eine Verwandtschaft dieser depravierten christlichen Religiosität mit außerchristlicher Religiosität entdecken kann[26].

Zu der Stelle Von dem Getichten Glauben § 4 zurückkehrend, kann man nun sagen: Moses hat in der Grundlegung seines Glaubens erkannt, daß die „Einfältigkeit Gottes“ mit seinem unbedingten, im ewigen Christus-Wort ausgesprochenen Willen den Kreaturen entgegengehalten werden muß, die durch teuflische „Hinterlist“ den Menschen zur Kreaturenlust verführen wollen. Diese Erkenntnis entspricht „der ordenung, die in Got und creaturn gesatzt ist“, weil nach Müntzers Ansicht Gen. 1 darüber belehren soll, daß zwischen Gott und den Kreaturen eine fundamentale Differenz besteht und daß der Mensch in diese Differenz hineingestellt ist als das Geschöpf, das Gott sich zum Ebenbild geschaffen und mit der Herrschaft über alle anderen Kreaturen betraut hat (Gen. 1, 26–28). Müntzers Ausdrucksweise darf man meines Erachtens nicht so pressen, als begriffe er hier unter den „Kreaturen“ die Menschen und denke an eine immanente Gott und Menschen verbindende „Ordnung“, die dem Menschen die Möglichkeit und Gewißheit der Gotteserkenntnis erschließt. Daß Müntzer mit einem dem Menschen anerschaffenen, im Seelengrunde ruhenden, durch Begierdentötung freizulegenden Prinzip („Ursprung“) einer sicheren Gotteserkenntnis rechnet und darauf immer wieder zu sprechen kommt, steht auf einem anderen Blatt und kann

[26] Protestation § 9–14, SuB 231 ff.

nicht seine Rede von der „Ordnung in Gott und Kreaturen" aufschlüsseln.

Die „Ordnung" ist in der Differenz zwischen Gott und den Kreaturen „gesetzt". Dem Menschen ist ein Platz zugewiesen, an welchem er diese Ordnung zu beachten hat. Er soll Gottes „Einfältigkeit" erkennen und sich nicht von den Kreaturen in ihrer Mannigfaltigkeit verführen lassen. Verführt durch die Kreaturen, läßt der Mensch auch seine Gottesvorstellung durch das Kreatürliche bestimmen. Darum findet der „armgeistige", wahrhaft Gläubige die befriedigende Gotteserkenntnis erst, wenn er durch „Betrübnis" den Kreaturen entfremdet ist[27]. Durch die dem Kreatürlichen zugewandte Erkenntnis des „Lichtes der Natur" läßt sich der Mensch für gewöhnlich von den Kreaturen beeindrucken. Dem ist Moses auf Grund eigener Gotteserfahrung mit dem Gesetz entgegengetreten, um durch die verbindliche Erkenntnis von Gottes unbedingtem Willen die vom Kreatürlichen suggerierte Erkenntnis des Lichtes der Natur als eine trügerisch falsche Erkenntnis bloßzustellen[28]. Darum zeigt er in Gen. 1 Gott und die Kreaturen in der Ordnung, die auch im Gesetz zum Ausdruck kommt. Die Interpretation der nicht leicht verständlichen Stelle Von dem getichten Glauben § 4 verdeutlicht den Konnex zwischen Müntzers Begriffen der Ordnung und des Gesetzes.

Die Verankerung des Ordnungsbegriffes in Gen. 1 wird noch durch eine Predigtnotiz Müntzers bestätigt: Durch Adam ist die Ordnung von seiten des Menschen verkehrt worden, weil sich Adam „mit den Kreaturen verwickelt" hat[29]; d. h. die Vernunft läßt sich nur noch von dem Licht der Natur leiten und hält sich nicht innerhalb der in Gen. 1 aufgezeigten Rangordnung — die vier Elemente und der Himmel, das Gewächs, das Vieh, der Mensch, Christus, der allmächtige, ungeschaffene Gott Vater — an die oberste Ordnung, an Gott in seinem ungeschaffenen Sein[30]. Dennoch, „die Vernunft des Menschen ist gut, so sie das Werk

[27] Get. Glaube § 4, SuB 219, 26—28: Wan schone dy gantze werlt etwas annympt wie von Got, kan es doch den armgeistigen nicht stillen, er befinde es dann nach dem betrübnuß. Vgl. SuB 535, 4 f.: oportet in amaritudine animam impleri Deo [vgl. Ruth 1, 20 f.], quia sic [anima] evacuatur.

[28] Get. Glaube § 4, SuB 219, 19 f.: Moses, der das erkentnis des falschen liechtes der natur durchs gesetz antzeigt. — Ebenso mußte bei Abraham das „Licht der Natur" „vertilgt" werden (ebd. 219, 16 f.), damit „er an keiner creaturn, sondern an Gott allein solte sicher sein" (ebd. 219, 4 f.).

[29] SuB 520, 12 f.

[30] SuB 519, 17—20: Dye ordenunge zů betrachten und zců machen, ist erstlich dye vier element unde der hymmel, dornach das gewechß, dornach das vihe, dornach der mensche, dornach Christus, dornach Got vater almechtigk, ungeschaffener, do vorstehet man alle ding yhnnen. Ebd. 519, 22—520, 2: Es ist alles falschs, was [der] mensche gedencket; denn in yhm ist nichts guts yhm von Adam angeborn, wil [= weil] dye vornunfft dye oberste ordenunge nicht annimmet. — Bezeichnet „Ordnung" im 1. Text die Rangordnung, so ist die „oberste Ordnung" im 2. Text der höchste Rang innerhalb der Ordnung. —

Gottes erleidet“, wenn sich nämlich die vernünftige Seele im Leidensprozeß „von aller Ersättigung der Kreaturen“ entleeren läßt[31].

Christus hat als das Gegenteil Adams die Gegenbewegung inauguriert; er hat „sich zum Obersten gehalten und die Kreaturen verachtet“[32]. Damit hat Christus bei sich und den Seinen die ursprüngliche Ordnung von Gen. 1, die auch von Gottes Gesetz intendiert wird, restituiert. Wenn aber alles daran liegt, daß man Christus und die Seinen als eine korporative, zu heilsgeschichtlicher Manifestation hindrängende Einheit zusammendenkt, dann ist mit Christus das Signal gegeben für einen Korporativzustand, in welchem die Auserwählten wieder in der „Ordnung“ von Gen. 1 leben, nachdem sie durch Schmerzen gebüßt haben, was sie durch Lust an den Kreaturen gesündigt haben[33].

Obgleich Müntzer sich nirgends genauer über das doppelte Besitzverhältnis erklärt, das er an der eingangs behandelten Stelle der Ausgedrückten Entblößung erwähnt, läßt sich doch aus verschiedenen Äußerungen eine Vorstellung von einem doppelten Besitzverhältnis rekonstruieren.

Unter den diversen handschriftlichen Aufzeichnungen Müntzers aus seinem Nachlaß enthält ein nicht datiertes Blatt einige Bibelstellen zum Stichwort „possessor“[34]. Der kleine, für die Bibel keineswegs vollständige Stellenkatalog läßt zwar Müntzers Interesse am biblischen Gebrauch des Wortstammes possidere erkennen, gibt jedoch noch keine Aufschlüsse über seine eigene Verwendung der Wortgruppe.

Aber bereits im Prager Manifest apostrophiert er den heiligen Geist als den legitimen Besitzer des menschlichen Herzens, dessen alle jene Geistlichen entbehren, gegen die sich Müntzer hier mit schärfsten Worten ausläßt, weil sie ihre kirchliche Autorität nur auf äußerliche Weihe gründen, ohne eigene Erfahrung der lebendigen Stimme Gottes[35]. In

---

Zur Sache vgl. Entblößung, SuB 285, 4—9: Darumb das der mensch von Gott zun creaturn gefallen, ist über die massen billich gewesen, das er die creatur (zů synem schaden) meher dann Gott můß förchten.

[31] SuB 520, 3 f. 7.

[32] SuB 520, 12—14 (die zwei Textlücken lassen sich ergänzen, jedoch mit Abweichung von der Konjektur in SuB): [Adams] kegenteyl ist Christus [vgl. Röm. 5, 12 ff., s. SuB 519, 21], gleichwie [Ad]am dye ordenunge vorkert und sich mit den creaturn vorwickelt, alßo Christus sich zum obersten gehalten unde dye creaturn voracht. Vgl. Br. 46 SuB 397, 25 ff.

[33] SuB 520, 16—19: Sollen wyr dye sunde bussen, so mussen [wir] eyn trawrig leben haben, und Goth muß so vill schmertzen geben, als wyr lust in sunden gehabt haben. Dye schuldt der sunde ist vorwirckunge [lies: vorwicklunge? vgl. 520, 13, 519, 9] der creaturen. Sunde ist misbrauch der creaturn.

[34] SuB 528, 14—17. Die Interpretation dieses Stellenkataloges bei *R. Dismer*, aaO., S. 10 ist problematisch.

[35] Fassung b, SuB 497, 20—23: vom teuffel ist yhr anfangk, welcher yn yren hertzen grund unde bodem vorterbet hat, wie geschriebn steht am funften psalm [V. 10], dan sie seyn eytel ane besytzer den heiligen geist. Fassung c,

diesen Geistlichen tritt etwas zutage, was allen Ungläubigen gemeinsam ist: das Widerstreben gegenüber dem heiligen Geist wegen des eigenen Verhaftetseins an das Irdische. Denn der Geist Gottes kann vom menschlichen Herzen nur Besitz ergreifen, wenn es von ungeistlichen Strebungen leer geworden ist und sich in entsagender Passivität befindet[36].

Daß die Frage nach dem Besitzer der Seele um das Verhältnis der Seele zum Geist oder zu den Begierden kreist, zeigt dann auch einige Monate nach dem Prager Manifest Müntzers Brief an Melanchthon (27. 3. 1522), wo er anläßlich des Problems der Priesterehe die Heiligung definiert als eine Entleerung der Seele nach Gottes Willen, so daß die Seele nicht ihre niedrigen Begierden zu ihrem falschen Besitzer nehmen kann[37]. In demselben Brief verwendet Müntzer als Gegenbegriff zum falsus possessor auch noch den Begriff verus possessor; die niederen Begierden und der heilige Geist bilden den Gegensatz von falschem, verderblichem und wahrem, rettendem Besitzer des Menschen. Alle, die den heiligen Geist zu ihrem wahren Besitzer haben, müssen nach Müntzers Meinung aus der indifferent christlichen Gemeinde ausgesondert werden. Sie dürfen, weil sie selber die lebendigen Verheißungen Gottes verstehen und davon Rechenschaft geben können, zum Abendmahl zugelassen werden[38]. Die Eucharistiegemeinde soll also nur diejenigen umfassen, von denen der Geist Besitz ergriffen hat.

Wiederholt legt Müntzer in seinen Schriften darauf Wert, daß der Geist Gottes der Besitzer der Seele ist[39] und der Mensch weder Reich-

SuB 506, 23–25: a praevaricatore diabolo incipit eorum vesania, proficiscens in penetralia cordium ipsorum, quae (psalmo quinto [V. 10] teste) vana sunt sine spiritu possessore. In verwandtem Zusammenhang wird Ps. 5, 10 auch SuB 282, 31 herangezogen.

[36] Prager Manif. b, SuB 499, 19–24: Dan Goth redt alleine in die leidligkeyt der creaturen, welche dye hertzen der ungleubigen nicht habn. Denn sie werden ummer meher und meher vorstocket. Dan sie kunnen und wollen nit leher werden [die tschech. Fassung ergänzt: der leiblichen Begierden], dan sie haben einen schlipperlichen [= schlüpfrigen] grundt, es ehkelt yhn vor orem [= ihrem] besitzer. Darum „fallen sie abe in der zceyt der anfectunge" [Lc. 8, 13], von dem worth weichen sie, das ist fleisch worden [Joh. 1, 14]. – Die „leidligkeyt" meint, nach dem Sprachgebrauch Taulers zu schließen, sowohl die Leidlichkeit (Passivität) als auch die Ledigheit. – Fassung c, SuB 507, 21–26.

[37] Br. 31, SuB 380, 25–28 (s. o. Kap. II A. 31).

[38] Br. 31, SuB 381, 13–19: Nam qui iussione dominica semen proiiciunt, metere debent; examinare debent auditores praedicantes, dum verbum finierint, et qui fructum intelligentiae suae reddiderint, manifestandi sunt hominibus et tribuendus panis et potus, quod hi verum possessorem habeant, quibus intellectus testimoniorum Dei [vgl. Ps. 118 (119), 125] largitus sit non mortuarum ex chartis sed vivarum promissionum.

[39] Br. 41 A, 18. 7. 1523 an die Stolberger, SuB 21, 14–17: alle rechte gotsalige menschen mussen yres dinges gewyß werden, das sye nicht bewegt mugen werden; dan also wyrd das herze eyn stul Gottes, das er erkenne, das es

tümer noch Ehre zum Besitzer nimmt[40]. Müntzer läßt keinen Zweifel, daß es ihm dabei um die einschneidende Alternative geht, die endlich mit dem apokalyptischen Umbruch der Geschichte zur Entscheidung gebracht werden soll. Denn im verkehrten Besitzverhältnis befinden sich alle Personen und Mächte, die es bei sich und in der ganzen Welt verhindern, daß der „heilige, wahrhaftige Christenglaube" „mit allem seinem wahrhaftigen Ursprung" Wirklichkeit werde. Deshalb müssen diese „gewaltigen, eigensinnigen, unglaubigen Menschen vom Stuhl gestoßen werden" (Lc. 1, 52)[41]. Irdisches zum Besitzer der Seele zu haben, greift über die Dimension des Moralischen hinaus; jede christliche Lebensbestimmung, die sich nicht auf eine unvermittelte Geisterfahrung gründet, ist mit eingeschlossen. Alle Theologen, die Müntzer als Schriftgelehrte, Pharisäer, Heuchler verachtet, seit 1522 auch die Wittenberger, sind mitbetroffen. Ihnen gilt die Unheilsankündigung von Mt. 23, 38 „Ecce relinquetur vobis domus vestra deserta": weil sie nicht den heiligen Geist zum Besitzer haben, wird ihr „Haus" wüst gelassen werden[42].

Fragt man, wie sich das Verhältnis des Menschen zu den Kreaturen

---

Got gewisslich zu seyner besitzunge erweleth habe. Ebd. 22, 5–9: der Herre wil nymant seyne heylige gezeugnuß geben, ehr habe sich dan zuvorn dorch erbeytet myt seyner vorwunderunge; darumb werden der menschen herzen also selten behefftet myt dem warhafftigen geyst Christi, besitzer der selen. – In seinem Sermon von dem Fest der hl. drei Könige spricht Simon Haferitz (1524, Bl. c 3v) von dem auserwählten Menschen, der „mit auffgerichtem gemüt in got nach got verlanget mit einem entledigten grunde der selen in rechter ungetichter gelassenheit ynnerlich und eußerlich", und erklärt dann (Bl. c. 3v): „Solchen menschen gybt der heilige geyst getzeugniß das er ein kindt gottis sey ... und got allein wil disen grund des hertzen besitzen / und kein creatur darein komme." Zuvor (Bl. b3v) heißt es: „es kan kein wollustiger mensch glauben das die ankunfft des heiligen glaubens so pitter herb und sawer ist. Es ist die creatur sein got. und die macht jm seyn hertz bildreich / do spilet er mit wie ein katz mit der mauß / darumb kan got seinen grundt der selen nit besitzen." Hier ist Taulers Einfluß zu erkennen (vgl. z. B. Predigten, hg. Ferdinand Vetter, Berlin 1910, S. 24, 25–27).

[40] Entblößung, SuB 282, 26–32 (nach Zitation von Joh. 5, 44 und Mt. 6, 24): Wer dieselbigen ehr und gütter zum besitzer nimpt, der mů̂ß zůletzt ewig von Gott leer gelassen werden, wie am 5. psalm Gott sagt [V. 10]: „Ihr hertz ist eyttel."

[41] Entblößung, SuB 282, 32–283, 2 (Fortsetzung des A. 40 Zitierten): und darüber müssen die gewaltigen, eygensinnigen, unglaubigen menschen vom stůl gestossen werden [Lc. 1, 52], darumb das sie den heyligen, warhafftigen christenglauben in in [= ihnen] und in der gantzen welt verhindern, so er wil mit allem seynem warhafftigen ursprung auffgehen. – Auch SuB 21, 17 und 22, 9 (s. o. A. 39) handelt der Kontext von den Bedingungen der chiliastischen Reformation.

[42] Br. 35, 14. 7. 1522 an Unbekannt, SuB 385, 9–13. Müntzer versteht hier „Haus" in metaphorischer Weise anthropologisch; vgl. SuB 24, 13 f. (ein anderer anthropologischer Bezug liegt SuB 400, 14 vor, wo der Leib, nicht die Seele gemeint ist).

bestimmt, wenn seine Seele von den ungeistlichen Bindungen an die Kreaturen entleert worden ist und den Geist Gottes zu ihrem Besitzer gewonnen hat, so gibt Müntzer in diesen Zusammenhängen darauf keine ausdrückliche Antwort. Doch muß man hier an die andere Seite des doppelten Besitzverhältnisses denken: der Mensch ergreift selber Besitz über die Kreaturen, nachdem er zum Besitztum Gottes geworden ist[43]. Die Entleerung der Seele von den kreatürlichen Begierden soll unter dem possessor supernus das neue Besitzverhältnis über die Kreaturen herbeiführen. Das doppelte Besitzverhältnis bildet für Müntzer eine Einheit, selbst wenn er mehrfach nur die eine Seite, die Wiedereinsetzung des wahren Besitzers anstelle des falschen Besitzers über den Menschen erwähnt. Das Spirituelle, Mystische ist von vornherein verschmolzen mit dem chiliastisch Apokalyptischen. Das Geisterlebnis bildet eine Einheit mit der chiliastisch universalen Reformation der Christenheit. Ist der heilige Geist bei den Auserwählten wieder in sein Besitzrecht eingetreten, so ist auch der neue Zustand des richtigen Besitzverhältnisses der Auserwählten über die Kreaturen mitgesetzt.

Im chiliastischen Vorstellungshorizont bewegt sich Müntzer selbst dort, wo man zunächst nur rein mystische Töne zu hören meint, bei seiner Auslegung von Psalm 18 (19) in einer Ausführung von V. 6: Das Bild vom Bräutigam, der aus seinem Gemach herauskommt, um als ein starker Mann seinen Weg zu gehen, hat Müntzer in der Deutung auf Christus verknüpft mit der Evangelienerzählung von der Stillung des Sturms durch den Herrn (Lc. 8, 23 parr.). „Da hat der HERRE ia yn dem schifflein geschlaffen, das der stormwynd der frechen gottlosen das schyffleyn ganz schier zu bodem geworfen hette“[44]. Daß der Herr, nachdem er von den Jüngern geweckt worden ist, sich erhebt, um dem Sturm Einhalt zu gebieten, wird dann wieder zurückgenommen in das Bild von Ps. 18 (19), 6; denn Müntzer fährt fort: „Do steht der breutgam auf von seyner schlaffkamer, wenn man die stimme des warhaftigen besitzers yn der sele horet“[45]. Die „Stimme des wahrhaftigen Besitzers“, die in der Seele gehört werden kann, ist die lebendige Stimme Gottes, die auf dem Grunde der in Leiden und Selbstentäußerung gereinigten Seele vernommen werden kann. Das ist das Ereignis der unvermittelten Geisterfahrung. Der „Bräutigam“ des biblischen Bildes ist demnach Christus als der ewige Gottessohn, der sich in der Seele mit der „Stimme des wahrhaftigen Besitzers“ zu Wort meldet. In ihm teilt sich der unwandelbare

---

[43] Entblößung, SuB 314, 9 ff. (23 f.). Vgl. Br. 47, SuB 400, 10–12: Das 24. cap. Mattei [aus V. 17 wird Z. 13 ff. ausdrücklich zitiert] gibt euch guten unterricht, das yr yn allen creaturn solt achtung haben; wye euch dye creaturn, also solt yr got untertanig seyn.

[44] Br. 49, SuB 403, 4–6.

[45] Ebd. 403, 6–8; es folgt noch ein Hinweis auf Joh. 3 [V. 29: amicus autem sponsi, quia ... audit eum, gaudio gaudet propter vocem sponsi].

Wille Gottes mit[46], so daß die Befürchtung hinfällig wird, als ob „die gottlosen ewig solten das regiment behalten“[47]. Denn – so fährt Müntzer fort, indem er Ps. 18 (19), 6 mit Ps. 77 (78), 65 verkettet – „der breutgam kummet aus der schlaffkamer wie ein gewaltiger, der wol bezecht ist, der es alles verschlaffen hat, was seyn gesinde anricht“[48]. Hier muß man zu Ps. 77 (78), 65 den folgenden Vers hinzunehmen, der eine Gedankenassoziation mit dem Bild vom starken Helden in Ps. 18 (19), 6 erlaubt: (V. 65) excitatus est tanquam dormiens Dominus tanquam potens crapulatus a vino, (V. 66) et percussit inimicos suos in posteriora, opprobrium sempiternum dedit illis[49]. Müntzers Ausführungen sind wieder getragen von dem akuten apokalyptischen Zeitbewußtsein: „Ach do mussen wyr bitten, ich meyne, es sey zeyt, exurge, quare obdormis?“[50] Wenn die Auserwählten in ihrer Seele die Stimme des wahrhaftigen Besitzers vernehmen, erfahren sie unter Leiden die Geisttaufe. Dann schickt sich aber auch der Bräutigam an, „wie ein riese seyne strasse zuwandern“[51], um den Gottlosen das Regiment zu entreißen.

Im Ergebnis konvergieren die beiden Aussagereihen über die Ordnung Gottes nach Gen. 1 und über das doppelte Besitzverhältnis. Denn der Mensch kann sein ursprüngliches Verhältnis zu Gott und den Kreaturen nur wahrnehmen, wenn er durch den heiligen Geist den unwandelbaren Gotteswillen über sich bestimmen läßt bis zu der Konsequenz, daß dieser im ewigen Christus-Wort enthaltene Wille korporativ in der ge-

---

[46] Ebd. 402, 19 f.: der zuhorer mus vorhin Christum haben horen predigen yn seynem herzen durch den geyst der forcht Gottes. Vgl. Br. 61, SuB 425, 29–31 (im Anschluß an Joh. 7, 17): Sal nuhn Gottis unwandelbarer wille erkant werden, kans nicht anderst gescheen, wan das [= als daß] unser wille myt ernster zurknirsung allezeyt muß untergehen.

[47] Br. 49, SuB 402, 25–403, 1: Solcher menschen [scil. der Auserwählten] namhaftige unterricht mus erschallen yn die ganze welt [vgl. Ps. 18 (19), 5], an alle grenze der gotlosen, auf das sie sich mit yrher unsinnigen gewalt entsetzen fur dem, der sie durch den andern Jehu wird unterrichten, 4. Regum 9 [vgl. SuB 257, 12 ff.]. Got is eyn freuntlicher breutgam syner gelibten [vgl. Ps. 18 (19), 6]. Es lest sie allererst verworfene dinstmegde seyn, bys das er sie bewere. Do sicht er an die nydrigen ding und verwirft die hohen, psal. 112 (113) [V. 6: humilia respicit], 1. Regum 2 [V. 6–10; vgl. Lc. 1, 52], Deuter. 32 [V. 39. 41]. Es scheynt, wie die gottlosen ewig solten des regiment behalten, aber der breutgam kummet aus der schlaffkamer.

[48] Ebd. SuB 403, 1–3.

[49] Auch noch die folgenden Verse könnte Müntzer mitgedacht haben.

[50] Ebd. 403, 3 f.; Ps. 43 (44), V. 23: Exsurge, quare obdormis, Domine?

[51] Ebd. 403, 8–12 (Fortsetzung des bei A. 45 f. Zitierten): Darnach frawen sich alle auserweleten mit Jhesu, sagen Luce am 12. [V. 50]: „Ich mus mit eyner andern taufe ubergossen werden denn mit der taufe Johannis, und ich werde seere gepeyniyget, das ich solchs volfuere.“ Das stymmet gleych eyn mit dissem psalm [Ps. 18 (19) V. 6]: Exultavit ut gigas. Er ist wunsam gewesen wie ein riese seyne strasse zuwandern. Vgl. Müntzers Übersetzung von Ps. 18 (19) für sein Kirchenamt (Geburt Christi, Mette), SuB 53, 2 ff.

reinigten Christenheit verwirklicht wird. Dazu gehört sowohl die alle kreatürliche Vermittlung ausschließende Unmittelbarkeit der Menschen zu Gott als auch ihre Herrschaft über die Kreaturen. Die Gottunmittelbarkeit des Menschen im Geist ist nun allerdings ein konstitutives Element im integren Ordnungsverhältnis des Menschen zu Gott und zu den Kreaturen. Deshalb kann der Begriff der Ordnung auch dort auftauchen, wo Müntzer von der unvermittelten Geistbelehrung spricht. Ohne diese Geisterfahrung – schreibt Müntzer an seine Stolberger Glaubensbrüder (18. 7. 1523) – können Christen nicht wissen, „was sie doch beweget, christen und nicht heiden zu sein", oder warum der Koran nicht ebenso wahr sein sollte wie das Evangelium[52]. Die unvermittelte Geisterfahrung ist ein Proprium des wahren Christseins und gehört zu der Ordnung, die in der Christenheit wieder verwirklicht werden soll. Wer die begründete Möglichkeit eines solchen Gottesverhältnisses für die Gegenwart leugnet, ist in Müntzers Augen kein Christ, sondern ein „Bösewicht", dessen Leugnung einer unvermittelten Gotteserfahrung von einem Verhaftetsein an das Kreatürliche herrührt. Wer aber die unvermittelte Geisterfahrung gemacht hat, der kann das „Widerspiel" heidnischer oder pseudochristlicher Gottlosigkeit „niederlegen"[53]; denn hier gibt es ein untrügliches Wissen, „daß unser Glaube uns nicht betrügt, darum daß wir die Wirkung des lebendigen Wortes erlitten haben und den Unterschied des göttlichen Werkes und der Kreaturen wissen"[54]. Wer sich auf Grund der Geisterfahrung von Gott regieren läßt, dessen Seele ist ein Stuhl Gottes[55], was dasselbe meint wie das Besitzverhältnis des Geistes über die Seele. Durch die Auserwählten, die in dieses Besitzverhältnis eingetreten sind und sich von Gott regieren lassen, soll der „Umkreis der Erde" (orbis terrarum) „ein christlich regiment" erhalten, „welches von keinem pulversacke umbgestossen mag werden"[56]. Die Integration der Auserwählten in das ursprüngliche Besitzverhältnis Gottes über den Menschen begründet ein umfassendes Besitz- und Herrschaftsverhältnis der Auserwählten über den Erdkreis.

---

[52] Br. 41 B, 18. 7. 1523 an die Stolberger, SuB 23, 19–21; vgl. Br. 61, SuB 425, 29–38 (z. T. zitiert A. 46; Z. 35 ist im Halbsatz vor dem Begriff „Ordnung" der Text leider verderbt; im Hinblick auf SuB 426, 4 f. schlagen Böhmer-Kirn z. St. die in SuB nicht notierte Konjektur vor: widder an Gott [adder teufel, sundern das sich Got] anzeygt.

[53] Br. 41 B, SuB 23, 21–23. Die Möglichkeit der unvermittelten Geisterfahrung als eines Elementes im wahren Ordnungsverhältnis des Menschen zu Gott bestritten zu haben, wird schon im Prager Manifest den altgläubigen Geistlichen vorgeworfen; SuB 494, 6–8, 504, 7–12, 510, 2–4 und 491, 11–13, 496, 9–12, 505, 16–506, 1.

[54] Br. 41 B, SuB 23, 24–26.

[55] Ebd. 23, 23 f. 33–24, 2.

[56] Ebd. 23, 30–32 (der Ausdruck „Pulversack" – auch SuB 409, 12 – hat den Sinn von „Tyrann").

Die „Ordnung", die nach Gen. 1 Gott und den Kreaturen zukommt, und das doppelte Besitzverhältnis des Menschen in Relation zu Gott und den Kreaturen sind, wie nun rückblickend zu erkennen ist, Müntzers Zielvorstellungen der chiliastischen Heilsverwirklichung für den einzelnen Auserwählten wie für die Christenheit insgesamt, da individuelle und korporative Heilsverwirklichung ineinandergreifen. Mit der Wiedergewinnung der Ordnung von Gen. 1 im doppelten Besitzverhältnis soll die Gesamtheit aller von Gott zum Heil bestimmten Menschen in das ursprüngliche Verhältnis zu Gott und den Kreaturen zurückgebracht werden. Das entspricht dem Zustand, den Gott mit der Übergabe der irdischen Herrschaftsgewalt an das Gottesvolk herbeiführt (Kap. V).

In Kapitel V ist dargelegt worden, daß die bei den Taboriten und bei Müntzer sich abzeichnende chiliastische Hoffnung neuer Herrschafts- und Besitzverhältnisse der mittelalterlichen Lehre von den paradiesischen Urstandsverhältnissen korrespondiert. In jene Lehrzusammenhänge lassen sich nun ebenfalls die in diesem Kapitel VI analysierten Gedanken Müntzers einbeziehen. Denn in den scholastischen Überlegungen zu den Besitz- und Herrschaftsrelationen des Urstandes wird auf Gen. 1 (V. 26 und 28) rekurriert[57]. Es wird außerdem mit den Begriffen des ordo[58] und der possessio[59] operiert, und zwar in der Doppelrelation des Menschen zu Gott und den Kreaturen. Und selbst unabhängig von diesen Begriffen bildet die scholastische Beschreibung der Urstandsstrukturen ein Pendant zu dem von Müntzer mit den Stichworten „Ordnung" und „Besitzung" Gemeinten. Das Prinzip der reinen Gottesfurcht klingt an[60], und das ursprüngliche Verhältnis des Menschen zu Gott wird als ein Immediatverhältnis beschrieben, in welchem der Mensch nur dem dominium Gottes untersteht. Grund und Wesen dieser paradiesischen Gottunmittelbarkeit liegt in der ungetrübten Gottebenbildlichkeit des Menschen, die ihn dazu instand setzt, dem Willen Gottes unvermittelt Folge zu leisten[61]: Sicut enim nihil fuit medium inter Deum et hominem quantum ad conformitatem et imitationem in natura, sic disposuit Domini sapientia, ut nihil esset medium in debito obsequii vel personae. Die Gottebenbildlichkeit des Menschen, die Präsenz Gottes im Seelengrunde

[57] Alexander Halesius STh 1 II n. 522 arg. a (Gen. 1, 28), n. 523 arg. a (Gen. 1, 26).

[58] Alexander Halesius STh 1 II n. 521 arg. b und arg. 1.

[59] S. Kap. V A. 49. 50. Alexander Halesius STh 1 II n. 521 ad 3: congruebat hominem nullius esse dominio subditum, quamdiu suo superiori, i.e. Deo, vellet esse subditus.

[60] S. Kap. V A. 55. 56.

[61] Alexander Halesius STh 1 II n. 521 ad 3: Duplici autem ratione voluit Deus et secundum voluntatem suam ordinatissimam disposuit ut homo illius solius subderetur dominio. Una sumpta est ex parte principii ...: conditio ipsius hominis ad expressam eius imitationem, i. e. ad imaginem illius. Folgt das obige Zitat und dann die ratio finis.

— in sich ungetrübt, selbst wenn sie durch die kreatürlichen Lüste verdeckt ist — ermöglicht gleichfalls für Müntzer die unvermittelte Geisterfahrung, die dann eintritt, wenn sich der Mensch von der Kreaturenlust reinigt, und die die Voraussetzung dafür bildet, daß die Christenheit in ihr ursprüngliches Verhältnis zu Gott und zu den Kreaturen zurückkehrt, indem sie Gott zum alleinigen Besitzer der Seele und die Kreaturen zu ihrem eigenen, von ihr beherrschten Besitz zurückgewinnt. Hat die ganze Christenheit einmal diesen Zustand erreicht, dann werden nach der Logik der chiliastischen Heilslehre die entscheidenden Gründe für ein Verhaftetsein an die Kreaturenlust weggefallen sein. Die unvermittelte Geisterfahrung wird zur allgemeinen Selbstverständlichkeit geworden sein; man wird nicht mehr im Leidensprozeß zu ihr durchstoßen müssen.

Reflexe von Müntzers Lehre, daß das Heil als Rückkehr des Menschen in die ursprünglichen Relationen zu Gott und den Kreaturen verwirklicht wird, sind auch innerhalb seines zeitgenössischen Wirkungsbereiches zu bemerken. Sein Schüler Hans Hut erblickt die elementare Sünde des Menschen darin, daß er aus der „Ordnung" heraustritt, in die ihn Gott gestellt hat. Denn nach Gen. 1 und Ps. 8 ist der Mensch zum Herrn über alle Kreatur bestimmt, sofern er selber Gott allein unmittelbar seinen Herrn sein läßt. Diese Ordnung hat der Mensch verlassen, da er „seines rechten Herrn vergißt" und sich der Liebe zu den Kreaturen überläßt[62]. Damit hat Hut ebenso wie Müntzer zunächst nur ein gemeinchristliches Verständnis von Sünde als aversio a Deo und conversio ad creaturam ausgesprochen. Problematisch ist dann aber die soteriologische Fortführung des Gedankens, derzufolge für Hut wie für Müntzer die Auserwählten in die ursprüngliche Ordnung zurückgebracht werden. Der Auserwählte wird, wenn er die Heilserfahrung gemacht hat, von der Kreaturenliebe befreit. Die geisthafte Christuserleuchtung gibt ihm die ansonsten verdeckte unvermittelte Gotteserkenntnis[63]: „So dem menschen durch das Creutz / leyden und trübsal alle lust der welt und lieb zun Creaturen benommen sein / das das ware liecht Christus in jm scheint / durch welches jm das erkanntnuß geöffnet wirt / das er erkennt alle Güte und barmhertzigkait Gottes / welche niemandt sehen und erkennen

---

[62] Ain Christliche underrichtung Bl. B1r: Welche [scil. die Menschen] grob werden [lies: worden] sein / durch die belustigung vnd lieb zů den Creaturen / welche der mensch in sich gezogen hatt / dardurch er von Gott abgefallen / eyttel vnd vntüchtig worden ist ... Nicht das die Creatur böß sey / sonder das der mensch auß der ordenung geet / darein jn Got gesetzt hat Gen. 1 Psalm 8. Das er ain Herr sey über alle Creatur / darnach er alle seine krafft erstreckt / vnnd seines rechten Herren vergyßt.

[63] Unterrichtung, Bl. B3r. Daß Hut eine unvermittelte Gotteserkenntnis meint, lehren die oben Kap. I bei A. 64—66 behandelten Passagen desselben Traktates.

kund / dieweyl er mit weltlicher lust überzogen was. Aber nun sieht er durch den hailigen gayst in der warheit den Vatter mit der Krafft seiner Almechtigkait / von welchem er geschaffen ist / vnd kennet den Sun / in welchem er probiert / geraynigt / gerechtfertigt / und beschnitten / warhafftig ain kind Gottes worden ist". Die dem Auserwählten einmal zuteil gewordene reine Gotteserkenntnis wird nicht mehr essentiell durch Sünde angefochten, was der Traktat allerdings nur verschleiert mitteilt[64] (vielleicht eine Folge der von anderer Hand nicht ganz im Sinne Huts vorgenommenen Überarbeitung). Das spirituale Gottesverhältnis des Auserwählten wird für so ungetrübt, seine Heiligkeit für so wesenhaft unantastbar gehalten, daß auch im Leiblichen ein ungebrochenes, alle leibliche Not ausschließendes Verhältnis zu den Kreaturen postuliert werden kann: „Ain solcher mensch den Gott also nach der seelen speyßt / můß auch am leyb gespeyßt werden / und kain not leyden Psal. 36 (37). Denn alle Creatur sein jm underworffen / und ist ain herr über sy Psal. 8. Gen. 1."[65] Nachdem Hut mit der Angabe von Gen. 1 und Ps. 8 darauf hingewiesen hat, daß der Auserwählte in das ursprüngliche Ordnungsverhältnis zu Gott und den Kreaturen zurückversetzt ist, fährt er im nächsten Satz fort mit einem Ausblick auf die Herrlichkeit dieses Zustandes, zu dessen Kennzeichen der Gemeinbesitz der kreatürlichen Güter gehört: „Da erscheynt alle Gütte und barmhertzigkait / preyß / lob und eer / im hailigen gayste / Da ist alles gemain / nichts aigens Act. 2.3.4."[66] Wenngleich die chiliastische Heiligungsperfektion der Auserwählten in Huts gedrucktem Traktat nicht klar ausgesprochen wird, läuft seine Heilsvorstellung doch darauf hinaus, daß in der exklusiven Gemeinschaft der Auserwählten, die den Leib Christi bilden, der ursprüngliche Zustand unvermittelter Bindung an Gott und der Herrschaft über die Kreaturen mit deren gemeinschaftlichem Besitz wiederhergestellt wird.

---

[64] In der Fortführung des Zitates bei A. 63 heißt es Bl. B3r von dem im Heiligungsprozeß gerechtfertigten Menschen: [er] ist nun ainig worden mit Christo vnd allen glydmassen. Dise alle sein ain gemain / vnd ain leyb in Christo / In diser gemain sein alle gelyder der sünd feynd / Haben allein lieb vnd lust zů der gerechtigkait Matth. 5. Vnd ob schon ain solcher mensch fellt / vnd sündigt / so geschicht es doch nit mit lust / Derhalben wirt er auch nit verworffen / denn der Herr helt jn bey der hand / Psal. 36 (37) [V. 24] ... Diser mensch ist im reych Gottes / vnd hatt Christum zů ainem herren.

[65] Bl. B3r. – In den 12 Artikeln der Bauernschaft (Urkunden zur Geschichte des Bauernkrieges und der Wiedertäufer, hg. Heinrich Böhmer, KlT 50/51, Berlin 1933, S. 6 Z. 33) wird zu a. 2 auf Gen. 1 verwiesen, weil man aus Gen. 1 [V. 26. 28] das allgemeine Herrschafts- und Besitzrecht über die Tiere im Sinne eines unverbrüchlichen ius naturale und divinum herausgelesen hat; „Got der herr [hat] dz vich frey dem menschen beschaffen [= geschaffen]". Das wird hier mit keiner umfassenden Heilsvorstellung verbunden.

[66] Bl. B3r; s. o. Kap. I A. 64.

Die Relation des Menschen zu Gott und den Kreaturen hat auch Jörg Haug mit dem Akzent versehen, daß der Mensch ursprünglich zusammen mit der Gottesfurcht auch die Herrschaft über die Kreaturen besessen, dann aber beides verloren hat, daß er jedoch in einem Reinigungsprozeß das Verlorene wiedergewinnen kann, da die Gottesfurcht — der Kern des rechten Glaubens — dem Menschen keimhaft anerschaffen ist[67].

Müntzers Gedanke der Ordnungs- und Besitzrelation, der in den bekannten Taboritentexten noch nicht auftaucht, gehört — das ist das Ergebnis der Analyse — zu seinem chiliastischen Ideenkomplex und bildet gewissermaßen dessen Quintessenz. Wenngleich bei der Rede von der Besitzergreifung Gottes über die Seele des Menschen Einflüsse der Mystik feststellbar sind, kann man nicht den ganzen in diesem Kapitel behandelten Gedankenkreis aus der Mystik ableiten. Mystische Traditionen konnten sich an den verschiedensten Punkten mit Müntzers chiliastischer Apokalyptik verquicken, weil die chiliastische Heilsverwirklichung aus der innersten Geisterfahrung, aus der „Ankunft" des wahren, ungetichten Glaubens hervorgehen sollte. Damit war zugleich ein Ansatzpunkt für einzelne Gedanken der reformatorischen Theologie Luthers gegeben. Man darf jedoch nicht übersehen, daß die chiliastischen Traditionen des Spätmittelalters selber einem Reformationsverlangen Ausdruck gaben, und daß schon bei ihnen Ansatzpunkte für mystische Ideen vorhanden waren, da vor allem die Vorstellung eines mittleren Adventes Christi zur Vereinigung mit den Auserwählten (vgl. Apc. 19 und in entsprechender Deutung 1. Thess. 4, 16 f.) Anknüpfungsmöglichkeiten bot für die mehr oder weniger mystisch ausdeutbare Idee vom geistlichen Advent Christi im Herzen der Gläubigen. Müntzers Theologie und Aktivität kann nicht begriffen werden, solange Einflüsse Luthers oder der Mystik oder der chiliastisch taboritischen Tradition gegeneinander aus-

---

[67] Ain Christlich ordenung, Bl. A3v: Wer der mensch Got gehorsam vnd fürchtet Gott / so müßten all Creatur dem menschen auch dienen vnd gehorsam sein / Dieweyl er aber Got vngehorsam ist / so ist er der Creatur nit werdt / die er in halß fryßt vnd braucht / die Gott darumb geschaffen hat / das er jn darbey recht vnd wol erkennen soll / darumb auß rechtem gericht Gottes jm billich die creatur ist / wie er Gott ist. Ebd. Bl. C1r/v: Ain rechter glaub ist Gottes forcht / in můtterleyb mit dem menschen geschaffen vnd gepflantzt Eccli. 1 [V. 16]. So ligt der erst anbruch des glaubens in vns / wie ain somkörnlein im acker / wechst mit vns auff / Es haben ja all menschen wiewol fürderlich die außerwölten Gotes gayst in jn beygelegt / zum pfandt / das sy sein gütte nit ewig verachten. Ebd. Bl. C2r/v: [Es] wer auch alle anregen ziehen / vermanung / vnd vnterweysung des hailigen gaysts umbsunst / wenn nit etwas im menschen wer / darin er fehig vnd einleybig wer Götlichs gaysts ... Wie die fruchtbarn regen erwecken was sy im erdtrich finden. Also auch die lebendigen wasser Gottes gaysts / erwecken / den klainen glauben des senffkörnleins / das ain grosser bawm drauß wirdt.

gespielt werden. Die Situation der frühen Reformationsjahre, zu der auch eine von Luther mitverursache Hochschätzung Taulers und der Theologia Deutsch gehörte, hat eine eigentümliche Verschmelzung der verschiedenen Einflüsse in Müntzers Denken und Wollen hervorgerufen. Das Zeitbewußtsein dieser Jahre konnte eine extreme Steigerung erfahren in einer chiliastischen Zeitdeutung. In der Übersteigerung löste sich das Zeitbewußtsein von der geschichtlichen Wirklichkeit. Es entsprach z. B. nicht mehr der Realität, wenn Müntzer die Ergriffenheit des gemeinen Mannes von der reformatorischen Botschaft als den breiten Durchbruch der reinen, unvermittelten Geisterfahrung deutete. Denn tatsächlich handelte es sich um ein Ereignis geschichtlicher Vermittlung und Bedingtheit. Was er als unvermittelte Geisterfahrung bereits bei sich selber und bei anderen Zeitgenossen festzustellen meinte, resultierte zu einem guten Teil aus dem Eindruck der reformatorischen Theologie Luthers und der allgemeinen Erregung jener Jahre. Hier liegt auch die Hauptdifferenz zwischen dem Chiliasmus Müntzers und dem der Taboriten. Müntzer hat durch die besonderen Erfahrungen seiner eigenen Zeit das Bewußtsein gewonnen, daß die chiliastische Vollendung in der Unvermitteltheit des Geistes bereits bei ihm und anderen angebrochen ist, noch ehe die nunmehr fällige Reinigung der Christenheit im ganzen durchgeführt ist, während die Taboriten den Maßnahmen der äußeren Reinigung und Sammlung der Christenheit den Vorrang gaben vor dem Eintritt der chiliastischen Geisterfahrung.

REGISTER

Die Zahl hinter dem Komma verweist auf die Anmerkung

Bibelstellenregister

Job

Psalmen

Proverbia (Sprüche)

Ecclesiastes (Prediger)

Canticum canticorum (Hoheslied)

Sapientia (Weisheit)

Ecclesiasticus (Jesus Sirach)

Personenregister

Bei Herausgebern von Quellenwerken wird nur die erste Stelle des Vorkommens verzeichnet.

Sachregister

61